U0330342

郑永廷文集

郑永廷◎著

（第六卷）

中山大學出版社
SUN YAT-SEN UNIVERSITY PRESS
·广州·

图书在版编目（CIP）数据

郑永廷文集：共八卷／郑永廷著. —广州：中山大学出版社，2023. 8
ISBN 978-7-306-07872-8

Ⅰ. ①郑…　Ⅱ. ①郑…　Ⅲ. ①政治—中国—文集　Ⅳ. ①D6-53

中国国家版本馆 CIP 数据核字（2023）第 143907 号

ZHENG YONGTING WENJI（DI-LIU JUAN）

出 版 人：王天琪
策划编辑：嵇春霞　张陈卉子
责任编辑：张陈卉子
封面设计：曾　斌
责任校对：郑雪漫
责任技编：靳晓虹
出版发行：中山大学出版社
电　　话：编辑部 020-84110283，84113349，84111997，84110779，84110776
　　　　　发行部 020-84111998，84111981，84111160
地　　址：广州市新港西路 135 号
邮　　编：510275　　　　　　传　真：020-84036565
网　　址：http://www. zsup. com. cn　　E-mail:zdcbs@ mail. sysu. edu. cn
印 刷 者：恒美印务（广州）有限公司
规　　格：787mm×1092mm　　1/16
总 印 张：122 印张
总 字 数：2190 千字
版次印次：2023 年 8 月第 1 版　　2023 年 8 月第 1 次印刷
总 定 价：680. 00 元（全八卷）

目录

论精神生活的概念及其理解向度*

阐述精神生活的概念，首先要对构成这一概念的主要内容——“精神”以及相关的“意识”进行分析，以便更准确界定和更深入认识精神生活的概念。

一、精神的概念界定及其内涵

精神与物质相对应，是人对物质世界的观念把握，指人的内心世界现象，是人的意识、思维活动和自觉的心理状态，包括思维、意念、情感等有意识的方面，以及其他心理活动和无意识方面。《现代汉语词典》（第五版）将“精神”一词解释为五种意思：指意识、思维、神志等；指内容的实质所在、主要的意义；指活力、精力等；指活跃、有生气等；指意志。作为一个古老而重要的哲学概念，精神一直为人类所不断思索、探究。尽管至今还难以对精神作出统一界定，但人们在长期的探索过程中留下了大量的文化资源，为深化研究提供了基础。

1. 古代西方对精神的概念与内涵的阐述

在古希腊时代，探索精神的范畴是从探讨灵魂肇始的。恩格斯对古代西方的探讨进行过描述：“在远古时代，人们还完全不知道自己身体的构造，并且受梦中景象的影响，于是就产生一种观念：他们的思维和感觉不是他们身体的活动，而是一种独特的、寓于这个身体之中而在人死亡时就离开身体的灵魂的活动。从这个时候起，人们不得不思考这种灵魂对外部世界的关系。”① 古希腊时期的先哲毕达哥拉斯、德谟克利特、苏格拉底、柏拉图、亚里士多德等，都对灵魂作过思考。毕达哥拉斯认为：“灵魂是个不朽的东西，它可以转变成别种生物。”② 德谟克利特认为灵魂是由原子组成的。苏格拉底则认为，死就像一场没有梦的睡眠，灵魂移居到另外一个世界去了。

---

* 原载于《中国精神生活发展与规律研究》，中山大学出版社 2012 年版，作者郑永廷、罗姗，收录时有修改。

① 《马克思恩格斯选集》第 4 卷，人民出版社 1995 年版，第 223-224 页。

② ［英］罗素：《西方哲学史》（上），何兆武、李约瑟译，商务印书馆 1976 年版，第 59 页。

柏拉图则进一步将灵魂分为情欲、意志和理性，并认为理性能认识真理，具备指导意志气概与情欲的能力，其德性就是智慧；意志要听从理性的指导。亚里士多德把人的精神区分为灵魂和心灵两部分，认为灵魂是同身体结合在一起的，身体与灵魂的关系是质料和形式的关系；而心灵的情况则是不同的，它似乎是植于灵魂之内的一种独立的实质，并且是不能被毁灭的。①

2. 近现代西方对精神的概念与内涵的探究

西方人对精神的认识，在经历了中世纪后进入近现代时期，涌现了一批著名的思想巨人。德国古典哲学家黑格尔认为，精神就是主客体的对立统一，其本性在于通过否定之否定，从对他物的克服中，来到自身；只有当人意识到自己与禽兽和自然的分离，只有当其能说出一个“我”字时，他/她才不是一般自然物，才是具有精神本质的人。显然，黑格尔把精神理解为自我意识。② 黑格尔还继承了亚里士多德的思想，在《精神哲学》一书中把精神等同于心灵；概括精神的主要特征是自由；把精神分为主观的精神、客观的精神和绝对的精神三种类型；把精神的发展分为三个阶段——自关系的形式阶段、真实性的形式阶段、客观性和理想性统一的形式阶段。③ 精神病理学家弗洛伊德为了揭示各种精神疾病的形成原因以及寻找治疗的途径，开展了对精神的深入研究，并建立了梦的学说，创立了潜意识理论。他认为：“潜意识的冲动乃是梦的真正的创造者，梦的形成所需要的心理能力都赖此供给。”④ 他将精神分为前意识、潜意识和意识三个子系统，将人格划分为本我、自我和超我三个部分。

3. 古代中国对精神的概念与内涵的论说

在中国古代，“精神”一词首见于庄子的《天下篇》：“独与天地精神往来，而不敖倪于万物，不谴是非，以与世俗处。”⑤ 其后，《淮南子》在《精神训》的专篇中对“精神”这个术语进行了论述。但在之后，这一术语并没有得到普遍的使用。中国古代的思想家对于精神的探讨，往往是在心、性、情、欲、知、意、行、理、道等范畴中进行的。⑥ 孔子没有直接提出和

---

① ［英］罗素：《西方哲学史》（上），何兆武、李约瑟译，商务印书馆 1976 年版，第 126 页、第 221-222 页。

② 吴元梁等：《精神系统和精神文明建设》，人民出版社 2004 年版，第 222 页。

③ ［德］黑格尔：《精神哲学》，韦卓民译，华中师范大学出版社 2006 年版，第 3-5 页。

④ ［奥］弗洛伊德：《精神分析引论新编》，高觉敷译，商务印书馆 1987 年版，第 12 页。

⑤ 《中国哲学史教学资料汇编》编选组：《中国哲学史教学资料汇编（先秦部分）》（下），中华书局 1962 年版，第 605 页。

⑥ 吴元梁等：《精神系统和精神文明建设》，人民出版社 2004 年版，第 232 页。

讨论精神是什么的问题，但是他使用了与精神有关的术语，如性、心、情、欲、利、知、思、志、言、行等。譬如在《论语·阳货》中讲的“性相近也，习相远也”[①]，在《论语·为政》中讲的“七十而从心所欲”[②]，在《论语·里仁》中讲的“见贤思齐焉，见不贤而内自省也”[③]，在《论语·季氏》中讲的“君子有九思：视思明，听思聪，色思温，貌思恭，言思忠，事思敬，疑思问，忿思难，见得思义”[④]，都是精神方面的问题。老子则描写了包括理性、情感、意志、感性、利欲等方面的精神内容，主张虚其心、弱其志、少私寡欲、清静无为、不争息斗，使自已达到“抱一”，复归于无极、婴朴、常德、玄德的精神境界。孟子把性理解为同类事物的共同本质，并将它称作心，认为人性与动物性有区别，人类有共同的人性，如恻隐之心、羞恶之心、恭敬之心、是非之心，并认为这些“心”“非由外铄我也，我固有之也，弗思耳矣”[⑤]。西汉时期《淮南子》一书认为，人的精神“受于天”，人的形体则“禀于地”，并将人的肉体与精神同自然现象相类比，如“天有风雨寒暑，人亦有取与喜怒”。王充反对“天地故生人”的观点，认为“夫天地合气，人偶自生也，犹夫妇合气，子则自生也”，并论证了精气为万物本原的世界观。[⑥] 朱熹的精神理论建立在理为本的基础上，他把人的精神分为三个层次：第一个层次是理为本的天理、天性、天心、天德系统，第二个层次是心为主宰的理、性、情、心系统，第三个层次是情为用层次上的知、情、意、才、欲、行系统。王夫之在气器一元论的基础上讨论了气、道、理、器、性的关系，又在人内心世界和外物相互作用的基础上论述了人的内心世界的形成和变化，探讨了人的内心世界中心、性、知、意、志的相互关系，认为“天下惟器而已矣。道者器之道，器者不可谓之道之器也”[⑦]。道是形而上，器是形而下，两者都是由阴阳二气之和形成的。中国古代先哲运用多个与精神相关的术语，描述、探索人的内心世界，各有不同的视角与侧重点，为中国古代人的精神生活提供了内容与方式。

---

① 孔丘：《论语》，张燕婴译注，中华书局2007年版，第263页。
② 孔丘：《论语》，张燕婴译注，中华书局2007年版，第13页。
③ 孔丘：《论语》，张燕婴译注，中华书局2007年版，第47页。
④ 孔丘：《论语》，张燕婴译注，中华书局2007年版，第257页。
⑤《孟子·公孙丑上》。
⑥《论衡·物势》。
⑦［清］王夫之：《周易外传·系辞上传第十二章》，见《中国哲学史资料选辑》，中华书局1962年版，第123页。

4. 马克思主义关于精神的概念与内涵的科学论述

真正对精神作出科学论述的是马克思和恩格斯。他们除了使用精神这一概念，还使用了与之相关的思维、意识、观念等概念。马克思从“感性的人的活动”出发，从实践的层面理解人的精神，使人对精神的理解从唯心主义的束缚中得到解脱。他强调：“人的思维是否具有客观的真理性，这不是一个理论的问题，而是一个实践的问题。人应该在实践中证明自己思维的真理性，即自己思维的现实性和力量，自己思维的此岸性。”“全部社会生活在本质上是实践的。”① 从这些论述可以看出，马克思不但从实践层面理解人的精神活动，而且直接把它的本质规定为实践。而恩格斯则把思维与存在的关系问题作为哲学的最高问题，即“思维对存在、精神对自然界的关系问题，全部哲学的最高问题”②。在阐述精神、思想、观念来源时，马克思和恩格斯彻底改变了历史上的唯心主义传统，用辩证唯物主义与历史唯物主义观点，给予了科学回答：“观念的东西不外是移入人的头脑并在人的头脑中改造过的物质的东西而已。”③“意识一开始就是社会的产物，而且只要人们存在着，它就仍然是这种产物。”④ 在马克思主义哲学领域，精神是指“同物质相对立、和意识相一致的哲学范畴，是人的意识、思维活动和一般心理状态的总称”⑤。马克思和恩格斯不仅科学地揭示了精神产生与发展的根源，而且赋予了其相对独立性以及对实践与客观的反作用。这些思想是我们研究精神生活的起点和理论指导。

二、意识的相关概念与内涵

与精神相关的概念比较多，在马克思主义著作中，使用和论述比较多的是“意识”这一概念。基于意识与精神在内涵上有很大的关联性，甚至在某些语境中交互使用，有必要对意识的概念及内涵进行分析。

1. 西方关于意识的概念与内涵的追寻

意识是与存在相对应的范畴，是与客观存在对立统一的精神现象。人类对意识现象的认识经历了一个复杂的发展过程。在早期，人们曾把意识看作

---

① 《马克思恩格斯选集》第1卷，人民出版社1995年版，第55-56页。
② 《马克思恩格斯选集》第4卷，人民出版社1995年版，第224页。
③ 《马克思恩格斯选集》第2卷，人民出版社1995年版，第112页。
④ 《马克思恩格斯选集》第1卷，人民出版社1995年版，第81页。
⑤ 李淮春：《马克思主义哲学全书》，中国人民大学出版社1996年版，第306页。

一种独特的、寄居于人的肉体并可以脱离肉体而存在的灵魂活动。例如，柏拉图认为灵魂在进入肉体之前，曾居于理念世界，具有理念知识。中世纪经院哲学认为灵魂是一种单纯的不灭的精神实体，可以脱离肉体而独立存在。古代唯物主义者则强调意识或者灵魂是某种物质的附属，如古希腊的德谟克利特认为灵魂由精细的原子构成，中国的荀子提出“形具而神生”，范缜主张“形质神用”。在近代，众多哲学家从存在与意识的关系角度对意识作出定义，并探究意识的来源和属性，得出不同结论。例如，笛卡儿提出了意识与存在彼此独立的二元论观点；唯心主义者巴克莱主张“存在就是被感知”，把意识作为世界的本原；唯物论者霍布斯、洛克等则认为意识是物质的产物；狄德罗等则明确指出意识是人脑的机能和属性；德国古典哲学家以思辨的形式阐发了意识的能动性问题；费尔巴哈不仅提出人脑是意识的生理基础，还初步涉及意识的社会根源问题。

2. 马克思主义关于意识的概念与内涵的科学阐述

马克思和恩格斯在批判地继承前人认识成果的基础上，对意识的起源、本质、作用作出了辩证唯物主义的阐述，认为意识是人脑的机能和属性，是社会的人对客观存在的主观映象；这种主观映象既具有感觉、知觉、表象等感性形式，也具有概念、判断、推理等理性形式。人类的意识活动具有社会性。意识是自然界长期发展的产物，由无机物的反应特性，到低等生物的刺激感应性，再到动物的感觉和心理，这一生物进化过程是意识得以产生的自然条件。意识同时是社会的产物，人类社会的物质生产劳动在意识的产生过程中起决定的作用。辩证唯物主义在强调物质对意识起决定作用的前提下，肯定意识对存在具有能动的反作用，认为在意识活动中，人们从感性经验抽象出事物的本质、规律，形成理性认识，又将这些认识运用于指导实践，有计划、有目的地改造客观世界。

3. 心理学关于意识的概念与内涵的研究

心理学对意识的理解分广义的意识和狭义的意识两个层面。广义的意识概念把意识作为直接经验的人的主观现象，是知、情、意三者的统一：知是指人对世界的知识性与理性的追求，情是指人对客观事物的感受和评价，意是指人追求某种目的和理想时所表现出来的自我克制、毅力、信心及顽强不屈等精神状态。而狭义的意识概念则是指人们对外界和自身的觉察与关注程度。

综上所述，精神与意识都是表达人的内心世界的概念，在内涵上有很大关联性或重叠性。精神的概念除了具有哲学、心理学价值，还具有一定的情感色彩及文学艺术色彩，如“人是要有点精神的”，强调精神动力与精神状态的重要性；“一听到这个消息，他顿时来了精神”，表现的是某种思想情绪；“此人精神境界很高”，说明人的思想品质高尚。相比精神的概念，意识则是一个更宽泛且价值中立的描述性名词，是哲学和心理学研究的主要概念。

三、生活的概念及其与生存的区别

生活是一个内涵丰富的概念。生活不仅包含现实的物化生活，也包括社会生活，还包括精神生活；不仅指向国家整体生活，也指向现实个体的生活；不仅包括现实的经济生活、政治生活界域，还指向精神文化生活和社会生活空间。[①] 马克思说：“生产生活就是类生活。这是产生生命的生活。一个种的全部特性、种的类特性就在于生命活动的性质，而人的类特性恰恰就是自由的有意识的活动。”[②] 他还指出，“动物和自己的生命活动是直接同一的，动物不把自己与自己的生命活动区别开来。它就是自己的生命活动”，而人不同于动物，“他自己的生活对他来说就是对象”，“他的活动就是自由的活动”。马克思指明了人的生活是由自己创造、生产自身生命的活动。在这里，生产是形成“生活”的根本。而人的生产与动物的本能有本质的不同，“人甚至不受肉体需要的影响也进行生产，并且只有不受这种需要的影响才进行真正的生产”，“人自由地面对自己的产品”，“人懂得按照任何一种尺度来进行生产，并且懂得处处把内在尺度运用于对象，因此，人也按照美的规律来构造”。[③] 综上可看出，马克思哲学中的“生活”范畴可以被归纳为四点：一是人的生活是生命不断生产或生成的过程；二是人的生活是一种由其意志支配的生活，生活总是现实的、具体的人的生活；三是人的生活可以通过其生产的产品来表征，是以“物”或“物”的生产及精神生产为中介的生命活动；四是生产构成了生活的实质，具有自由性特征。

马克思不同于以往的思辨哲学家脱离现实生活去抽象地进行纯粹的思辨，他将生活与人的生命活动及类本性联系起来，进行了非常深刻的阐述，认为人的一切发端于生活世界，要求我们时刻不能离开现实生活。马克思对

---

① 杨楹、张禹东：《生活哲学——探究中的马克思主义哲学》，社会科学文献出版社 2004 年版，第 1 页。

② 《马克思恩格斯选集》第 1 卷，人民出版社 1995 年版，第 46 页。

③ 《马克思恩格斯选集》第 1 卷，人民出版社 1995 年版，第 47 页。

生活这一概念的深刻的阐述，为我们研究人的精神生活奠定了正确的理论基础。与生活相关的另一个概念是“生存”，两者在内涵上有关联性，如“生活智慧”与“生存智慧”意思相近，两者都是指人在世界上的存在状况与过程。对于生存，有学者认为“有两种意义的生存：狭义的和广义的。狭义的生存指的是温饱问题，是对社会最为简单的适应；广义的生存则是人的发展也包括在内”[①]。而生活则是人类所特有的社会现象。

人区别于动物的地方在于人有主观能动性，能激励自己超越生存的低层次状态，不断克服自然界或社会给人造成的困境，实现对基本生存层面的超越，进入高层次的生活层面。从另一角度来说，生存更多是指一种物质性的存在，而生活则是物质生活与精神生活的统一。生活高于生存，是包括生存、发展和享受的活动与过程。人的一生越是运用自己的才智，通过自己的劳动，超越基本的被动式低层次的生存状态，克服人生种种的逆境与困难，学会做自己人生的主人，尤其注重精神生活的丰富与发展，其人生境界就越高。

四、精神生活的概念与内涵

1. 精神生活的概念

在现代社会，“精神生活”一词虽然被广泛使用于各种语境，但学者们对精神生活的定义也不尽相同。概括起来，主要有四种界定方式：一是从人的精神需要界定精神生活，“社会精神生活是人类社会生活的重要领域和系统，是满足人们精神需要的全部精神活动的总和”[②]；“人的精神生活包括人的全部心理活动，作为人的生活的一部分，特指为了满足个人精神需要的种种活动”[③]。二是从人的活动本质界定精神生活，“我们可以把人类精神生活规定为主体借助于语言符号的中介对于对象的象征性把握”[④]。三是从精神生活的形成与特点界定精神生活。有学者认为，精神生活是现实个人生存方式的内在组成部分，是现实个人在物质生活和交往生活过程中形成的相对独立的生活领域，是对现实个人精神生活的满足与超越。四是从物质生活、社会交往关系过程界定精神生活，认为精神生活是“与物质生活相对应的”，

① 邵道生：《学会生存》，中国青年出版社 1997 年版，第 1 页。

② 安起民：《精神生产与精神文明》，载《教学与研究》1986 年第 4 期。

③ 黄楠森：《人学原理》，广西人民出版社 2000 年版，第 71 页。

④ 王南湜：《简论人类精神生活》，载《求是学刊》1992 年第 4 期。

“是指人在处理自我、他人与人类关系过程中的思想倾向、情感态度和价值意识”。[①] 还有学者对精神生活进行了综合界定，认为精神生活是指在一定的社会历史条件下，在一定的物质生活基础上，现实的个人利用其所拥有、选择、追求和创造的精神资源满足与超越自身精神需要的精神活动及其精神状态，它是人的本质存在方式。

研究认为，在现实生活中，任何事物都不是孤立存在的，正如马克思所说：“‘精神’一开始就很倒霉，受到物质的纠缠。”[②] 精神生活与物质生活都是人的存在方式，二者密切相关，相互渗透、相互包含。基于此，我们将精神生活界定为在一定社会条件与物质生活基础上，人们在改造客观世界过程中选择、向往和创造精神资源以满足精神需要并不断推进自身发展、超越的状态与方式。

2. 精神生活的内涵

要全面理解上述对精神生活的界定，需要阐释精神生活的基本内涵。

第一，精神生活的具体承担者是现实的个人。现实的个人是处于一定的社会历史条件下的具体的个人。考察人的精神生活，必须把所考察的对象放到特定的社会历史条件下，以其所在社会为背景，既要考察其动态的精神活动，又要考察其静态的精神状态。

第二，物质生活是精神生活的基础。人首先是自然存在物，需要物质生活；人又是社会的存在物、有意识的能动的存在物，这决定了所有人都需要精神生活。但是，人的物质生活与精神生活对于人的发展的重要性并不是平分秋色的，物质生活是精神生活的基础，精神生活是物质生活的超越。

第三，精神资源是精神生活形成和发展的重要条件。社会精神资源从广义上讲，包括精神文化、现实的社会关系、学习教育活动、文化产品、闲暇娱乐等，它们是个人选择、获取、追求和创造自己精神生活的内容与方式，直接影响人的精神生活质量。

第四，精神需要是精神生活形成和发展的内在动力。马克思指出：“任何人如果不同时为了自己的某种需要和为了这种需要的器官而做事，他就什么也不能做。”[③] 人的精神需要既取决于一定的社会条件，又能够在一定程度上超越该社会条件所能满足需要的程度并不断产生新的更高的需要。人的

---

① 王坤庆：《精神与教育——一种教育哲学视角的当代教育反思与建构》，上海教育出版社2002年版，第20-21页。

② 《马克思恩格斯选集》第1卷，人民出版社1995年版，第81页。

③ 《马克思恩格斯全集》第3卷，人民出版社1960年版，第286页。

精神需要在本质上具有一种不满足的特性，正是这种特性推动着人的精神生活的发展。

第五，精神生活由精神活动和精神状态两个部分构成。精神活动包括精神生产、精神交往和精神消费活动，它体现了精神生活的动态过程；而精神状态则主要通过主体的精神面貌、精神气质、思想道德观念、心理健康等方面体现，是精神生活静态的结果或效果。因此，个人的精神生活是动态和静态、过程和结果的统一。

第六，精神生活从根本上体现并影响人的本质及其发展。马克思说："个人怎样表现自己的生活，他们自己就是怎样。"① 这讲的是生活体现人的本质。同时，精神生活又影响人的本质及其发展，"正像人的本质规定和活动是多种多样的一样，人的现实也是多种多样的"②。个人的精神生活有积极与消极、进步与落后之分，也有质量高低之别，不同的精神生活与质量必然反过来影响人的本质及其发展。

五、精神生活与物质生活的关系

1. 精神生活与物质生活的联系

物质生活包括人类最基本的生产实践活动，是一切其他活动的基础，是精神生活存在和发展的前提。恩格斯指出："人们首先必须吃、喝、住、穿，然后才能从事政治、科学、艺术、宗教等等。"③ 古人云，"富而后可教也"，"仓廪实则知礼节，衣食足则知荣辱"，"饥寒则盗心起"。现代人常说，解决了民生问题，才有余力追求风雅。毋庸置疑，物质生活对精神生活具有基础性和决定性作用。同时，精神生活对物质生活具有能动作用。精神既预示目标，也显示动力，还表现状态。恩格斯曾对精神动力的能动作用进行过深刻阐述："就单个人来说，他的行动的一切动力，都一定要通过他的头脑，一定要转变为他的意志的动机，才能使他行动起来。"④ "推动人去从事活动的一切，都要通过人的头脑，甚至吃喝也是由于通过人脑感觉到饥渴而开始，并且同样由于通过头脑感觉到饱足而停止。外部世界对人的影响表现在人的头脑中，反映在人的头脑中，成为感觉、思想、动机、意志，总

---

① 《马克思恩格斯选集》第 1 卷，人民出版社 1995 年版，第 67-68 页。

② 《马克思恩格斯全集》第 3 卷，人民出版社 1960 年版，第 303 页。

③ 《马克思恩格斯选集》第 3 卷，人民出版社 1995 年版，第 776 页。

④ 《马克思恩格斯选集》第 4 卷，人民出版社 1995 年版，第 251 页。

之，成为‘理想的意图’，并且以这种形态变成‘理想的力量’。”[①] 人类精神生活包含理论思维、道德情感及审美生活等，其中，关于理论思维对实践的促进作用，培根将其表述为“知识就是力量”。马克思强调：“理论一经掌握群众，也会变成物质力量。”[②] 人有了正确的理论指导，就能使实践活动上升为有目的的对象性活动，创造人们所需要的财富。另外，精神生活与物质生活的发展具有不平衡性。总体而言，精神生活的形成与发展受制于物质生活，但两者在一定条件下，可能表现出不一致性，这是因为精神生活具有相对独立性。人类历史有着源远流长的精神文明和丰厚的精神财富，这些精神文明成果会以不同方式延续并发扬光大，使不同民族、国家具有不同的精神生活传统和精神文明层次。因而，物质的富足并不必然带来精神的充实，而物质的贫乏也未必会导致精神萎靡。物质生活优越，而精神贫乏空虚的大有人在；“安贫乐道”“在陋巷……也不改其乐”依然可以成为一些人的内在信条。

2. 精神生活与物质生活的区别

精神生活与物质生活作为人类生活的两个方面，是人对于对象的两种把握方式，即物质生活是对对象的物质性把握，而精神生活则是对对象的精神性把握。这两种把握方式的区别，并不在于精神生活是纯粹精神性的、物质生活是纯粹物质性的，而在于物质活动是一种实在的活动过程，其中也包含精神性因素；而精神活动则是非实在的象征性活动过程，其中也需要物质因素承载。所谓象征性过程，则是指一种过程指向另一过程、代表或表示另一过程，而不仅仅是自身的直接存在。因而精神生活与物质生活的区别就在于前者为非实在的象征性过程，后者为实在性过程。这两个过程都要借助中介才得以进行，物质生活的中介是实在的劳动工具、物质条件，而精神生活的象征性则指以思维、象征性的语言符号体系对对象进行把握。

六、精神生活与精神文化的关系

精神生活与精神文化是两个相关概念。它们都是一定社会历史条件下人类实践的产物，都为了满足人的需要，都是现实中的人对物质世界的创造性展现，也都受物质的“纠缠”。同时，精神生活孕育精神文化，为精神文化

① 《马克思恩格斯选集》第4卷，人民出版社1995年版，第232页。

② 龙迎伟：《当代公共精神生活管理的客观现实性与实现过程》，载《求索》2006年第8期。

提供生活来源以及创造基础；精神文化塑造、丰富精神生活，为精神生活提供内容与方向等。精神生活从本质上讲，是人的本质体现与存在方式，而精神文化则是人类实践活动所创造出来的文化成果。

论现代人精神生活的结构与功能*

一、研究现代人精神生活结构与功能的重要性

人的自然属性、社会属性和精神属性，决定人具有物质、社会与精神的需要。人满足这些需要的方式就是物质生活和精神生活。在现代社会，经济社会发展的多样性、文化与信息的丰富性，为精神生活提供了坚实的基础和条件，正如马克思所说，“物质生活的生产方式制约着整个社会生活、政治生活和精神生活的过程”①。当前，我国处于改革发展的关键时期，经济体制深刻变革，社会结构深刻变动，利益格局深刻调整，思想观念深刻变化。社会改革和社会发展的快速推进，一方面使社会的新情况、新问题不断涌现，导致经济社会发展复杂、多样，加上经济全球化浪潮的推动、信息社会的发展、大众文化的兴起和风险危机的频发，必然以各种方式不同程度地影响人们的思想观念，致使现代人的精神生活呈现丰富多样、复杂多变的状态。另一方面，随着人们自主性、竞争性、选择性的增强，多样化的精神追求与价值取向也会以各种方式，或促进社会与人的发展，或阻滞社会与人的进步，使社会和人的发展呈现出差异性。为了适应精神生活的变化，把握精神生活的内涵，理解精神生活的本质，提升精神生活的质量，促进社会科学发展和人的全面发展，有必要从总体上研究精神生活的结构和功能。同时，还应当看到，每个人总是生活在两个世界，即内部世界和外部世界：内部世界是一个主观的精神王国，而外部世界则是一个客观的复杂系统。当外部世界发展变化太快，特别是有些人在价值规律的作用下，对自身现实利益过分追求，对客观外在变化过分关注，对竞争压力过分在意时，容易忽视内在的精神家园，导致行为的自发性或盲目性，产生迷惘、困惑，思想难以把握客观存在，精神生活滞后于物质生活。有的人甚至或沉浸于对物质的追求中，

---

* 原载于《中国精神生活发展与规律研究》，中山大学出版社2012年版，作者郑永廷、罗姗，收录时有修改。

① 《马克思恩格斯选集》第2卷，人民出版社1995年版，第32页。

轻视理想信念的确立；或满足于感官刺激与休闲享受；或一切向钱看，不讲职业道德等；精神生活贫乏、低俗，既与现代物质文明矛盾，又与现代精神文明冲突，成为现代社会的阴影。高消费伴随低文明，高科技缺失高人文，高发展杂陈暗阻滞，这种不协调甚至被扭曲的状况，其产生的主要原因是人对精神生活的忽视或轻视。为此，必须从整体上研究当代社会精神生活的结构和功能，一是为了引领现代人的精神生活发展，为实现社会的科学发展和人的全面发展提供正确方向与内在动力；二是为了满足人们日益增长的精神文化需求，丰富人的精神生活内容，提升人们的精神生活质量，自觉追求高雅、文明的精神价值，形成社会现代文明风尚；三是为了推进现代精神文化的创造和文化产品的生产、消费，促进社会和谐与稳定。

二、精神生活的结构类型

1. 精神生活结构的多维度与多视角研究

由于精神生活形式与内容复杂多样，不少研究者从不同角度、不同层面开展研究并取得了成果。将这些研究成果概括起来，大致有三种类型：一是按照精神生活的不同主体构建结构，分为个体精神生活、团体精神生活、群体精神生活、民族精神生活、国家精神生活、社会精神生活。[①] 二是根据精神生活内容层次构建结构，有的研究者将精神生活分为求知生活、价值生活、情感生活；有的研究者将精神生活分为信仰的层次、道德的层次、审美的层次[②]；也有的研究者把精神生活分为“心理生活”“文化生活”“心灵生活”；[③] 还有的研究者把精神生活分为享乐性精神生活、发展性精神生活、智能性精神生活。三是囊括精神生活的所有内容与要素的综合结构，如侯勇、孙其昂认为精神生活由知识生活、心理和情感生活、道德生活和信仰生活等要素构成，既包含哲学、艺术、科学等自觉精神文化图式，又包含在社会生活中体现的社会心理、社会伦理、公共价值观念等，还包含个体行为习惯、风俗、礼仪、宗教等自发精神文化，是一个追求现实生活与终极生活、心灵世界和意义世界的统一体。[④] 精神生活结构研究的多维度与多视角，说

---

① 龙迎伟：《当代公共精神生活管理的客观现实性与实现过程》，载《求索》2006 年第 8 期。

② 夏兴有：《论人的精神生活》，载《中国特色社会主义研究》2009 年第 5 期。

③ 童世俊：《意识形态新论》，上海人民出版社 2006 年版，第 132-140 页。

④ 侯勇、孙其昂：《论精神生活的现代性遭遇与超越之路》，载《南京师大学报（社会科学版）》2010 年第 4 期。

明精神生活内容的丰富性、形式的多样性、变化的复杂性，充分体现了从整体上研究精神生活结构的难度。正是因为难度大，不容易从整体上把握它，所以才有不同侧面、不同视角的探索。多维度与多视角的研究都是必要的，其成果都具有学术价值与实际意义。但研究精神生活的结构，不能将其意义局限于学术性，而要着重于它对实际精神生活的作用。从这个角度思考，有两个问题是需要回答的：一是如何引导人们把握精神生活的内容与方式，认识精神生活的作用；二是如何帮助人认识精神生活的高低层次，不断提高精神生活的水平。这样，研究精神生活的内容结构和层次结构，就显得更为重要。

2. 精神生活的内容结构

无论何种形式的精神生活，都必定蕴含着具体的内容；精神生活的形式与内容既不是单一的，也不是固定不变的，而是随着实践与社会的发展而不断发展变化的。马克思说："全部社会生活在本质上是实践的。凡是把理论引向神秘主义的神秘东西，都能在人的实践中以及对这个实践的理解中得到合理的解决。"① 人的实践是实践观念与实际行动的统一，表现为人的能动性，任何实践活动都蕴含着精神活动。因为人们的实践活动既需要确立实践目标、提供实践动力，又必定在改造客观世界的同时改造主观世界，所以实践是划分精神生活结构的基础。实践主要包括认识和改造自然、认识和改造社会、科学技术实验以及当代的虚拟实践。人类精神生活的主要内容，都产生并包含于这些实践活动中。

第一，认识和改造自然实践过程中的精神生活。人类在改造自然、进行物质资料生产的实践中，不仅获取了赖以生存与发展的自然资源，发展了人类物质生活，而且发展了人类的身心，创造了人类特有的精神生活。从早期先民的刀耕火种、茹毛饮血，到现代人们的"开天辟地"，都是改造自然的壮举。在改造自然的过程中，人类不仅不断改进、创造生产工具，而且不断增强主观能动性，形成了人类特有的战天斗地精神、勤劳致富精神、吃苦耐劳精神、节俭朴实精神、勇于创新精神等。因而，改造自然的实践，不仅是物质生产过程，而且是精神生产过程；不仅创造了巨大的物质财富，而且创造了宝贵的精神财富；不仅为物质生活的改善提供了条件，而且为精神生活的提高奠定了基础。

第二，认识和改造社会实践过程中的精神生活。人类在改造自然的同

---

① 《马克思恩格斯选集》第1卷，人民出版社1995年版，第9页。

时，也改造社会。改造社会的过程，实质上是改造人类自身的过程，是构建、丰富和深化人类社会关系的过程。随着改造社会实践活动的日益推进，人与人之间历史地形成了复杂多样的社会关系，诸如阶级斗争关系、比较竞争关系、团结协作关系、群体交往关系、网络领域的虚拟交往关系等。在规范、发展这些关系的过程中，人类不断推进政治、法律、道德的发展，促进社会和个体走向精神文明，创造并形成了反抗阶级压迫精神、团结友爱精神、爱国主义精神、集体主义精神、助人为乐精神等。

第三，开展科学技术实验过程中的精神生活。人类从发明简单的工具，到进行现代科学技术实验、科学技术开发，不断推进生产工具的发展和科学技术的进步，使人类社会发生了日新月异的变化，给人们带来了越来越丰富的物质和精神享受。科学技术实验与科学技术开发，锻炼和培养了人们的科学精神、务实求真精神、怀疑批判精神、敢于探索精神、不怕风险精神、开拓创新精神、乐于奉献精神等。这些精神既是科学技术实验、科学技术开发所必备的主观条件，也是科学技术实验、科学技术开发的精神成果。因此，科学工作者的实践，不仅为社会创造了科技知识、物质财富，而且为人们创造了丰富的精神产品、精神生活。

第四，进行网络领域虚拟实践过程中的精神生活。随着计算机网络的发展，人类社会进入网络时代。由于网络具有独特的虚拟性，人类从此进入了一个与现实的物理领域相对应的虚拟领域。与之相应地，人类也开辟了虚拟领域的精神生活。所谓虚拟实践，是指人们运用计算机、网络和虚拟现实等信息技术，在计算机网络空间中有目的地进行能动改造和探索虚拟客体的客观活动。它是一种崭新的人类实践形态。虚拟实践活动虽然是现实实践活动的拓展和延伸，但它与现实实践活动相比较，具有虚拟性、自由开放性、超越性和创造性等特点。由于虚拟实践活动是一种自由的并富有创造性的活动，因此现实世界中对人的实践活动的制约大大减少，并且来源于现实事物的“虚拟客体”不再受现实事物的属性、关系、状态、本质的束缚，虚拟实践活动也不再受时间、地点、气候等外在客观条件的限制，因而人在虚拟实践过程中享有充分的自主性、自由度和自觉性，也就是思想得以解放，精神可以焕发。同时，在虚拟实践中，虚拟实践的主体与客体之间能够便捷地进行实时互动交流，有利于培养人的交互式思维；超文本的出现和运用，必然强化人的非线性思维；虚拟实践对现实性限制的虚拟超越，也会激发人们的批判、创新精神。总之，开展虚拟实践活动，有利于人们摆脱以往单一、线性、静止的思维方式，逐步转向全面、非线性、动态的思维方式，从而使批判的、革命的实践精神获得进一步发挥与展现。另外，人们在网络领域可以拥有、选择、生产和消费精神产品，这些产品蕴含着文化、艺术、道德、法律、情感等各种精神内容；人们可以自由交往，宣泄个人情感与情绪，讨论政治与法律问题，谈情说爱，这都是网络领域的精神生活。当然应当看到，在网络领域同在现实领域一样，不仅有正面的、健康的精神生活，也有负面的、颓废的精神生活。精神生活在性质与取向上的差异，是精神生活在质量上的区别。

除了以上几个方面的精神生活内容，交往活动、休闲活动、家庭生活过程中的精神生活内容也是精神生活内容的组成部分。与实践过程相伴随的精神生活内容是主要的，由实践活动延伸或派生的精神生活内容是不可缺少的，这些整体形成了人的精神生活的内容结构。

3. 精神生活的层次结构

精神生活同物质生活一样，具有层次。精神生活之所以具有层次性，一是因为从人类社会的发展来看，精神生活归根结底是人类对意义的追求，这种追求是无止境的，是不断推进、向前发展和向上提升的，而社会发展的阶段性对应着精神生活的层次性。二是因为人们精神生活的水平，人们相互之间存在的精神生活的差异性，也对应着精神生活的层次性。对于精神生活的层次结构，过去的研究虽然不多，但关于精神境界、人格层次研究的成果颇丰。王国维在《人间词话》中用三句诗词形容了人要成大事业、大学问所必须经历的三种境界。[①] 冯友兰在《新原人》中将人生的境界分为自然境界、功利境界、道德境界、天地境界。[②] 北京大学哲学系教授张世英按照人的自我发展历程及实现人生价值和精神自由的高低程度，把人的生活境界分为欲求境界、求知境界、道德境界和审美境界。[③] 毛泽东在《纪念白求恩》一文中，按照精神境界的层次，提出了要做五种人的要求："一个人能力有大小，但只要有这点精神，就是一个高尚的人，一个纯粹的人，一个有道德的人，一个脱离了低级趣味的人，一个有益于人民的人。"[④] 这些研究成果为研究精神生活的层次结构提供了很好的指导与借鉴。按照人在成长、发展过程中，精神生活水平提高的顺序，可以将精神生活大致分为感性层次、理性层次、信仰层次。

---

① 参见王国维《人间词话》，上海古籍出版社 1998 年版。

② 参见冯友兰《新原人》，见《贞元六书》，华东师范大学出版社 1996 年版。

③ 张世英：《人生的四种境界》，载《光明日报》2009 年 12 月 31 日。

④ 《毛泽东著作选读》（上册），人民出版社 1986 年版，第 346 页。

感性层次，也可称为感知层次，属于人的心理活动层面，是自发、易变的层次。人的一般心理活动过程包括认识过程、情绪情感过程、意志过程，认知水平分为感性、知性、理性三个水平。感性认识是对事物外部形态直接、具体的反映，包括感觉、知觉、表象等形式。感性水平对应的心理内容，从意向看，表现为人的情绪、欲望、感觉，一般由感官刺激、实际情景所引起，这是人们最普遍、最初级的精神生活方式，也是人们精神生活发展的基础。

理性层次，也可称为理智层次，是思想、观念相对自觉、稳定的层次。所谓理性或理智，是与感性相对应的，指清醒、冷静、合乎实际的思维，体现人具有辨别是非、利害关系以及控制自己行为的能力。所以高尔基说："理智要比心灵为高，思想要比感情可靠。"理性认识阶段是指人脑意识到所要认知的对象的存在和演进的内在规律。理性水平对应的心理内容，从意向看，表现为内在追求、审美意识。理性的精神生活比感性精神生活层次高，它不仅陶冶精神、向往精神愉悦，而且有对真、善、美的关注和追求，因而达到了求索和体验生命的神圣意义和庄严使命的境界，是精神生活发展到较高层次的产物。

信仰层次，也可称为理想层次，是感性与理性系统的综合层次，也是人的精神生活的最高层次。信仰或理想是人在追求最高目标过程中不断超越自我、超越现实的一种方式。因为这一层次的精神生活的本质是不断超越向前，所以，具有这种精神生活水平的人会对现实生活不断进行审视、反思，总是力图超越"实然"状态而进入"应然"状态，内心逐渐充实。这种最高层次的精神生活，既包含感性、理性精神生活的内容，又不满足于感性、理性精神生活。

三个层次的精神生活是互相联系和贯通的，低层次精神生活是高层次精神生活的基础，高层次精神生活是低层次精神生活的超越；低层次精神生活为高层次精神生活提供必要的资源，高层次精神生活蕴含着低层次精神生活的某些内容。人的精神生活总以某个层次为主导，并会受其他层次精神生活的影响。人只有自觉地提高精神生活的层次，才能进入崇高的精神境界，才能深刻体验生活的意义与人生价值。

三、现代人精神生活的功能

精神生活与物质生活与生俱来，相辅相成，成为人类生活不可或缺的重要内容。精神生活与物质生活同等重要，甚至更能体现人之生命的价值与意义，更能提供人之发展的方向与动力，更能体现人之生活的和谐与幸福。具体来说，精神生活对现代人具有如下重要功能。

1. 体现人的生命价值与生活意义

人是一种以意义为生存目标和行为指向的高级动物，人们总是在追求一种确定性的、可以把自身安置于其中的精神家园，以达到终身稳固、获得安定的生活支点和价值关怀。为此，人类才能克服精神上的不安定感，摆脱精神的焦虑。精神生活是以追寻人生意义和价值为取向的一种有为的存在方式，从根本而言，精神生活是寻求意义的生活，是为人的存在灌输意义的生活，对人的生存意义的追寻是个体人生乃至于整个人类社会发展的一以贯之的永恒不变的命题。精神生活所构成的意义世界是一个理想的精神家园，它充实并安顿着人的存在，赋予人存在的价值和意义，使人感到自身存在是实在的、踏实的、充实的，人的存在因此获得了可靠的精神支柱与牢固的生命支点，人的生命存在因而展现着生活的价值与生命的可贵。人与人的境界之所以有差异，是因为人与人的精神生活形式与内容不同，人与人的精神生活选择与创造不同，人与人的内在精神修养所达到的水平与境界也就有所区别，因此，对生命的价值、对人生的意义、对世界的理解等就不同。所以，精神生活既是提升人的境界的有效途径，更是追求人之价值与意义的重要途径。失去精神生活，人的生命将失去价值，成为没有人之灵魂的肉身之躯当令一些人精神生活颓废、低级、庸俗甚至沦丧。而这大多是因为他们丧失了对人之生命价值和意义的反思，丧失了对人性光辉的追求，结果要么沦落为金钱、美色的奴隶，要么沦落为迷信、邪教的牺牲品。

2. 提供人的发展方向与动力

合理的价值取向、积极的理想图式可以为人的发展指明方向，使生活充满乐趣，生命富有意义，发展充满动力。这就是说，精神生活能够为人的发展提供正确的方向与强大的动力。精神生活使人能够明辨方向，充满希望，沿着正确的人生道路坚定地前进。换而言之，积极、健康的精神生活，使人认清人生的方向、树立发展的目标、坚定自己的立场。当前，有的人立场不坚定，被贪污腐败拉拢腐蚀，背叛以前的理想与信仰，精神生活陷入奢靡、颓废中，迷信乃至盲信邪教而不能自拔，不但自己不能发展，还伤害自己甚至危害社会，这都是偏离了正确的轨道，方向不明、目标不正确、立场不坚定的表现。人的精神生活具有独特的自主性、能动性、创造性，人总是力争在有限的生命过程中不断追求、创造出无限的东西、最大的价值，如信仰、道德、价值等，这就是精神生活对人类的巨大的动力作用。这种动力作用对现代人的生存和发展突出表现在三个方面。一是可以战胜困难和挫折。古人云，穷则独善其身，达则兼济天下。这既是一种豁达的心态，又是一种对待挫折的乐观心理，是一种积极的精神生活方式。二是可以抵御风险诱惑。德国社会学家乌尔里希·贝克认为，现代社会是风险社会，人们常常面临选择风险、竞争风险、生命风险等。现代社会也是充满诱惑的社会，金钱诱惑、美色诱惑、权力诱惑等无时无刻不在拉拢腐蚀着一些立场不坚定的人。这些风险诱惑不仅出现在物质生活领域，而且出现在精神生活领域。只有具有正确的理想、坚定的信仰、豁达的心态，才能有效抵御这些风险和诱惑。三是可以促进持续发展。精神生活不是只依赖物质生活，只能以物质生活为基础，更重要的是精神生活能够为物质生活提供强大的反作用力，精神生活能够焕发人的精神活力，激发人巨大的热情，提供强大动力，促进人的发展。

3. 促进人的生活和谐与幸福

现在，“幸福”一词成为人们热议的焦点。众所周知，现在人们的物质生活相比以往有了极大改善，但是，有些人的幸福感却没有与之同步得到提升。为什么？究其原因，主要是人们的精神生活没有得到改善。在当今社会，人的温饱问题基本得到解决，而对人的精神生活的数量与质量的满足程度，就形成了衡量人们幸福的重要指标。有人说过，物质消费与个人幸福之间的关系是微乎其微的，享受物质财富的数量并不与人的幸福完全成正比，在占有和消费财富方面，更多并不意味着更好。相反，人们对幸福的追求转向社会关系和闲暇方面。古希腊哲学家赫拉克利特曾经说过：“如果幸福在于肉体的快感，那么就应当说，牛找到草料吃的时候就是幸福。”如果将物质生活的满足视为幸福，精神生活是物质生活的升华，那么，精神生活就是人区别于动物的重要标志之一，因此也是人幸福的最重要标志。正是在这个意义上，英国哲学家大卫·休谟（David Hume）才说：“人类刻苦勤勉的终点就是获得幸福，因此才有了艺术创作、科学发明、法律制定，以及社会的变革。”由此看来，精神生活是幸福的重要内容，高质量的精神生活是人的幸福的重要源泉和主要体现。幸福是什么？泰勒·本·沙哈尔认为，幸福是一种积极乐观的人生态度，“我认为幸福的定义应该是‘快乐与意义的结合’”。如果一个人能够增加生活的创造性，追求心灵的丰满，不为事情所奴役，处理好财富、消费与幸福的关系，不为物质所诱惑，那这样的人的内心一定是充实而宁静的。精神的丰满，比如，心理健康、事业成功、时间自由、爱情和家庭美满，则标志着幸福的生活。

精神生活质量的提升，有助于人们追寻和谐宁静的心理秩序。精神生活让人们心理和谐，基于两个方面：一是精神生活与物质生活之间的全面性（即精神生活与物质生活两者缺一不可，不可偏废、不可或缺）、丰富性（精神生活要像物质生活一样丰富多彩）、协调性（精神生活与物质生活之间彼此协调、齐头并进、共同发展）、渗透性（精神生活与物质生活之间相互渗透、相互促进）。二是精神生活内部的协调和谐（主要是指人的知识、情感、道德、理想、信仰等之间的协调）。和谐的精神生活，是人自身的和谐与幸福的前提与基础。总之，精神生活与物质生活，是双翼之于鸟，两轮之于车，比翼双飞、并驾齐驱，缺一不可。只有人的物质生活与精神生活相协调，才能使人的内心真正得到安宁、滋润，人的心灵才真正和谐、宁静。否则，没有精神生活，缺乏精神家园，人的内心一定是荒芜的，心田一定是干涸的。

精神生活研究的理论基础*

马克思主义对人的本质、人的需要、精神生产以及人的意识、人的生活、人的生命活动、人的异化现象、人的全面发展等，都有系统深刻的论述。这些论述，是研究当代人的精神生活的理论基石。

一、人的需要理论

社会主义社会的生产目的是不断满足人民群众日益增长的物质和文化需要，这一论述的理论渊源可以追溯到马克思主义的需要理论。马克思主义认为，人类的一切活动首先是为了满足人的需要，“他们的需要即他们的本性”①，“人们为了能够‘创造历史’，必须能够生活。但是为了生活，首先就需要衣、食、住以及其他东西。因此，第一个历史活动就是生产满足这些需要的资料”②。马克思既提出了需要是人的本性的命题，也阐述了人的最基本的需要，还研究了人需要的层次：“第一个事实是，已经得到满足的第一个需要本身，满足需要的活动和已经获得的为满足需要用的工具又引起新的需要。”这里所说的引起“新的需要”，指生理需要本身质和量的改变和提高，更指处于更高层次的其他需要，即社会的和精神的需要。马克思和恩格斯在《德意志意识形态》一文中，把人的需要分成三个基本层次，即生存需要、享受需要和发展需要。在《雇佣劳动与资本导言》和《自然辩证法》中，恩格斯按人的需要层次，把人的生活资料分为生存资料、享受资料和发展资料。③ 精神需要的层次取决于生产力水平发展的程度。自人类进入阶级社会以来，在生产力不发达阶段，人们发展的形式只能是“一些人靠另一些人来满足自己的需要，因而一些人（少数）得到了发展的垄断权；而另一些人（多数）经常为满足最迫切的需要而进行斗争，因而暂时（即

* 原载于《中国精神生活发展与规律研究》，中山大学出版社 2012 年版，作者郑永廷、罗姗，收录时有修改。

① 《马克思恩格斯全集》第 3 卷，人民出版社 1960 年版，第 514 页。

② 《马克思恩格斯全集》第 3 卷，人民出版社 1960 年版，第 31 页。

③ 《马克思恩格斯全集》第 8 卷，人民出版社 1979 年版，第 32 页、第 572 页。

在新的革命的生产力之前）失去了任何发展的可能性”[①]。在资本主义社会，资本的趋势一方面尽量压缩工人的必需量，另一方面又为追逐利润的需要而无限制地扩大生产，形成了资本主义社会无法克服的内在矛盾。只有在未来社会中，当生产以尽可能满足人民群众日益增长的物质文化需要为目的时，这种对立才会消失。那时，劳动不再是谋生的手段而成为人的精神自由的需要。到那时候，精神需要发展的限制消失了，精神需要将成为主要的需要，为满足这些需要的社会设施也将得到极大的增长。[②] 马克思主义需要理论为我们研究当代社会精神生活的发展提供了科学的理论指导。

美国心理学家马斯洛提出的需要层次理论，对研究人的精神需要也有理论借鉴意义。马斯洛在《动机和个性》一书中，把人的需要由低至高分成五个层次，即生理需要、安全需要、归属和爱的需要、尊重需要、自我实现的需要。他在后来的著作《激励与个性》中，又补充了“求知的需要”和“求美的需要”。在马斯洛的这一需要层次论中，自我实现需要是最高层次的需要，他认为自我实现就是对天赋、能力、潜力等的充分开拓和利用，是追求高级需要的满足，“高级需要的满足能引起更合意的主观效果，即更深刻的幸福感、宁静感以及内心生活的丰富感”，“高级需要的追求与满足导致更伟大、更坚强以及更真实的个性”；相反，低层次的生理需要“充其量只能产生慰藉、松弛的作用。它很难产生心醉神迷、浑然忘我的高峰体验”。[③] 马斯洛的需要层次理论，受到心理学视角的局限，不同于马克思和恩格斯以实践为基础从哲学层面上提出的需要理论。但他把需要分为物质与精神层次，鼓励追求高层次的精神需要，是有借鉴价值的。

二、精神生产理论

马克思在批判吸收古典经济学家将精神生产看成财富增长的原因和手段以及黑格尔将“抽象的精神活动视为唯一的劳动”的基础上，对精神生产的含义进行了阐述，认为精神生产是人有意识的生命活动的一部分，人的这种生命活动不仅包括物质生产满足人的物质需要，而且包括精神生产满足人的精神需要。马克思强调，精神生产是人的“真正的生产”，精神生产的本

---

① 《马克思恩格斯全集》第3卷，人民出版社1960年版，第507页。

② 《马克思恩格斯选集》第3卷，人民出版社1995年版，第10页。

③ ［美］马斯洛：《马斯洛人本哲学》，成明编译，九州出版社2003年版，第60-61页。

质是人特有的生命活动和存在方式，是人与动物的根本区别，“动物只是在直接的肉体需要的支配下生产，而人甚至不受肉体需要的支配也进行生产，并且只有不受这种需要的支配时才进行真正的生产”①。马克思还指出，精神生产是“按照美的规律来建造”的生产，人在生产过程中不仅要认识和把握客观规律，而且要根据人的需求改造世界，不断追求真、善、美，实现人类活动的合规律性与合目的性的统一。

马克思主义的精神生产理论具有丰富的内涵，其主要思想包括三方面。一是以唯物史观为指导，把精神生产作为社会生产的一部分，并把它置于社会实践的基础之上。社会生产是人类社会存在、发展的现实基础，马克思将社会生产分为物质生产、精神生产和人类自身生产。在马克思主义产生前的思想家，由于受时代和阶级的局限，没有认识到精神生产与物质生产的关系，往往轻视物质生产，使精神活动陷于脱离实践的唯心主义，如古希腊许多学者把“长于建筑技术”“精于农业耕作”的人看作“卑微”的人，把兼得“逻各斯”的少数文人称为优秀的人。中国古代“学而优则仕”的思想也包含了鄙视劳动者的价值观。黑格尔更是将精神生产视作唯一的生产，将人当作精神性的实体。二是以实践论为指导，认为精神生产是人类特殊的认识活动，是认识的直接来源。马克思将社会意识生产分为“思想、观念、意识的生产”和“政治、法律、道德、宗教、形而上学”等诸种社会意识形式的生产。② 社会意识形式是高水平的意识，是通过精神生产主体创造出来的。精神生产所形成的认识成果，可以用以指导和推动物质生产。三是从人的本质视角出发，把精神生产看作人的生命活动或存在方式，是人的类本质体现。在马克思之前的许多思想家，对人的类本质即人与动物的本质区别，都进行过探讨，如中国古代先哲从经验的角度提出了“人之异于禽兽者几希”的观点；还提出了“人力不如牛，走不如马，而牛马为用，何也”的疑问，得出了人具有社会性的结论。古希腊先哲将人的先天“理性”视为人与动物的本质区别，甚至有哲人形容“人只不过是一根芦苇，是自然界最脆弱的东西；但他是一根能思想的芦苇……全部的尊严就在于思想”③。这些先哲们受历史的局限，或对经验进行提炼，或陷于唯心的臆测。马克思看到了唯心论的局限，首先指出物质生产是人类最基本的活动方式，是区别

① 《马克思恩格斯选集》第 1 卷，人民出版社 1995 年版，第 46-47 页。

② 《马克思恩格斯选集》第 1 卷，人民出版社 1995 年版，第 72 页。

③ ［俄］A. B. 古雷加：《德国古典哲学新论》，沈真、侯鸿勋译，中国社会科学出版社 1993 年版，第 85 页。

人和动物的最基本标准。“可以根据意识、宗教或随便别的什么来区别人和动物。一当人开始生产自己的生活资料的时候，这一步是由他们的肉体组织所决定的，人本身就开始把自己和动物区别开来。”① 在此基础上，马克思又进一步提出精神生产是人的类特征：“动物的生产是片面的，人的生产是全面的；动物只在直接的肉体需要的支配下生产，而人甚至不受肉体需要的支配也进行生产，并且只有不受这种需要的支配时才进行真正的生产；动物只生产自身，而人再生产整个自然界；动物的产品直接同它的肉体相联系，而人则自由地对待自己的产品。动物只是按照它所属的那个种的尺度和需要来建造，而人却按照任何一个种的尺度来进行生产，并且懂得处处都把内在尺度运用到对象上去；因此，人也按照美的规律来建造。”② 人与动物的不同在于，人的活动的本质是有目的的创造与超越，人能够进行精神生产。人的精神生产为人的精神生活提供精神资源，而人的精神生活则蕴含并推进精神生产发展。

三、物质与精神相互转化的理论

马克思主义坚持存在决定意识，意识对存在具有反作用的原理。恩格斯认为，我们自己所属的物质的、可感的世界，是唯一现实的；而我们的意识和思维，不论它看起来是多么超感觉，总是物质的、肉体的器官即人脑的产物。物质不是精神的产物，而精神却是大脑物质的属性与客观的反映。马克思主义根据物质与精神的辩证关系，不仅论述了两者决定与被决定、作用与反作用的关系，而且阐述了两者相互转化的关系。有三个转化的基本条件：一是必须以实践为基础。实践既是人认识客观世界的基础，也是改造客观世界的基础，离开实践，转化不可能实现。二是必须有一定的物质条件，因为实践活动都是对象性活动，只有在一定物质条件下才能展开，没有物质条件，转化无法进行。三是要发挥主体的主观能动性。物质与精神的转化不是无主体的活动，而是主体有目的的活动，主体只有充分发挥能动性，转化才能进行。主体无所作为，转化是难以实现的。

马克思有一段著名论述：“批判的武器当然不能代替武器的批判，物质

① 《马克思恩格斯选集》第 1 卷，人民出版社 1995 年版，第 67 页。
② 《马克思恩格斯选集》第 1 卷，人民出版社 1995 年版，第 46-47 页。

的力量只能用物质的力量来摧毁，但是理论一经掌握群众，也会变成物质力量。”[1] 马克思在这里讲的“理论”变成“物质力量”，就是群众学习、掌握理论，形成思想，指导实践，就能创造物质财富，这就是精神向物质的转化。列宁也说：“人的意识不仅反映客观世界，并且创造客观世界。”[2] 这也是讲精神在实践中向物质的转化。毛泽东在《人的正确思想是从哪里来的?》一文中则简明扼要地提出了“物质可以变成精神，精神可以变成物质”这一命题。

“实践—认识—再实践”是人的认识不断深化的规律，人的发展就是在认识与实践、物质与精神的辩证转化中实现的，即人在改造客观世界的同时，也改造自己的主观世界，使得客观世界主观化、主观世界客观化，不断提升认识和改造能力，创造物质产品和精神产品，推进人物质生活与精神生活的发展。

四、人的全面发展理论

实现“每个人的全面而自由的发展”是马克思主义的最高社会理想，也是人类社会的最终目标。马克思主义产生前的思想家们对人的发展问题从不同侧面进行了探讨，但因为脱离社会实践，不可能对人的全面自由发展有全面而科学的论述。中国古代的老庄学派面对社会现实，对人性的压抑感到无能为力，只好提出人复归“原始丰富性”、回归自然状态的主张。宗教面对人间苦难，主观设计了此岸世界与彼岸世界，主张人在现世要努力，死后才能登上幸福美好的“天堂”。西方现代哲学的开创者、德国哲学家尼采说过，就算人生是个悲剧，我们要有声有色地演这个悲剧，不要失掉了悲剧的壮丽和快慰。

马克思主义将“天堂”搬到了人间，认为人类可以通过世世代代的努力，通过建立在社会生产实践基础之上的“消灭现存状况的现实的活动”，改造客观和主观世界，最终实现共产主义的最高理想。而“人全面而自由的发展”则是共产主义社会个体状态的完美写照。但马克思还认为，每个人的全面而自由的发展“决不能仅仅靠物质生产领域的进步来实现”，它是“作为目的本身的人类能力发展的必然结果”，其中，精神生产活动是促进

① 《马克思恩格斯选集》第 1 卷，人民出版社 1995 年版，第 9 页。

② 《列宁全集　1895—1916 年　笔记：哲学笔记》第 55 卷，人民出版社 1990 年版，第 182 页。

和实现“人全面而自由发展”的重要条件。他说：“事实上，自由王国只是在由必需和外在目的规定要做的劳动终止的地方才开始；因而按照事物的本性来说，它存在于真正物质生产领域的彼岸。……在这个必然王国的彼岸，作为目的本身的人类能力的发展，真正的自然王国，就开始了。但是这个自由王国只有建立在必然王国的基础上，才能繁荣起来。”① 实现“每个人的全面而自由的发展”是马克思主义哲学最高的价值理想，是关于未来社会的理想描述，也是现实人发展的最高理想境界。从内容看，它包括人的全面发展、人的自由发展、每个人全面自由发展三部分，是三者的有机统一。

第一，人的全面发展。马克思认为，人的全面发展是“人以一种全面的方式，也就是说，作为一个完整的人，占有自己全面的本质”②。一是生产形式的丰富性。“动物的生产片面的，而人的生产是全面的。”③ 当然，这中间就包括了精神生产。人的需要是全面的，除了物质需要，还有更为丰富的精神需要，人是有理想、有意识、有信念的精神性存在。人类丰富的精神文明作为人类精神生产的优秀成果，既有高级产品如社会意识形式，包括政治、法律、道德、哲学宗教以及科学艺术等，又有人们在日常生活中所形成的风俗习惯、礼仪、民族文化等，这些都构成了人的精神食粮，是人的生存方式，丰富人的整体精神世界，促进人的全面自由发展。二是社会关系的丰富和发展。“人的本质是一切社会关系的总和。”④ 一个人的发展取决于与他人的普遍交往与全面的关系。而人们之间的交往必然或多或少地发生情感的联系，从这个意义上说，交往即一种精神生活。

第二，人的自由发展。人的自由发展是建立在个人全面发展这一基础上的自由个性发展。人的自由个性，即个人特有的生理素质、心理素质、思维方式、行为方式，以及特有的兴趣爱好、性格、气质等。它的发展是人的发展的高级形式，其结果是“有个性的个人”的生成。⑤ 马克思认为在生产力水平低下的人类早期社会，人与人只能相互依赖，或是依赖家庭，或是依赖宗教团体，个性消解在集体中，没有自由可言。在资本主义社会，人从人与人的相互依赖中摆脱出来，但又陷入对物质的过分依赖，出现人的物化、异

① 《马克思恩格斯全集》第25卷，人民出版社1974年版，第926-927页。

② 《马克思恩格斯全集》第42卷，人民出版社1979年版，第123页。

③ ［德］马克思：《1844年政治经济学手稿》，中共中央马克思恩格斯列宁斯大林著作编译局译，人民出版社2000年版，第53页。

④ 《马克思恩格斯选集》第1卷，人民出版社1995年版，第60页。

⑤ 景中强：《马克思精神生产研究》，中国社会科学出版社2004年版，第342页。

化现象，人还是没有得到真正的自由。只有在未来的共产主义社会中，人的个性才能得到真正的发展与张扬。人追求自由，这本身就是一种精神的彰显，人在追求自由个性过程中必然伴随着精神生活的丰富与发展。

第三，每个人的全面发展。在阶级社会里，自由全面发展从来没有惠及每个人，尤其是在人剥削人的社会里，从来都是少数特权阶级的权利。人类的整体发展是以牺牲个人的发展为代价的，并始终存在着“个体和类之间的斗争”[①]。“一些人靠另一些人来满足自己的需要，因而一些人（少数）得到了发展的垄断权；而另一些人（多数）经常为满足最迫切的需要而进行斗争，因而暂时（即在新的革命的生产力之前）失去了任何发展的可能性。”[②] 而共产主义社会是自由人的联合体，个人不再隶属任何阶级、阶层和集团，将真正实现平等和解放全人类的价值理想。我们是社会主义国家，阶级依然存在，但大多数人获得了发展的权利，社会发展的成果最终将惠及每一个体，不断满足人们日益增长的物质文化需要，社会的发展最终将表现为个体的物质生活、精神生活的全面丰富。

马克思的人的全面发展理论，为我们构建了社会最高理想蓝图。在社会主义社会里，这是我们为之奋斗的长远目标。随着社会经济的迅速发展，物质生活资料的匮乏状态将逐步解除，人们的精神生活需要将日益显现，精神生活在人们社会生活中的地位将越来越重要，人的全面自由发展不仅体现在物质条件的改善与提高上，而且体现在人的精神生活的丰富充实上。在大力发展物质生产力的同时，如何大力发展精神生产力，从而最大限度促进人的全面自由发展，是一个世界性课题。正是在此意义上，江泽民曾指出：“推动人的全面发展，同推进经济、文化的发展和改善人民物质文化生活，是互为前提和基础的。人越全面发展，社会的物质文化财富就会创造得越多，人民的生活就越能得到改善，而物质文化条件越充分，越能推进人的全面发展。”“我们所进行的一切工作，既要着眼于人民现实的物质文化生活需要，同时又要着眼于促进人民素质的提高，也就是要努力促进人的全面发展。这是马克思主义关于建设社会主义新社会的本质要求。”[③]

---

① 《马克思恩格斯全集》第 42 卷，人民出版社 1979 年版，第 120 页。

② 《马克思恩格斯全集》第 3 卷，人民出版社 1960 年版，第 507 页。

③ 江泽民：《在庆祝中国共产党成立八十周年大会上的讲话》，人民出版社 2001 年版，第 44 页。

新时期精神文化价值取向研究*

冷战结束之后，世界进入和平发展的时代。发展，主要是经济发展成为时代主题和社会的主导因素，各国围绕这一主题，展开了激烈竞争。与此同时，文化热潮也在世界各国兴起，经济全球化的发展趋势伴随着文化国际化的激荡一并登上世界大舞台。对文化的重视和研究，已成为包括中国在内的整个世界在当代共同面临的课题。

文化是一个大系统，在由物质文化、制度文化、精神文化所构成的文化系统中，物质文化是基础，制度文化是保证，精神文化是核心。精神文化是物质文化、制度文化的灵魂和生命力。它主要包括理想信念、价值取向、伦理道德、团队精神、习惯传统等，表现为人文知识和人文精神两种形态。研究当代精神文化的价值，对于推动经济社会发展，促进人的发展，都具有重要、现实和深远的意义。

一、当代精神文化为经济发展提供人文动力和人文价值取向

在经济与精神文化的辩证关系中，经济对精神文化具有决定作用，不承认这一点，就不是唯物主义。但精神文化对经济发展也具有能动（即动力、取向）的反作用，看不到这一点，不承认这一点，就不是辩证的唯物主义。经济发展与精神文化是决定性与能动性的统一。精神文化能动性的发挥，就是要建立一种不仅适应经济发展要求，而且推动经济发展中的精神文化体系。在精神文化与经济的整合与互动中，精神文化的切入点和着力点，就是直接为经济发展提供内在推动力，保证经济合理、持续发展。正是基于这一客观的规律性，在文化讨论中国际上有一个说法——文化是经济的母体。

1. 精神文化是经济发展的内在推动力

首先，精神文化为经济发展提供人文动力。从社会生产力的角度看，社会经济的发展首先表现为生产力的发展。生产力是社会发展的根本动力和标

* 原载于《中山大学学报（社会科学版）》2001年第3期，作者郑永廷、张彦，收录时有修改。

志，是全部社会历史的基础。生产力的发展是一种客观的“自然历史过程”，然而这个过程并不是自动实现的。任何社会生产力的发展，都必须诉诸人的实践。实践作为人特有的存在方式和人的本质力量的显现，是有自觉意识的、有一定的价值准则和生活目的的人的活动。因此，生产力的发展、经济发展和社会进步的深层原因不能从经济自身去寻找，而应从人那里去寻求。当代经济发展的历程也无可辩驳地表明：经济竞争归根到底是人才的竞争，人才是经济发展的第一资源。人才竞争的实质又是人才全面素质的竞争。在人的素质系统中，人文素质是根基，是灵魂，良好的人文素质能使人正确看待自己，协调自己与他人、个人与家庭、个人与集体、个人与国家的关系，乃至个人与自然的关系；认识个人所应承担的责任，正确处理个人的发展与社会的需要两者的关系。综观古今中外，没有强大的人文精神支持，就难有崇高的献身精神，就难有开拓进取的成就，就难有辉煌的业绩。精神文化通过提高人的人文知识、塑造人的人文精神来提升人的人文素质，为人的智能和体能的开发提供内驱力，并保证开发的正确方向，使人的全面素质得到提高。有了素质全面发展的人作动力，经济才会真正持续发展。

其次，精神文化积极影响着社会生产关系体系的调节和重组。从社会生产关系的角度看，经济的发展还表现为社会生产关系的发展，生产关系的依次更替标志着人类社会经济发展的不同阶段。历史唯物主义指出，当生产力发展到生产关系所无法容纳时，生产关系便成为生产力的桎梏，上层建筑也相继与生产力发展发生冲突，生产关系开始由适应生产力要求变为生产力进一步发展的障碍，从而失去对生产力发展的积极作用。在冲破阻力，变革经济基础和上层建筑，更新经济制度和政治制度，重组社会生产关系体系的过程中，精神文化因素往往起着主导作用。它通过揭示社会发展的客观规律，否定现存社会制度的合理性，揭示更新社会制度的可能性和必要性，阐明未来社会的发展趋势，为人们消灭旧社会、建立新社会提供科学依据和理论指导，通过宣传教育形成舆论，最终形成变革社会的革命行动。

最后，近现代各国经济发展的过程鲜明地表现出精神文化对经济发展的推动意义。德国思想家马克思·韦伯在分析欧洲资本主义的兴起时，十分重视并高度评价了基督教改革所起的历史作用。他认为，从马丁·路德开始到加尔文的宗教思想改革及其所导致的新伦理精神是西方经济发展的深层次原因。这是因为改革后的新教，其思维中心已从上帝转移到人自身，并充分肯定人的智慧和能力对社会发展的重要性。马克斯·韦伯进而指出，新教的伦理精神，包括三点：①一切财富并不可怕，一个人通过正当手段创造财富是光荣的；②一个人应该有敬业精神，兢兢业业地从事创造财富的劳动；③要节俭和节制，不能贪图享受，挥霍放纵。这些对经济发展是有推动意义的。近年来，东亚经济的崛起引起了世界的瞩目，美国学者彼得·伯格在深入研究东亚经济发展的原因后得出结论：日本和亚洲“四小龙”的经济崛起，与他们很强的成就感以及为企业发展和社会奉献的精神分不开。日本经济的持续发展，“亚洲四小龙”的出现，是它们重视精神文化的反映和结果。

2. 精神文化保障经济发展的人文价值取向

发展经济的目的不是为经济而经济，而是最终实现人的全面发展和社会的全面进步，实现社会效益、环境、经济效益和人的价值的统一。因此，发展经济要求追求经济利益的同时，必须兼顾社会环境和人的权益，克服实际经济活动中的见物不见人的“野蛮经济活动”。发展经济要求追求经济利益的同时，不能损害社会利益，而应更好地服务于社会整体利益。发展经济要求各社会服务部门要以保障社会公正而健康的运转，以提高社会整体文化素质为宗旨，任何部门都不得离开其人文社会价值而片面追求经济利益。要实现这些目标，需要精神文化的正确定向，精神文化的重要意义是显而易见的。精神文化还能调整微观经济行为，使人的经济活动具有正义和公平意识。经济的发展带来了人的解放和发展，但人的任何经济行为都需要受到调整和约束。制度、法律是制约经济行为的“硬”因素，而精神文化则是制约经济行为的“软”因素。经济活动中诸多丑恶现象的产生固然有法治不健全、制度有漏洞等原因，但从精神意识方面来讲，是缺乏经济正义和经济伦理意识的后果。而正是精神文化，使人的私利微观行为符合正义和公平原则，从而与社会整体经济发展相协调，并由此体现人的真正意义。事实已经证明并还将继续证明，缺乏精神文化导向的经济发展，使人们在利益的角逐中不再受到自制、理性、公正、道义、博爱等精神的约束，只有对金钱赤裸裸的无耻追逐，那些财富才会用在畸形的消费上，使经济发展失去人文价值取向，并最终丧失进一步发展的动力。

二、人的主体性回归和发展需要精神文化的支撑

世界范围内激烈的经济竞争，必然导致科技的竞争，科学技术作为第一生产力，在现代社会的作用和地位越来越突出。科技发展，社会进步，人也必须得到发展，因为科技的发展和社会的进步都是人创造推动的结果。人的发展的本质和要义是人的主体性的发展。所谓人的主体性，就是能自觉认

识、掌握和超越各种现实客体的限定和制约，能在与客体的关系中取得支配地位，能按照自己的目的能动地改变现实客体的一种人的特性。在当代社会，在现代化进程中所暴露的人和社会发展的危机，在很大程度上是人的主体性丧失的危机，主要表现在：一是科学技术的发展，一方面给人类创造了财富，但另一方面，已经并还在造成对环境、生态以及人类生存的危害。危机的实质是人在科技面前丧失了主体性，不是人合理、自主地创造、使用科技，驾驭科技，而是人丧失了对自身的自信与自立，成为崇拜、依附科技的奴隶。针对这种情况，联合国教科文组织国际教育委员会指出，“现代人发现：科学进步与生产力的发展是不受人们支配的，它们服从它们自己的逻辑，而它们的逻辑是非人性的”，“技术已经产生了严重的有害结果，它已经危害着，并且仍然在破坏着人与他的环境之间，自然与社会结构之间，人的生理组织与他的个性之间的平衡状态。无可挽回的分裂状况正在威胁着人类”。[①] 正是由于面临这种危机，联合国教科文组织和全世界的有识之士强烈呼吁人们树立科技之外的环境伦理、生态伦理、科技伦理，即以人的主体性对科学技术进行控制和合理使用。能够控制并合理使用科学技术的，只能是人的主体性，即人的合理价值取向和道德。人的主体性丧失的表现之二，就是科技所带来的经济发展和物质丰富，使西方社会卷入物质主义、享乐主义的恶浪中；人驾驭不了商品、金钱的冲击而成为其奴隶；追逐本能，寻求感官刺激，满足非理性情感；情感冷漠残忍，枪杀、暴力、吸毒等社会公害呈现低龄化和越演越烈的趋势。其实质无非是由人所创造的物质反过来奴役人、支配人、驱使人，使人在对它的疯狂追逐中，失却主体性，导致道德乃至人性的沦丧。面对这种道德危机、社会危机，西方国家的人们经常举行“救救孩子”“救救城市”的游行。人们强烈呼吁道德和理智，就是要找回失去的精神家园和人的灵性，使人能按照自身的尺度，生活在一个真正属于人的世界。所以，西方国家出现了注重人文和德性，使教育向传统复归，寻求意识形态专家领导教育的倾向。在我国，古代的传统是重伦理文化，轻科技文化。在我国现代，因为经济和科技的落后，所以应当大力发展经济和科技，同样面临着是孤立、片面发展，还是人与经济、科技协调发展的问题；是重复西方国家的教训，还是发挥我国文化传统优势，促进经济、科技和人的发展的问题。说到底，这是提升人的主体性问题，当代精神文化的彰显实

① 联合国教科文组织国际教育发展委员会：《学会生存——教育世界的今天和明天》，华东师范大学比较教育研究所译，教育科学出版社 1996 年版，第 122 页。

质是呼唤人的主体性的回归和发展。

人的主体性发展就是要不断发展自主性，削弱依赖性；发展能动性，削弱被动性；增强创造性，克服保守性。人的自主性、能动性既是人们工作、学习的动力，也是人的智力与能力全面发展的动力。人的自主性、能动性来自哪里？概括来说，主要来自远大理想、坚定信念的吸引与激励；来自对社会、国家和他人的责任；来自对事业成功的执着追求；也来自对物质利益和精神享受的期望。所有这些，都是精神文化研究的内容。有了精神文化的浸润和支撑，人就能够把政治理想、道德理想与事业理想，把德性与智能，把物质利益和精神动力有机结合起来，形成全面结合的目标体系、行为规范和价值取向。

创造性是人的主体性发展的最高层次。所谓创造，就是首创前所未有的事物，探索别人没有涉及的领域而有新的发展。创造是人的主体性的深层发挥。创造的过程是一个艰难困苦的过程，是一条荆棘丛生的道路，它需要人内在强大精神力量的支撑。创造有两个重要因素：一是创造精神，二是鲜明的个性。创造精神是创造活动的动力源泉，它是一种顽强拼搏精神、艰苦奋斗精神、忘我的牺牲精神。个性直接影响创造性，它的核心内容是人的主观能动性方面的理想、信念、情感和意志等。由此可见，创造精神与个性的核心内容都与精神文化直接相关，都必须从精神文化那里寻求深层次的根源，没有一定精神文化的支撑，就不会有人的创造精神和创造个性。

三、物质价值与精神价值在当代社会协同共进

物质价值与精神价值讲的是有形价值和无形价值。物质价值是有形价值，精神价值是无形价值。传统的价值观把经济、物质、资源看成财富，而把文化、理论只看成一种被决定的、服务的工具。随着社会的发展，无形资产的观念不断形成和得到提升，并已成为世界性共识。对此，我们只要回顾一下价值观的发展过程就很清楚。

价值这一概念起源于经济学，从词语含义上看，它与商品、商品交换有关。价值作为经济学的概念，作为学科的独立术语，是在近代商品经济比较发达之后。随着西方资本主义商品经济的快速发展，社会出现了单纯追求物质财富、崇尚科学理性的倾向。对此，一些思想家提出批评，并有针对性地提出自己的主张。卢梭批评当时的社会：“我们已经看到美德随着科学与艺

术的光芒在我们的地平线上升起而逝去。"[①] 卢梭的这一思想得到康德的继承，康德针对当时提出的"知识就是力量"的说法，提出"德性就是力量"的口号，强调道德价值，提出主体性理论。康德道德价值概念和主体性理论的提出，标志着价值的哲学概念的形成，也标志着精神文化价值的确立。在康德之后，新康德主义者 R. H. 洛采和 A. 里尔奇把价值概念明确带到了哲学领域，并放在中心地位。价值研究从经济转向哲学、社会，这拓展了价值的内涵，使价值涵盖了人与人、人与自身、人与自然、人与类等多层关系领域，强调了人的精神境界、道德追求，是价值概念的深化，也是对文化、精神作为财富的肯定。这种无形资产，特别是精神文化的价值将随着人的主体性增强和人力资源的开发而越显重要，它作为有形资产增加的动力和激化因素，直接影响着经济的成败。所以，企业文化理论总结出这样一个规律：大凡成功的企业，都有强有力的企业文化，即有明确的企业经营哲学；有员工共同的价值观和无形的行为准则；有多样用来宣传、强化这些价值观念的仪式和习俗。企业的成败，取决于企业文化这一非技术、非经济的因素，因为它直接影响着企业中的每一件事。

由此可见，精神文化价值的突出，不是某个人的主观愿望，而是社会发展和人的发展的必然要求和客观反映，精神文化价值的增长是一个历史趋势。为此，我国根据物质价值和精神价值协同共进的发展趋势，提出了许多重要的理论命题。党的十五大提出，社会主义文化是综合国力的重要标志；社会主义现代化建设的进程在很大程度上取决于国民素质的提高和人才资源的开发。江泽民强调，"思想政治素质是最重要的素质"，"在当今世界上，综合国力的竞争，越来越表现为经济实力、国防实力和民族凝聚力的竞争"。[②] 这些关于精神文化地位和作用的论述，充分肯定了精神文化的当代价值。

① 北京大学哲学系外国哲学史教研室：《十八世纪法国哲学》，商务印书馆 1963 年版，第 147 页。

② 中华人民共和国教育部：《深化教育改革　全面推进素质教育——第三次全国教育工作会议文件汇编》，高等教育出版社 1999 年版，第 17 页、第 15 页。

努力建设健康的精神文化环境与精神家园*

以胡锦涛为总书记的党中央，站在时代前列与面向世界的高度，对我国文化发展作出了重大决策与部署，不仅强调了科技文化对于经济发展的强大作用，而且把教育、卫生等关系民生的文化事业，作为社会文明建设的主要内容，提到了前所未有的高度。特别是对文化的价值与建设，党的十七大报告更是给予高度重视，强调："当今时代，文化越来越成为民族凝聚力和创造力的重要源泉，越来越成为综合国力竞争的重要因素，丰富精神文化生活越来越成为我国人民的热切愿望。要坚持社会主义先进文化前进方向，兴起社会主义文化建设新高潮，激发全民族文化创造活力，提高国家文化软实力，使人民基本文化权益得到更好保障，使社会文化生活更加丰富多彩，使人民精神风貌更加昂扬向上。"① 胡锦涛用三个"越来越"概括了文化的发展趋势与当代价值，即文化是民族凝聚力和创造力的重要源泉、综合国力竞争的重要因素、关系到国家软实力的提高。同时部署了我国文化建设的三个重点，即建设社会主义核心价值体系，增强社会主义意识形态的吸引力和凝聚力；建设和谐文化，培育文明风尚；弘扬中华文化，建设中华民族共有精神家园。从党的十七大报告对文化价值、文化建设重点的阐述可以看出，这里所说的文化，主要是精神文化。

所谓精神文化，是指文化心态及其在观念形态上的对象化，表现为文化心理和社会意识诸形式，主要包括哲学、政治、法律、伦理等思想、理论。由物质文化、制度文化、精神文化所构成的社会文化系统，其各组成部分的功能或作用是不同的。物质文化是基础，制度文化是保证，精神文化是核心。物质文化决定精神文化，但精神文化具有相对独立性，是物质文化、制度文化的灵魂和生命力。因此，精神文化是人的精神食粮，孕育人的精神家园，决定人的精神状态、精神生活、精神本质，是人的本质属性体现；精神文化又是社会旗帜、"社会水泥"、社会规范，具有价值导向、精神源泉、

---

* 原载于《思想政治教育研究》2010 年第 1 期，作者郑永廷、罗姗，收录时有修改。

① 胡锦涛：《高举中国特色社会主义伟大旗帜　为夺取全面建设小康社会新胜利而奋斗——在中国共产党第十七次全国代表大会上的报告》，人民出版社 2007 年版，第 21 页。

民族凝聚的功能属性；精神文化还具有赋予民族国家国魂、集体单位群魂、个体思想灵魂的社会属性。所以，对精神文化，毛泽东称之为观念文化，梁漱溟称之为“精神食粮”，文化学家刘永佶称之为“意识形态”，而葛兰西则形象地将意识形态或精神文化隐喻为“社会水泥”。

一

当代精神文化的发展与价值之所以呈现出明显的发展态势，究其原因主要是两个方面。一方面，根据经济基础与上层建筑的关系原理，经济、科技的快速发展，既为精神文化的发展奠定了基础，也向精神文化发展提出了要求，推进着精神文化发展与价值彰显。另一方面，按照马克思主义的需要层次理论，人们在物质生活条件得到满足和改善，学习、掌握了现代科学技术知识与技能后，就会提出更高的需要，追求精神文化的满足。因而，精神文化的发展与价值彰显，是我国社会发展和人们价值追求的必然趋势。但是，一些人却看不到这种趋势，只看到社会生活中的经济竞争和自身的物质利益，只看到现代科学技术在生产力发展中的第一位作用和对经济发展的贡献，看不到在经济、科技背后和渗透在其中并推动其发展的精神文化的作用。在市场经济条件下，在激烈的社会竞争中，受重物质、轻精神，重科技、轻人文的价值取向的影响，有的人忘却人的精神诉求与人的本质所在，导致正确的理想信念缺失，精神动力不足，乃至良心、道德、人性丧失，出现了与现代经济、科技发展不相协调的以权谋私、假冒伪劣、坑蒙拐骗等极不文明的行为，危害社会与他人；有的人忽视精神家园建设，荒芜了自身内心世界而“精神杂草”丛生，在物质生活水平大幅提高的同时，精神生活却出现了无名的烦恼、心躁乃至精神疾病；有的人轻视精神的作用与价值，在面对社会激烈竞争时不知所措和所向，精神困惑与动力衰退使之在竞争中难以振作乃至沉沦于侥幸与迷信中。我们可以称这些状况为现代精神综合征，这种综合征是对有些单位与个人忽视、轻视思想政治教育与精神家园建设的惩罚，已经成为社会和人的发展障碍。

二

当代社会精神文化的发展与价值彰显，与当代社会的经济发展、经济竞争是有着内在关联的。冷战结束之后，世界出现和平与发展两大主题。发展，主要是经济发展，各国围绕这一主题，展开了激烈的竞争。经济竞争在全球展开的同时，文化热潮也在世界各国兴起，经济全球化的发展趋势伴随着文化国际化的激荡一并登上国际舞台。在席卷全球的文化热潮中，许多国家以冷静的态度反省、高扬民族的传统文化，以超越的姿态创造适应时代发展需要的现代文化，从不同层面开展文化交流，进行文化比较与借鉴。我国儒学文化、和谐文化与社会主义文化受到许多国家与地区的关注，我国的精神文化不仅呈现一片丰富多彩、繁荣昌盛的景象，而且伴随开放的步伐，逐步走向世界。应当承认，精神文化存在并渗透于社会生活的各个领域。一般来说，越是竞争激烈的领域，越需要精神文化，精神文化也发展得越快，其能动作用也越大。在我国过去的革命、战争年代，激烈的革命斗争与战争需要革命文化，也创造了丰富的、可歌可泣的革命文化。正是革命文化激励了无数革命者和广大人民用“小米加步枪”，打败了用“飞机加大炮”武装的敌人，赢得了革命胜利。

在经济领域，经济的竞争与发展不断推进企业精神文化发展，这经历了一个历史过程。20 世纪以前，西方发达国家在企业采用以定额奖惩为中心的“科学管理”理论，这一理论的精神文化因素不多，主要倾向于物本管理。从 20 世纪开始，经济的竞争促使资本家寻求发展的条件，马斯洛提出了人的需要层次论，认为文化需要处在需要的最高层次。美国管理史上有名的霍桑实验得出了人是“社会人”，不是“经济人”的结论，把人际关系、人的情感等人文因素在企业发展中的作用凸显出来，形成了行为科学管理理论。这一管理理论则倾向于人的管理。到了 20 世纪中期，国际经济竞争日趋激化，面对日本经济快速发展，美国学者以大量无可争辩的例证列举了许多长期以来为美国所忽视的因素，而这些因素恰恰是促进日本经济走向成功之所在。此外，美国学者还在日本企业发展的基础上总结了企业文化理论。企业文化理论得出了这样的结论：“但凡成功的企业，都有强有力的企业文化，即有明确的企业经营哲学；有员工共同的价值观和无形的行为准则；并有各种各样用来宣传、强化这些价值观念的仪式和习俗。企业的成败取决于企业文化这一非技术、非经济的因素，因为它直接影响着企业中的每一件事。”也是在 20 世纪中期，美国学者赫钦斯为了开发与管理“软”文化，推广知识的价值，写了《学习社会》一书，最早提出了“学习社会”的概念。随后，联合国教科文组织编写了《学会生存》一书，阐述“学习化社会”思想；罗马俱乐部发表研究报告《学无止境》，阐发“社会学习、团体学习”理念。20 世纪末，美国学者彼得 · 圣吉在《第五项修炼》一书中提出“学习型组织”理论。该理论的一项重要内容是，为了克服可能由内部竞争引起的防备和由利益差别引起的矛盾，要发展团队学习。团队学习从“深度汇谈”开始，让想法自由交流，“消除组织病毒”，克服思想障碍，“建立共同愿景”，也就是确立“全体衷心共有的目标、价值观与使命”，“将个人的愿景整合为共同的愿景”，“有了衷心渴望实现的目标，大家会努力学习、追求卓越”。[①] 显然，彼得·圣吉的主张就是通过发展精神文化与开发精神潜能来获得物质资源。学习型组织理论的实质，是为了发展活力、动力、凝聚力、竞争力和创造力，不断超越自我，不断创新。20 世纪 70 年代，美国学者克莱因提出了有名的“国力方程”，并把“战略目标”与“国民意志”作为衡量国力的重要组成部分。随后，哈佛大学教授约瑟夫·奈提出“软实力”的概念，即“一国通过吸引和说服别国服从你的目标从而使你得到自己想要的东西的能力”。很明显，软实力不是看得见、摸得着的物质力量、军事力量，而是精神力量，包括政治、文化、外交等软要素。提高软实力，需要对内激励民众士气，整合民众力量，发挥民众聪明才智；对外吸引人才、资金和技术。

从经济领域管理理论的不断发展可以看出，经济竞争与发展总是促使人们去寻求其深层动因，总是需要物质与精神两个轮子协调转动。所以，我国在坚持以经济建设为中心，大力加强物质文明建设的同时，确立了加强社会主义精神文明建设的方针，并提出了“两个文明”协调发展的一系列理论。在党的十五大报告中，江泽民提出：“有中国特色社会主义的文化，是凝聚和激励全国各族人民的重要力量，是综合国力的重要标志。”在纪念中国共产党成立 80 周年的讲话中，江泽民强调要不断满足人民物质文化需要，实现人民物质文化生活的高质量、高水平的发展，是人的外在发展要求，“要努力提高全民族的思想道德素质和科学文化素质，实现人们思想和精神生活的全面发展”，即人们的内在发展。这种内在发展既是社会发展的基础和条件，也是人们追求生命质量和现代文明的标志。物质生活的全面发展与思想和精神生活的全面发展是辩证统一的关系。物质生活的发展是思想和精神生活发展的基础和前提，而思想和精神生活发展则是物质生活发展的精神动力，能引导物质生活发展的方向。当代社会人的全面发展，是物质生活的全面发展与思想和精神生活全面发展的高度统一。2002 年，党的十六大借鉴

① ［美］彼得·圣吉：《第五项修炼——学习型组织的艺术与实务》，郭进隆译，上海三联书店 1998 年版，第 9-10 页。

了国外“学习型社会”“学习型组织”的概念，把创建“学习型社会”写进了小康社会的奋斗目标，并根据我国的社会实际，赋予了新的内容。党的十七大在推动社会主义文化大发展大繁荣部分，提出了“激发全民族文化创造活力，提高国家文化软实力”① 的战略任务。2009 年，《关于加强党建若干重大问题的决定》提出了建设“学习型政党”与“学习型党组织”的要求。

经济竞争与发展之所以需要精神文化发展和精神家园的建设，根本原因是文化与经济的整合互动所要解决的基本问题是经济决定论与精神动力论的统一，是经济与文化的和谐发展，其核心是经济发展的根源。动因是从经济自身去满足，还是要从人那里去寻找的问题，只有精神文化才能孕育经济发展的人文动力。为此，既要高度重视经济发展，因为它起决定作用；又要高度重视精神文化发展，因为它有巨大的能动作用。如果过分强调经济对精神文化的决定作用，忽视精神文化的能动作用，那么，经济就缺乏合理性驾驭，很容易把经济生活、经济发展的一切“现实”，包括合理的和不合理的，都作为能满足人需求的合理的“现实”来看待，也容易把精神文化看作经济的消极派生物，使其处于依附地位而丧失其自身的能动作用和文化价值。这种过分强调经济决定作用，忽视精神文化作用的倾向，不仅在理论上是巨大误区，在实践中也十分有害，其最终结果是不仅精神文化遭受损害，经济发展也受到阻滞甚至破坏。经济发展与精神文化是决定性与能动性的统一，决定性是指精神文化的转换，即随着经济的转轨，按经济发展的要求，实现精神文化由传统向现代的转换，而不是经济可以脱离、代替精神文化。精神文化能动性的发挥，就是要建立一种不仅适应经济发展要求，而且推动经济发展的精神文化体系，而不是精神文化可以脱离经济这个基础而成为一种没有文化价值的空洞理论。所以，在精神文化与经济的整合与互动中，精神文化的切入点和着力点，就是直接为经济发展提供内在推动力，保证经济合理、持续发展。

应当充分肯定，市场体制赋予社会竞争机制和人的主体性，使我国社会充满发展活力与动力，推进我国经济和社会快速、持续发展，从根本上改变了我国社会面貌和在世界上的地位。但是也要看到，在市场竞争条件下，一些人注重经济、科技追求而忽视精神文化与精神家园建设，主要有两个原

① 胡锦涛：《高举中国特色社会主义伟大旗帜　为夺取全面建设小康社会新胜利而奋斗——在中国共产党第十七次全国代表大会上的报告》，载《人民日报》2007 年 10 月 25 日。

因。一是认识原因，就是把经济、科技既作为价值目标，又作为自身条件，忽视了人的主观条件乃至忽视人本身，难免陷于以眼前的、具体的物质利益为满足的功利倾向，有的人甚至为了获得眼前的、具体的物质利益而不惜采取损人利己行为。二是竞争原因，就是竞争中所获得的物质、科技成果是有形的或能被量化、指标化，人们能够对其进行直接比较而显示差距，因而可以直接感受其价值，而隐藏在这些物质、科技成果后面的精神动力与道德品质则难以被量化、指标化，因而人们难以看出其差距和直接感受其存在和作用。这就为价值取向的偏向提供了可能。因此，针对市场竞争条件下忽视精神文化与精神家园建设的功利倾向，只能通过理论学习，认识当代社会精神文化发展趋势与彰显价值来解决。

三

世界范围内激烈的经济竞争，必然导致科技竞争、人才竞争。科学技术作为第一生产力，在现代社会的作用和地位越来越突出。于是，在西方，出现了所谓科学主义、技术主义思潮，认为科学技术可以改变一切、决定一切，甚至可以使社会主义与资本主义“趋同”。有人甚至认为科学技术就是现代的“神灵”，人在“科技神”面前，显得渺小、无力。按照这种理论，人创造了科技，结果却丧失了对科技的支配而不得不屈从于科技。这同人创造了上帝、金钱拜物教，又依附、屈从于神和金钱的情况一样，是人的内在精神，即人的主体性丧失。科技的发展，既是人的主体性发展的结果，又需要人文精神得到新的发展，因为科技的发展、社会的进步都是人创造、推动的结果，是人文精神孕育的产物。所谓人文精神，是人对自身的关怀，对人的尊严、价值、命运的维护、追求和关切，对社会继承和创造的各种精神文化现象的珍视，对全面发展理想人格的肯定和塑造。人文精神是人主体性的充分体现，是人自觉认识、掌握、超越各种现实客体的限定和制约，在与客体的关系中取得支配地位，并按照自主的目的能动地改变现实客体的一种人的特性。“帮助个人既控制自然与生产的力量，也控制社会的力量，并从而控制他自己，控制他们作出的决定的行为。”“科学和技术还必须帮助人类养成科学精神，因而使他能促进科学而不致为科学所奴役。”①

---

① 联合国教科文组织国际教育发展委员会编：《学会生存——教育世界的今天和明天》，华东师范大学比较教育研究所译，教育科学出版社 1996 年版，第 134 页。

在西方资本主义国家，在学习、运用、创造现代科技过程中，人文精神缺失的深层原因，是一些人在个人主义价值观的支配下，把科学技术仅仅当作获取物质利益的手段。当这种手段缺乏正确目标与规范驾驭时，这些人实际上被卷进了物质主义、享乐主义的恶浪。应当看到，追逐物质享乐，寻求感官刺激，人际关系冷漠，忽视道德规范等缺乏人文精神的现象，在西方一些国家呈现出低龄化趋势，其实质是由人所创造的物质与科技反过来支配、驱使人们，使有些人在对它的追逐中，失却合理精神驾驭，导致道德缺失。对此，联合国发展计划署教育顾问德怀特·艾伦曾严肃指出："20世纪，高等教育自发地把如何使学生变得'聪明'当作了主要目的。当今，知识量已经翻了好几倍。高等教育忙于应付令人头晕目眩的新知识，无暇顾及价值观和道德教育。"他警告："教育有两个目的：一个是要使学生变得聪明；一个是要使学生做有道德的人。如果我们使学生变得聪明而未使他们具有道德，那么，我们就为社会创造了危害。"① 其实，针对西方社会单纯追求科学技术与物质利益，忽视人文精神的倾向，一些思想家如卢梭和康德早就提出过批评，并有针对性地提出了自己的主张。康德提出"知识就是力量""德性就是力量"，强调道德价值，论证道德"至善"的"决定根据"，提出主体性理论，认为人是认知的人、道德的人、审美的人，人在道德领域应当按照自己的理性为自己订立法则，即按道德律行动，即"不论是谁在任何时候都不应把自己和他人仅仅当作工具，而应该永远看作自身就是目的"。在康德之后，新康德主义者R. H. 洛采和A. 里奇尔，把价值概念明确带到了哲学学科领域。针对西方国家科技主义所造成的物欲横流、道德沦丧的严重后果，一些人文学者和重视人文精神的科学家推出人文主义与科技主义抗衡，并在西方社会形成了人文主义与科技主义张力。在西方国家高校中，受人文主义影响的通识教育也逐步受到重视与推广。

我国是一个有深厚人文传统的国家，古代就有重伦理文化、轻科技文化的倾向，这导致我国科学意识淡薄与科技基础薄弱。科技的落后，要求我们大力自主创新，发展科学技术。要正确认识到，发展科技是为了满足人的需要，提升人的主体性，而不是令科技成为控制人的力量，使人丧失人文精神。我们应当清醒地看到，环境危机、生态危机、道德危机正在伴随科技发展和一些人对精神文化的忽视，对社会和个人造成危害。

---

① ［美］德怀特·艾伦：《高等教育的新基石》，任中棠等译，载《求是学刊》2005年第3期，第6-10页。

在新的历史条件下，我们应当转化和开发我国的人文传统。我国古代人文传统的鲜明特点是，注重价值观的整体性、社会目标的统一性、天人合一的协调性、人的修养的内在性和人格境界的高尚性。尽管这一特点有古代传统色彩，但它受到了西方的关注。1988 年 1 月，全世界的诺贝尔奖获得者在巴黎聚会。会后，这些人类的科学巨匠庄重发表宣言称，“如果人类要在 21 世纪生存下去，必须回头 2500 年，去吸取孔夫子的智慧”。英国著名历史学家汤因比说，“人类已经掌握了毁灭自己的高度技术文明手段，同时又处于极端政治、意识形态的营垒中，最重要的精神就是中国文明的智慧——和谐”。新加坡把忠孝、仁爱、礼义、廉耻作为政府“治国之纲”。这一特色的人文文化，对中国古代的统一、发展，对社会主义制度的建立与巩固起了很大作用。

根据科技文化与精神文化对人的发展同等重要的原则，邓小平于 1978 年在全国科学大会上从实现“四个现代化”的战略高度，明确地指出：“我们向科学技术现代化进军，要有一支浩浩荡荡的工人阶级的‘又红又专’的科学技术大军，要有一大批世界第一流的科学家、工程技术家。造就这样的队伍，是摆在我们面前的一个严重任务。”邓小平对“红”的解释是：“爱我们社会主义祖国，自觉自愿地为社会主义服务，为工农兵服务，应该说这表示他初步确立了无产阶级世界观……而应该说是红了。”① 邓小平关于科技人才必须“又红又专”的论述，坚持了科技与人文的高度统一。江泽民在党的十五大报告中，站在民族振兴的高度，强调“必须着力提高全民族的思想道德素质和科学文化素质，为经济发展和社会全面进步提供强大的精神动力和智力支持”。针对社会上忽视思想道德素质的倾向，江泽民在第三次全国教育工作会议上特别强调“思想政治素质是最重要的素质”。在纪念中国共产党成立 80 周年的讲话中，江泽民重申文化的性质与方向：“坚持什么样的文化方向，推动建设什么样的文化，是一个政党在思想上精神上的一面旗帜。”这些论述都充分肯定了精神文化的现代价值。胡锦涛在 2006 年全国科学技术大会上的讲话，不仅专门论述了“发展创新文化，努力培育全社会的创新精神”，而且对科技工作者应具备的人文精神进行了概括：“心系祖国、自觉奉献的爱国精神，求真务实、勇于创新的科学精神，不畏艰险、勇攀高峰的探索精神，团结协作、淡泊名利的团队精神。在建设创新型国家的伟大实践中，广大科技工作者应该做自主创新的先锋，做拼搏

---

① 《邓小平文选》第 2 卷，人民出版社 1993 年版，第 88-89 页。

奉献的楷模，努力创造无愧于时代、无愧于人民的光辉业绩。”① 但是，在科技学习、运用与创新过程中，人文精神的发展也遇到了新的问题，一是有些人的“代价论”，认为发展科技、经济要以牺牲道德为代价，或认为科技、经济可以为自己提供发展条件，无须精神文化；二是有些人的“无用论”，认为现代科学技术具有强势发展趋向，人文精神显得软弱无力；三是有些人的“过时论”，认为以经济建设为中心，科学技术是第一生产力，精神文化使不上劲。这些认识和倾向既不符合当代社会发展趋向，也不符合我国的文化国情。所以，在我国社会生活中，精神文化领域以及人们的精神家园发生了不容忽视的问题。这些都是对轻视、忽视精神文化和民族传统的报复和惩罚。所以，我们一定要以党的十七大报告关于“推动社会主义文化大发展大繁荣”的战略部署为指导，深刻认识当代社会精神文化的发展与价值彰显，把我国社会主义文化发展向前推进。

① 《增强自主创新能力　建设创新型国家》，人民出版社 2006 年版，第 14 页。

论当代青年精神追求的基本特征*

所谓精神追求，就是在生活实践中根据主体的精神需要，有倾向性地选择或创造一定的手段和方式满足其需要的过程。当代青年精神追求的特点不仅与青年群体的特点有关，也与当今时代的特征有关。青年正处于由不成熟向成熟过渡的阶段，中国当代社会正处于转型期，这些都蕴含着很多不确定甚至相互冲突的因素，从而影响当代青年精神追求的特点。研究这些富有时代性的特征，对于引导青年坚持正确的精神追求，确立精神支柱，丰富精神世界，提升精神境界具有重要意义。

一、精神追求的理想性与功利性兼有

理想是对现实的超越，是对未来的美好展望。理想立足于现实，着眼于未来。从某种意义上来说，理想性等同于超越性。人不仅仅活在当下、活在眼前、活在现实，人还活在对眼前和个体利益的有限性进行超越的理想性的意义世界。而功利则是指眼前的功效和利益，是对现实的满足。从时间上来看，功利注重眼前而忽视长远；从空间上来讲，功利重视局部、具体利益而欠缺全局考虑。当代青年精神追求的理想性是指当代青年能够从全局出发，对未来有着明确而长远的目标，并能自觉而坚定地去追求实现理想。而当代青年精神追求的功利性则是指有的青年仅从个人利益出发，满足于眼前、现实，陷入拜金主义、拜名主义、拜权主义的泥沼。

在不同的时代，社会发展的要求在不断变换，而青年作为社会最有活力、最富激情的群体，总是能敏锐地感触到时代跳动的脉搏，将自我融入时代发展，实现自我超越。在革命时期，青年向着延安奔去，向着前线奔去；在建设时期，青年向着边疆奔去；在改革时期，青年向着科技高峰奔去，向着经济主战场奔去；在灾难时期，青年向着灾区奔去……一代又一代青年，在党和人民最需要的地方总能看到他们的身影，他们把自我价值融于建设富强、民主、文明、和谐的社会主义现代化国家的共同理想中。在我国推进改

* 原载于《思想教育研究》2012 年第 7 期，作者朱白薇、郑永廷，收录时有修改。

革开放的伟大实践中，当代青年始终作为一支生机勃勃的重要力量与祖国共奋进，与时代同发展，他们在社会主义现代化建设的第一线顽强拼搏、开拓创新，为推进中国特色社会主义事业作出了重要贡献。在国家面临雨雪、地震、干旱等灾害时，广大青年大力弘扬高尚的奉献精神，奋不顾身地投身抢险救灾和灾区重建；在国家面临西方敌对势力的干扰破坏时，广大青年焕发强烈的爱国热情，旗帜鲜明地维护国家利益和民族尊严。教育部于2011年对140所高校思想政治状况的滚动调查显示，98.1%的学生对“中国特色社会主义事业进一步发展，综合国力增强，国际地位提高”表示“非常乐观”或“比较乐观”,[①] 这充分表明当代青年富有理想，坚决拥护党的领导，高度认同中国特色社会主义理论体系，对中国特色社会主义事业充满信心。

在当代社会条件下，价值取向的多样化与人的发展个性化日趋明显，青年用以规划自己人生发展的价值目标不再单一，用以评判自己和他人是非得失的价值尺度不再同一。他们习惯于根据自己的需要来设定自己的价值目标，运用多样的价值尺度来看待他人和社会，体现了价值取向上的务实性。这种注重现实价值取向的特点，有其现实合理性，但也存在局限性。其局限性表现为有些青年过分讲究实用、追求功利，陷于眼前利益、具体利益的满足，缺乏超越现实思想水平、提高思想道德境界的愿望，对理想信念的确立不大在意，甚至有一小部分青年表现出突出的拜金、拜权、拜名等功利主义精神追求。

拜金主义就是盲目崇拜金钱，把金钱价值看作最高价值，一切价值都要服从于金钱价值的思想观念和行为。拜金主义者认为金钱不仅万能，而且是衡量一切行为的标准。在我国，确实有部分青年认为在现代商品社会中，金钱可以决定一切，有钱可以得到一切。“有钱能使鬼推磨”“一切向钱看”“金钱是万能的”等甚至成为一小部分青年的生活准则。

拜权主义是在我国2000多年的封建文化影响下某些人形成的权力崇拜，社会滋生了“官本位”的心理情结。一定程度上，社会上还存在“有权就有一切”“有权不用，过期作废”等观念，权力由“公共”的为民服务降低为“私人”的为己服务。在现实社会中存在诸如任人唯亲、跑官要官、权力寻租的现象，权力的巨大好处使得人们对权力盲目崇拜。改革开放这么多年了，“百万青年下深圳”正在被“百万青年考公务员”和“国企热”取

---

① 原春琳：《教育部调查称近八成大学生有入党意愿》，载《中国青年报》2011年06月04日。

代。数据显示，2012 年国家公务员考试最终报名总人数超 123 万[①]，自 2009 年以来每年报名公务员人数超百万。

拜名主义就是把名分、职位、职称、学位、头衔等当作偶像来崇拜，这也是一种功利的人生价值观。“拜名主义表现在自我认识上，就是为成名成家而沽名钓誉，把成名成家本身当作终生孜孜以求的目的，以为只要有了名，就一定有了实，即有了做人的价值。人们通常所说的虚荣心和庸俗地追求虚名，都属于这种拜名主义。”[②] 在当代青年中，拜名主义发展出新的形式，突出表现为追星，即明星崇拜。他们崇拜名人特别是明星，如歌星、影星、体育明星等。2010 年，武汉市关心下一代工作委员会关于“青少年的崇拜者”的问卷调查的结果显示，在学生心目中占比最高的是演艺明星，对领袖、军人、教师、劳模、企业家、科学家的崇拜度，均以较大落差排列于其后。[③] 其中一小部分青年的追星行为十分疯狂，不惜节省学习和生活的开支去购买超出必要数量的（数字）唱片及各种演出座位票，经常到偶像可能出没地点蹲点等，甚至偶像的喜怒哀乐就是自己的情绪表现。也有少数青年为了出名，不惜丑化自我，渴望一夜走红，这些行为与功利心理作祟是分不开的。

二、精神追求的稳健性与冲动性并存

青年的自我意识不断强化，成长成才目标日趋明确，文化道德修养逐步提升，这使得他们对自己、他人、社会的责任意识不断增强，行为方向、方式、方法日趋稳定，对行为效果和目标的预判能力逐步提升。当前社会环境中的积极因素也广泛影响当代青年的精神价值追求，对外开放使中西文化相互碰撞、对比、交汇，拓宽了广大青年的文化视野；互联网普及把不同时空、各个领域的信息及时、全面地展现，增强了广大青年对信息的分辨、比较、选择能力；社会竞争的全面深化在考验青年的承压抗挫能力的同时，不断激发青年奋斗的激情，挖掘广大青年的潜能。正是社会的开放性、信息化、竞争性与民主性，赋予了当代青年精神追求的稳健性，使他们能站在面向世界、面向现代化与面向未来的高度观察、思考问题，并确立自己的价值

---

① 袁京：《2012 年国家公务员报考总人数》，载《北京日报》2011 年 10 月 25 日。

② 李连科：《价值哲学引论》，商务印书馆 1999 年版，第 360 页。

③ 宋兰兰：《谁是青少年崇拜偶像?》，载《长江日报》2011 年 4 月 3 日。

取向与行为方式。同时，我们也要清醒地看到，由于当代社会流动变动加大，偶然因素增多，突发事件频繁，各种风险不断，所以缺乏生活经历与社会经验的青年面对这些客观影响时，容易产生思想矛盾、心理冲突、情绪波动乃至行为偏激、冲动，这会对青年的身心健康造成难以预料的后果。可以说，处于由不成熟向成熟过渡时期的青年，有时他们的思想和行为相对稳定和成熟，有时又易变和突发，表现在精神追求上，呈现出稳健性与冲动性并存的特点。

（一）学习上稳健性与冲动性并存

青年在学习上表现出稳健性，是指青年对学习的目标、内容、方法有一定稳定与成熟的认识，理性思维能力逐渐增强。在学习上表现出冲动性，是指有些青年有时会受情绪支配、社会影响而作出一些突发性、偏离性行为。青年时期是形成世界观、人生观和价值观的关键时期，他们逐渐认识自我、了解自我，开始知道自己缺乏什么、需要什么。他们开始思考和探求人生的真谛，关注和求解社会的课题，探索世界和宇宙的奥秘，渴望认识自然、社会、人生和自我，渴望在理论层面上解释他们所面对的种种问题，渴望把自己塑造成具有现代的思维方式、价值观念、审美意识和交往方式的现代人。在这个思考和求索的过程中，他们主动学习书本和课程，求教于老师和同学，希望自己能够从理论的高度去分析和把握社会现象，提高自己分析和解决人生问题和社会问题的能力。同时，由于青年时期的情感体验是非常丰富的，情绪有时积极、向上、高亢，有时悲观、消极、颓废，所以有些青年有时对学习表现出高度热情，有时又低迷沉沦，呈现不稳定的学习状态。有些青年为了获得社会工作经验，会通过社会兼职、开办网店等方式去积攒经验，但有时工作会与专业学习发生冲突，易导致顾此失彼、主次不分而荒废学业。

（二）工作选择上稳健性与冲动性并存

工作选择上的稳健性是指青年在求职时会根据就业市场及个人情况理性作出选择，考虑问题日趋成熟。冲动性是指部分青年在工作中缺乏目标意识与责任意识，考虑问题不周全，盲目选择与放弃带来不稳定的状态。面对严峻的就业形势和激烈的市场竞争，很多青年学生在求职时面对工作地点、工作部门、工资报酬抱着理性务实的态度，不再好高骛远。教育部大学生就业指导中心下属《中国大学生就业》杂志面向20余所大学的2万多名2008届毕业生的“大学生就业首选调查”结果显示，IT 与通信业是大学生就业的首选行业，其次是商贸业、金融保险业、电力石化能源、政府机关等；大学生对于试用期后的工作薪酬抱理性态度，愿意到基层就业的比例越来越大。大部分大学生的择业观念更为理性和务实。但也有一些青年求职者由于缺少目标意识，对适合自己的行业、职业以及企业特点缺乏清晰准确的认知；有一些比较优秀的大学生对求职的困难认识不足，因而不太珍惜工作机会；还有小部分青年意志力比较薄弱，工作中受不得委屈、见不得困难，遇到问题总是选择逃避。因此在社会上就出现了当代青年在工作过程中“蜜月期”不断缩短，“闪离族”不断增多，“断奶期”难过，“跳早族”（指尽早跳槽，这张板凳还没有捂热，又换了新的板凳）易现。北京市曾对 96 家用人单位做过的一项调查也显示，大学毕业生首次就业后 3 年内跳槽率高达 70%。[①] 当然造成这种现象的因素有很多，但是这一部分青年如果没有对自己的性格、兴趣、优势、劣势、潜能进行更科学、更全面的分析，没有更加明确的职业生涯规划，盲目地跳槽可能会越跳越迷茫，甚至成为职场“漂流瓶”。

（三）婚恋选择上稳健性与冲动性并存

婚恋选择上的稳健性是指青年逐渐形成较为稳定和成熟的婚恋观，会比较慎重、理智作出选择；冲动性是指有些青年对婚恋的责任意识相对淡薄，有时会草率、随性、随便选择。当今，生活水平大幅度提高，促使青年生理上普遍早熟；社会环境的开放使青年视野开阔，促使青年心理上也普遍早熟，恋爱意识的萌发明显提前，呈现出低龄化趋势。虽然有一部分青年偶尔有大胆、出格的行为，但是大部分青年的择偶条件大致与传统标准相似。大多数青年以负责任的态度对待爱情与婚姻，积极寻找、追求属于自己的幸福，努力营造自己的美满家庭，在面对社会竞争、生存压力、旁人非议时仍能坚持自己的判断和选择。从当代出现的“裸婚族”“蜗婚族”“隐婚族”中，可以看到他们对爱情的责任和追求婚姻幸福的执着。当然，也有一些青年生理成熟与心理成熟不平衡，对婚恋问题还缺乏正确的认识，其中一小部分青年只注重恋爱过程，强调爱的“现在进行时”，把恋爱与婚姻分离，不考虑爱的“将来完成时”，把恋爱当作一种感情体验，及时行乐，借以寻求刺激；也有一小部分青年为了充实生活，解除寂寞，填补空虚，把恋爱当作

① 向楠：《大学毕业生三年人均换两次工作》，载《中国青年报》2010 年 7 月 29 日。

一种消遣文化。只重视恋爱过程，轻视恋爱结果，实质上是只强调爱的权利，而忽视了爱的责任。还有一小部分青年加入了“闪婚”“闪离”的行列，对“闪婚”者来说，3 秒钟可以爱上一个人，5 分钟可以谈一场恋爱，7 小时足以确定终身伴侣。闪电相识、闪电碰撞、闪电结婚、闪电离婚，这虽然紧跟“潮流”，但把爱情与婚姻当成了儿戏，是冲动的选择。

三、精神追求的自主性与从众性交错

自主性是指人在活动中的独立性和主动性，表现为个体自由地、独立地支配自己言行的一种状态，是主体“能够自觉地支配、控制自己的行为，并能自我创造和自我发展的特性”①。具有自主性的个体，自己主宰自己，不依附于他人他物，是自立、自为和自强的人。从整体看，自主性强是当代青年的突出特点。这一方面是基于青年特定年龄段所具有的生理和心理特征，初生牛犊不怕虎，血气方刚，意气风发，勇于开拓，敢为人先；另一方面是时代特征在青年身上的体现，他们有主见、有追求、有担当，重视自主学习、自主生活、自主择业，注重充实自我、调节自我、发展自我。青年既是自我意识、行为表现的主导者、控制者，自主选择行动目标和行为方式，又是外部客观环境的积极调控者，自主处理所面临的各种情况。广大青年能够在学习和实践中不断思考、总结和剖析自我，实现超越自我和重塑自我。因此，当代青年才俊才能成为知识创新、文化创新、教育创新、技术创新的重要主体。同时，随着社会环境日趋复杂，科技手段的迅猛发展，社会范围内的各种价值观、行为表现、时尚潮流更容易传递给广大青年，而青年对新鲜事物的好奇心、不甘人后的好胜心以及分析、把握问题能力的不足，使其容易受到环境的暗示，进而追逐风潮，随波逐流。由此，从众也成为一种比较普遍的社会心理和行为现象。青年的从众性很容易导致“从良则良，随莠则莠”的结局，因为从众者往往缺乏对自身价值的认同，容易失去本身的独特价值，轻则抛却一片属于自己的领地，重则在喧哗与骚动中麻木自己。可以说，处于自主意识和合群意识不断增强的阶段的当代青年，其精神追求呈现自主性与从众性交错的特点。

---

① 段春华：《人的现代化与思想政治教育》，天津人民出版社 2000 年版，第 62 页。

（一）衣着打扮上的自主性与从众性交错

从当代青年的着装看，我们不难发现，青年的衣着打扮透射出青春的朝气和活力，可谓五彩斑斓、绚丽多姿，个性十足。他们是时尚的追捧者、推动者、引领者和缔造者，从泡泡袖、喇叭裤到波希米亚风，从灯笼裤到波尔卡圆点，从叠穿混搭、超大包袋到窄脚裤、高腰裙，从中国风、摇滚风、海军风到牛仔风、中性风、男友风，都是青年群体表达自我、表现自我、张扬自我的结果，他们为时代风尚注入了新的元素和活力。当然，还有一些青年只要是潮流就盲目跟随，无论胖、瘦、高、矮都不落下，甚至不顾自己的形体、气质，强行作秀，东施效颦。

（二）消费观念上的自主性与从众性交错

当前商品经济空前繁荣，大大刺激了青年的消费欲望，也对青年的消费观念产生了深刻的影响。大部分青年，尤其是绝大部分青年学生都不具备经济独立的能力，加上日趋增强的自尊心，不愿增加家庭的负担，很多青年的消费观念较为理性，能够对有限的费用进行合理地支配，有些青年为了参加学习培训班省吃俭用，为了购置学习工具、用品紧衣节食。但是，我们也看到了不少青年不顾自身消费能力、实际需要，盲目追赶时尚，他们追求“最炫”“最酷”“最潮”，热衷通过购名牌、用名牌，来获得同伴的羡慕眼光。而购名牌、用名牌需要经济实力的支撑，于是“月光族”不断壮大、“卡奴”已成规模，甚至有个别青年为了追赶时尚，卖肾、卖“初夜”只为买新款手机和笔记本电脑。我们从中可以看到这些青年的消费观念具有盲目的从众性。

（三）生涯规划上的自主性与从众性交错

在现代社会，青年学生们越来越认识到生涯规划的重要性，一个有着清晰生涯规划的人能够相对准确地把握人生方向，塑造成功的人生。因此，很多青年学生在一入学就及早地对自己进行价值定位，正确认识自身的个性特质，明确规划自己的学习、生活、职业发展等，并在实际行动中主动按照社会需求标准来塑造自己、完善自己，科学地规划好自己的大学生涯，指引自我不断进步。但是也有部分青年学子在生涯规划时并没有经过自己理性思虑、独立审思和自主判断，置自我需要、兴趣、个性、特色于不顾，把大多数人的标准当作自己的标准，把别人的选择当作自己的选择。比如，学习的兴奋点常随外界影响而变化，时而觉得学好外语最重要，时而又觉得学习计算机更实用，这部分青年学生没有立长志而总是常立志，遇到困难便怀疑预定的目的，不加分析便放弃对预定目标的追求，偶遇挫折便望而却步，做事见异思迁、虎头蛇尾，常常半途而废，结果一事无成。当代青年只有摆脱从众的盲目色彩，用独立的思想使自己主动融入集体、社会的行列，才能拥有一个真正属于自己的人生。

四、精神追求的现实性与虚拟性交织

随着计算机科学技术的不断发展，互联网日益普及化，当代青年的生活与网络紧密联系在一起。当代青年甚至被冠以“N代人”（网络时代）的称谓，其精神追求也呈现现实与虚拟交织的特点。

现实是标志一切实际存在东西的哲学范畴，是各种客观实在的现象和事物的总和，它是具体的、真实的客观存在。虚拟，是指依托现代信息科学技术而实现的抽象存在，如网络空间的存在本身就是虚拟实践的产物。虚拟通常以抽象方式来表达，以知识、信息、声音、图像、文字作为存在形式。它是一种场的存在，没有固定的形态。网络是一种虚拟存在，主要表现为网络环境、网络主体、网络交往的虚拟。交织通常是指交叉、交互，现实性与虚拟性交织就是指当代青年精神追求的领域在现实社会与虚拟社会间交叉并相互转换。现实是虚拟产生的前提和基础，虚拟是现实的延伸和拓展，虚拟包含着现实，并影响着现实。

当代青年是互联网络的主要用户，在互联网络虚拟空间中，他们进行网络搜索、玩网络游戏、听网络音乐、看网络视频、进行网络聊天、看网络新闻、收发电子邮件、进行网络购物、进行网络支付、进行网络理财等各式各样的活动。人们通过虚拟空间所进行的互动联系达到一定的程度，便构成了人的活动的虚拟社会。虚拟社会是基于互联网络的虚拟空间，以虚拟的人为中心，以数字信息生产、交换为纽带，在虚拟认识、虚拟实践和虚拟交往的基础上形成各种虚拟联系和关系的人化的场域。因此，虚拟社会不是单个人在互联网络虚拟空间中无序的简单的集合，而是人们基于互联网络的虚拟空间，在虚拟实践中按照一定的方式发生各种虚拟社会联系和关系的场域（cybersociety or virtual society）。[①] 发展至今，虚拟空间中的虚拟社会就好比

① 曾令辉：《虚拟社会人的发展研究》，人民出版社2009年版，第29页。

是现实社会的“再现”，现实社会中的各种实体单位也被“搬”到了虚拟社会中，比如虚拟企业、虚拟工厂、虚拟银行、虚拟学校、虚拟博物馆、虚拟战场、虚拟医院、虚拟婚姻、虚拟家庭、虚拟宠物、虚拟超市、虚拟社区、虚拟法院、虚拟警察、虚拟运动等，应有尽有。虚拟社会是人们将知识、情感、信息延展到虚拟空间交流的一种新型行为空间。

因此，当代青年精神追求的领域在现实与虚拟之间的界限越来越模糊，不再固守各自的领域，而呈现交织状态，现实社会中的人越来越多地转向网络虚拟空间寻求关于精神活动的解决之道。当代青年不断在现实社会与网络虚拟空间中变换存在，从而使现实与虚拟的交织日益频繁、日益复杂，虚中有实，实中有虚，虚实交织。

论精神文化的发展趋向与方式*

精神文化是相对于物质文化、制度文化而言的。梁漱溟称精神文化为“精神食粮”；教育学家黄济认为狭义文化仅指精神文化；文化研究专家刘永佶认为精神文化就是意识形态。所谓精神文化，是指文化心态及其在观念形态上的对象化，表现为文化心理和社会意识诸形式。价值观、思想和道德的统一构成精神文化。因而，精神文化是人的本质力量和精神生活的体现，是人对合理价值即善和美的追求，是社会的思想灵魂，是社会文明的核心内容。当代精神文化发展的趋向，是时代特征与精神文化自身特点相结合的显现。当代精神文化发展的方式，是与开放环境、信息社会和自主创新相协调的方式。

一、当代精神文化的发展趋向

精神文化的发展具有当代社会的时代特征，这些特征主要有四点：一是面向未来，而不是传统守旧；二是开拓创新，而不是满足现状；三是追求卓越，而不是平庸低俗；四是独特自创，而不是从众应随。江泽民概括我国文化发展的根本特征为面向现代化、面向世界、面向未来的和民族的、科学的、大众的文化。科技文化创造的风格和水平同精神文化创造的风格和水平是关联互动的，精神文化的独特性影响并决定科技文化成果的奇特性。富有个性特点的精神文化不能只依靠引进，更不能用金钱购买，它只能靠全体人员独立自创。吸收、借鉴有益的文化内容是必要的，但吸收、借鉴的文化只能充实、丰富文化体系，而不能成为主体性文化。从众、照搬其他文化，犹如把别人的灵魂移入自身，必定是魂不守舍，很快消失。精神文化特点与时代特征的结合，形成了当代精神文化发展的趋向。

1. 精神文化的竞争发展趋向

精神文化存在于社会生活的各个领域，越是竞争激烈的领域，越需要精神文化，精神文化也发展越快。从20世纪开始，经济的激烈竞争促使资本

---

* 原载于《思想教育研究》2009年第8期，收录时有修改。

家寻求更先进的精神文化，把人际关系、人的情感等非生产性文化因素在企业发展中凸显出来，形成了行为科学管理理论。20世纪中期，日本经济的快速发展震惊西方社会。一位美国学者以大量无可争辩的例证写出了《日本名列第一——对于美国的教训》一书，令全美上下为之震动。一批专家、学者研究发现，日本企业致力于文化管理，注意宣传和强化全体员工观念上的共识和良好的人际关系。

20世纪70年代末80年代初，美国人在对日本企业进行研究并有所收获的同时，系统总结了一种新的理论，这便是企业文化理论。企业文化理论告诉我们，经济竞争越激烈，就越需要精神文化。精神文化是在经济竞争中同经济并行发展的。同样，精神文化发展得越快，经济也发展得越快，经济竞争实力就越强大。这样一个互动共进的“马太效应”，在现代企业包括我国当前的许多企业中都可以得到充分的佐证。同时，企业文化理论还告诉我们，精神文化是经济发展的人文动力。那种认为经济的发展只依靠资金、设备和科技的投入而忽视精神文化的企业，迟早会陷于另外一种效应：精神文化的缺乏必定导致经济的萎缩和竞争实力的下降。所以，精神文化的价值不仅因经济领域激烈竞争的需要而凸显，而且进一步扩展到其他领域乃至整个民族国家而受到重视。在当代社会，不管是个人还是群体和国家，都面临着难以避免的竞争压力、信息压力与风险压力，都需要充分调动和发掘人的内在动力和增强社会、民族凝聚力，才能适应和推进人的全面发展和社会发展。因而，社会各个领域、全世界各个国家在强调发展经济、科技以增强经济实力与国防实力的同时，越来越重视增强文化竞争力、核心竞争力、国家软实力。正如江泽民所指出的，“在当今世界上，综合国力的竞争，越来越表现为经济实力、国防实力与民族凝聚力的竞争”①。而民族凝聚力“来自中华民族的优良传统，来自我们共产党人的崇高理想和社会主义制度的优越性，来自爱国主义、集体主义、社会主义和马克思主义教育”②，也就是来自我国精神文化的学习、教育、运用与创造。这就把精神文化的教育、发展提到了增强国家综合国力、民族竞争力的高度。

在党的十七大上，胡锦涛根据当今世界竞争与发展的趋势，结合中国特色社会主义建设的实际与需要，更加突出地强调了精神文化的价值。他指出“当今时代，文化越来越成为民族凝聚力和创造力的重要源泉、越来越成为

---

① 《江泽民文选》第2卷，人民出版社2006年版，第329页。
② 《江泽民文选》第2卷，人民出版社2006年版，第331页。

综合国力竞争的重要因素，丰富精神文化生活越来越成为我国人民的热切愿望”。他要求，“要坚持社会主义先进文化前进方向，兴起社会主义文化建设新高潮，激发全民族文化创造活力，提高国家文化软实力，使人民基本文化权益得到更好保障，使社会文化生活更加丰富多彩，使人民精神风貌更加昂扬向上”①。他站在面向现代化、面向世界、面向未来的全局高度，把我国精神文化建设、发展和整个国家综合国力的竞争，提到了更加重要的战略高度。

2. 精神文化的大众发展趋向

过去时代的精神文化，主要是领导者、管理者确立价值目标和道德原则，通过教育、管理形成文化氛围和精神动力。现在，随着开放的扩大、民主的发展，人们的自主性、选择性增强和民主参与程度提高，精神文化的发展呈现自主互动的大众化发展趋势，即大众投入精神文化创造以及大众共享精神文化的局面已经出现。对这种新的发展趋势，美国管理学家彼得·圣吉进行了阐述。他认为，现在全世界在管理上正在酝酿一个新趋势，这个趋势是由全球竞争所带动的。在过去，低廉的天然资源是一个国家经济发展的关键，而传统的管理系统也是被设计来开发这些资源的。然而这样的时代正离我们而去，发挥人们的创造力现在已经成为管理努力的重心。更重要的是，有些领导者与管理者已经开始深切地体验到，我们一定能找出对策来化解那些根源于不断分割所产生的组织“病毒”，它只会消耗人们大量的精力，不断打击人们的工作意愿，使组织永远不可能建立伟大企业所必需的根基。彼得·圣吉强调共同价值取向、良好人际关系、相互学习交流在当代社会的重要性，突出大众建设、创造精神文化的价值。

事实上，中国共产党所领导和一直坚持的群众性的政治学习活动、精神文明建设活动、确立共同理想和奋斗目标的活动以及思想政治教育活动，都是群众性的精神文化学习、运用、交流与创造，都是丰富多彩的精神生活。正是这些活动，使我党不断孕育强大动力，推动革命与建设发展，不断提高我国人民的精神境界，增强民族凝聚。我党正是依靠广大人民群众的不竭动力和强大凝聚力，才取得了革命的胜利和社会主义现代化建设的巨大成就。但在社会主义市场经济体制建立的市场竞争过程中，有些人并没有理解精神文化建设与精神生活的真谛，陷于功利倾向，忽视精神生活，疏远了我们的

① 胡锦涛：《高举中国特色社会主义伟大旗帜　为夺取全面建设小康社会新胜利而奋斗——在中国共产党第十七次全国代表大会上的报告》，载《人民日报》2007年10月25日。

传统与优势，出现了引发大众不满的丑恶现象。这既是对忽视精神文化建设的惩罚，也是对现代文明发展的警示。

随着现代社会化程度的提高和人们自主性增强，现代精神文化建设不能单靠政府的指令，精神文化更不可像物质、金钱那样租赁、借贷。只有社会化程度很高的劳动才能创制出现代商品的道理一样，只有人们投入共同的时间、精力，才能实现精神文化的创造。因而，现代精神文化是群体共同创造的财富，也理所当然由共创的群众所享用。正如胡锦涛在党的十七大报告中强调的："中华民族伟大复兴必然伴随着中华文化繁荣兴盛。要充分发挥人民在文化建设中的主体作用，调动广大文化工作者的积极性，更加自觉、更加主动地推动文化大发展大繁荣，在中国特色社会主义的伟大实践中进行文化创造，让人民共享文化发展成果。"①

3. 精神文化的特色发展趋向

当代精神文化是在传统精神文化的基础上发展起来的，因而它必须立足民族国家的实际，富有民族的、区域的文化色彩。同时，当代精神文化是一定群体的自创，因而它也必定带有行业色彩和个性特征。当代精神文化不可能只是一个模式、一种格调，它必然呈现出各具特色、丰富多彩的发展趋势。

西方国家的精神文化，不仅遗传了西方传统文化，而且反映了西方国家的政治、经济制度和现代化程度。美国是一个移民国家，世界范围内的各种文化都在美国得到表现，所以美国自称是一个文化多元化的国家。但是，国家的政治文化从来不是多元的。自独立以来，美国的政治价值观没有改变，"三个开国文件"始终是美国发展运作的轴心，美国从来不允许社会主义政治文化渗入它的社会领域，而是力图宣传美国文化优位，在世界范围内推行美国文化。这可以从历史上的麦卡锡事件、和平演变战略、文化帝国主义政策等得到充分证实。因此，美国的精神文化是典型的资本主义文化、霸权主义文化，集中反映了资本主义政治、经济制度和强权特征。同时，美国精神文化传承了西方传统，主要是以契约论为依据的法治传统，以宗教为基础的非理性传统。因而它的精神文化一方面具有与法治结合的特点，以管理理论与方式的面目出现；另一方面具有神秘性特点，用一些美国人的话说就是"把身体交给市场，把灵魂交给上帝"，而这些人所说的"上帝"往往不是

① 胡锦涛：《高举中国特色社会主义伟大旗帜　为夺取全面建设小康社会新胜利而奋斗——在中国共产党第十七次全国代表大会上的报告》，载《人民日报》2007年10月25日。

宗教教义中的神灵，而是美国或美国制度。所以，美国许多人信仰的宗教常常是公民宗教，即以忠诚国家和美国制度为内容的信仰。

日本的精神文化在性质上是资本主义文化，但具有东方特色。日本是受儒学文化影响的国家，虽然它很注意吸纳西方文化，但它的文化重心不在制度层面，而在道德层面，即注重“软文化”建设，注重人的内在性和整体价值观。所以，日本人的民族精神是很典型的。在当代，它把这种精神向经济领域渗透，形成了日本企业各具特色的团队精神，乃至这种精神扩充到极致，导致了“过劳死”现象。美国、德国都曾对日本经济的快速发展进行过调查，两国发现日本经济能够快速发展的原因之一是注重德性。日本把道德看成日本的重要资源，并一直重视利用、开发这一资源。日本人认为，日本是一个资源小国，要发展日本，只能依靠培养人才，依靠教育。日本的道德教育不仅受到社会高度重视，而且日本政府还针对日本青少年在和平时期所出现的新问题，广泛开展了生存教育、劳动教育、挫折教育。

我国是一个具有伦理传统的国家，精神文化的鲜明特点是道德与政治的互化。这一特色鲜明的精神文化对我国社会主义制度的建立与巩固起了巨大作用。但是，在我国社会生活中，滋生了丑恶现象，社会精神生活领域以及有些人的精神家园出现了精神匮乏的现象，腐败现象和以权谋私屡禁不止，其重要原因就是轻视、忽视精神文化和民族传统。所以，经过对实践的总结，中共中央重申要发挥中华民族的优良传统和党的政治优势，提出了以法治国与以德治国相结合的治国方略，强调道德和法治都是稳定、发展的重要手段。党的十七大报告还特别强调，“中华文化是中华民族生生不息、团结奋进的不竭动力。要全面认识祖国传统文化，取其精华，去其糟粕，使之与当代社会相适应、与现代文明相协调，保持民族性，体现时代性”。同时，适应现代社会发展，满足广大人民的精神生活需要“大力发展文化产业，实施重大文化产业项目带动战略，加快文化产业基地和区域性特色文化产业群建设”，“繁荣文化市场，增强国际竞争力”。①

二、当代精神文化发展的重要方式

关于当代精神文化、精神生活通过什么途径和方式发展，江泽民在庆祝

① 胡锦涛：《高举中国特色社会主义伟大旗帜　为夺取全面建设小康社会新胜利而奋斗——在中国共产党第十七次全国代表大会上的报告》，载《人民日报》2007 年 10 月 25 日。

中国共产党成立80周年大会上的讲话中作了概括，就是弘扬民族文化、继承革命文化、改造落后文化、抵制腐朽文化、创造新的文化。纵观世界各国在文化发展上的经验，主要有两种方式。

1. 学习与继承

学习与继承是古老而传统的方式，但它在现代社会已经有更新、更丰富的内涵。学习是传承文化、掌握新知、提高水平、增强能力的主要途径；继承是接受历史优良传统和前人创造的知识、文化的主要方式。然而，学习、继承有传统与现代之分。传统的学习与继承，一是分时段的，主要指学校阶段的读书；二是分内容的，主要指知识、经验的学习。

在现代社会条件下，由于经济全球化使得社会发展变化加快并使这种变化突破了民族国家原有的地域、空间的限制，学习、继承已经打破时空界限和内容局限，学习成为现代人的生存、发展方式，学习贯穿现代人生活。这就是终身学习、全面学习的要求。精神文化方面的学习也应当如此。

传统的学习，一般是个人的经验行为，需要靠自身长时间摸索才能形成适合自己的方法，学校没有教给学习者学习的理论和方法。现代的学习，是在学习理论和方法指导下的科学学习。关于指导科学学习的理论与方法，不仅西方国家创立了“刺激—反应”学习理论、认知学习理论、折中主义学习理论、人本主义学习理论等名目繁多的流派，而且我国也立足中国实际与文化传统，研究并形成了系统的学习理论与方法。在现代社会条件下，精神文化的学习、运用当然不能只靠过去的传授方式和经验方式进行，而应当遵循学习规律，运用科学理论与方法。传统学习，一般是个体行为，就是学校的集体教育，也是以个体行为为主。在现代社会条件下，学习只有个体行为是不够的，还必须有群体行为，即团体学习。精神文化方面的学习、运用、创造更是如此。这是因为，精神文化的学习、运用，精神生活的过程，除了形成价值观念、内在动力，更重要的是要在正确的价值观的指导下和精神动力的推动下，进行社会交往与实践活动，形成群体凝聚，共同创造物质与精神财富。忽视团体学习、合作学习，共同目标、相互信任、群体合力是难以形成的。所以，党的十七大要求适应现代社会社会化程度高、发展变化快的特点，“建设全民学习、终身学习的学习型社会”。彼得·圣吉也曾预示，20世纪90年代最成功的企业将会是“学习型组织”，因为未来唯一持久的优势，是有能力比你的竞争对手学习得更快。① 学习型组织不只是学习业务，提高智能水平，更重要的是通过团体学习的“深度汇谈”，“建立共同愿景”，这关系到团体的发展取向和发展动力问题。应当看到，虽然学习、继承是对过去、现在已经形成的精神文化的接受与运用，但由于接受与运用的群体、个体所处的客观条件不同，所从事的职业不同，所经历的生活不同，因而对同一内容精神文化的认识、理解、运用的视角、侧重、程度是不同的。因而，学习、继承活动本身及所形成的结果是丰富多彩的，它通过主体理论联系实际的思考、运用，扩展了精神文化的内涵与外延，丰富了人的精神生活。

2. 开发与创新

如果说学习、继承是对过去、现在已经形成的精神文化的传承与运用的话，开发与创新则是对尚未形成的精神文化的发掘与创造。精神文化的开发是人力资源开发的一个重要部分。人力资源开发不仅包括智能开发，还有“德能”开发，“智能”与“德能”被统称为人的潜能。人的潜能是巨大而无限的，开发也是无止境的。就现实中的个体而言，对人的开发就是不断实现自我超越。用现代管理理论的观点看，自我超越的修炼是学习不断厘清并加深个人的真正愿望，集中精力，培养耐心，并客观地观察现实。精熟自我超越的人能够不断实现内心深处最想实现的愿望，他们对生命的态度就如同艺术家对艺术作品一般，全心投入、不断创造和超越，是一种真正的终身学习。就群体、社会而言，精神文化的开发与创新就是个性特点、创造精神的培养和创造性文化环境的创设。人的智能有一个不断开发、创新的过程，人的精神文化同样不是自发形成的。精神文化的开发实际上是人的主体性开发，人的能动性开发。人的自觉能动性是有层次和深度的，它不可能由人们自发地完全释放出来，而需要进行自觉的深度发掘。

首先，尊重人的兴趣爱好，发挥人的感官优势，是形成人的潜能的基础。人的感官各有其特殊作用。由于先天遗传和后天培养训练的不同，感官发挥作用的程度是不同的，即有些感官作用发挥得充分，显示出优势，而有些感官作用发挥得一般而不突出。例如，有的人听力敏锐，声音辨别能力强；有的人视力犀利，火眼金睛；有的人头脑敏捷，善于思考；有的人动手能力强；等等。感官优势常常影响人的兴趣和爱好。而兴趣和爱好则往往是

---

① ［美］彼得·圣吉：《第五项修炼——学习型组织的艺术与实务》，郭进隆译，杨硕英审校，上海三联书店 1998 年版，第 7 页。

最好的老师，它能够激发人去进一步学习、钻研、创造。充分重视人的兴趣和爱好，正是尊重人的主观能动性。开发人的潜力如果不以此为基础，就有可能成效不显，甚至流于形式。当然，并不排除人的感官可以通过训练提高其能力，人的兴趣和爱好也可以通过培养而不断增强。但如果一个人已经有明显的特别是先天遗传的感官优势和一定的兴趣、爱好，我们为何不以此为基础进一步训练、提高，从而节约教育资源呢？忽视个人的兴趣、爱好与特长，使人才不能尽其所长，甚至对有特殊才能的人进行限制，势必造成人才资源浪费。现在，人们的自主性、选择性、创造性增强了，我们应当重视每个人已经拥有的资源，把它作为进一步发展、开发的基础。

其次，充分调动人的主动性、积极性，促进人的智力发展，是开发人的潜能的重点。但在现代社会条件下，文化建设要有效调动人们的主动性、积极性，必须以人们所从事的实际工作为基础，必须以促进人的全面协调发展为目的，克服精神文化建设与业务工作“两张皮”的分离现象，把政治理想、道德理想与事业理想，物质利益与精神动力有机结合起来，形成虚实结合、全面综合的目标体系、行为规范和价值取向。这样，人的主动性和积极性就可以向业务工作的成果转化，向人的智能方向转化，从而使人更好地对精神文化进行开发与创新。

最后，培养创造精神是开发人的潜能的最高层次。所谓创造，就是首创前所未有的事物，探索别人没有涉及的领域而有新的发展。创造本身就是一种开发，而且是一种创新的深度开发，是人的主观能动性的深层发挥。创造的过程是一个艰难困苦的过程，它需要人内在的强大精神力量的支撑。无论是创造性学习、创造性工作，还是创造性研究，都需要创造者付出艰巨的劳动，并具有顽强的毅力和敢于探索、不怕失败的勇气。特别是在创造者逼近创造目标，即将取得成功的关键时刻，更需要创造者排除一切杂念和干扰，忘我地全身心投入。所以，创造精神实际上是一种顽强的拼搏精神，艰苦的奋斗精神，忘我的牺牲精神。这种崇高的精神境界，没有远大的目标、强大的动力、顽强的意志是不可能达到的。所以，创造精神是人的创造活动的动力源泉。创造精神的培养，当然不是一般教育可以实现的，只有大量、艰苦并富有创造性的精神文化建设才能担当。培养人的创造性必须注重个性培养，个性直接影响创造性。所谓个性，是指个人比较稳定的心理特征的总和，包括气质、性格、智力、意志、情感、兴趣等方面，实际上是指人的内心世界，其中许多内容与精神文化有关。个性既包括了人的兴趣、爱好、性格等主观世界因素，也与人的主观能动性方面的理论、信念、情感、意志等核心内容直接相关，还包括智能、思维等综合性内容。对所有这些内容进行综合概括的个性概念，实际上是对人的内在特征的描述。每一个人都有自己的个性。决定每个人个性特征的主要因素是反映其主观能动性的核心内容，即其是否有远大志向、执着追求、顽强意志、充沛情感等，舍此来谈个性特征就或者不全面，或者不典型。因而，我们谈某人个性有特点、鲜明、突出，判断的内容和标准离不开上面的主要因素。个性特点鲜明、突出的人，一般富有创造性，而个性平淡、一般化的人，则缺乏创造性。个性与创造性的这种内在联系性，实际上是人的主观能动性的发挥与智能发掘的关系。培养个性特点，能够激发创造性，增强创造性，并能促进个性特点的进一步发展。

改革开放背景下我国精神家园建设的新特点*

2012年11月，习近平等党和国家领导人在参观中国历史博物馆时，提出了中华民族伟大复兴的中国梦。中国梦不仅包含了中华民族经济的腾飞，也包含了中华民族文化的复兴。习近平指出："中国梦意味着中国人民和中华民族的价值体认和价值追求，意味着全面建成小康社会、实现中华民族的伟大复兴。"① 自1978年改革开放以来，经过多年的建设和发展，我国的经济取得了举世瞩目的成就，这些成就一方面得益于国家实行正确的经济体制与经济政策，另一方面也离不开与之相协调的精神文明建设与价值引领。随着我国经济社会的快速发展，我国精神家园的建设也呈现出显著的时代特征。

一、共有精神家园建设与个体精神家园建设相协调

根据社会存在决定社会意识，社会意识反作用于社会存在这一马克思主义基本原理，精神家园建设只有符合并推进我国新时期经济社会的发展，才能体现现实性和合理性。精神家园建设深刻的根据、建设的合理性基础存在于经济社会发展的要求中，存在于精神家园与社会经济作用的关系中。这不仅因为它作为一种精神文化系统，必然随着经济社会的发展而发展，而且更重要的是，特定的经济社会形态之所以要求一套精神文化系统与之相匹配，就是因为它提供了一套有意义的社会文化结构。这种意义体现在两个方面。一方面，精神家园在与承载它的外在社会结构的互动中，根据经济社会发展的要求不断调适和改变自己，通过与社会发展的互动，精神家园获得了自身存在的肯定性，否则就会沦为抽象的理念，如鱼离开了水，缺乏生存基础而必定消亡。另一方面，精神家园建设在参与社会实践活动过程中，发挥它对社会与个体的引领、导向、凝聚等作用，实现了精神家园建设的现实性以及建构了自身的价值合理性。改革开放30多年，我国国际竞争力和影响力增

* 原载于《思想政治教育研究》2015年第3期，作者曾萍、郑永廷，收录时有修改。

① 《习近平谈治国理政》，外文出版社2014年版，第161页。

强，人们生活水平大大提高，国家呈现出欣欣向荣、健康向上的精神面貌，这正是中华民族共有精神家园建设价值的充分体现。

与以往传统社会的精神家园建设只注重国家层面、忽视个体需要有所不同，改革开放以来，中华民族共有精神家园的建设更加注重民族精神与个体精神相协调的特点。马克思在论述利益关系时说过："私人利益本身已经是社会所决定的利益，而且只有在社会所造成的条件下并使用社会所提供的手段，才能达到。"[①] 这段话讲的虽然是个人利益与集体利益不可分割，但也可以充分说明共有精神家园与个体精神家园建设必须结合的道理。这是因为两者都要以经济社会发展为基础，都是为了促进社会与人的全面发展，具有价值同构性。一方面，共有精神家园建设要为个体精神家园的建设创造条件，并根据社会的发展变化和个体的需求，为个体建立一套既源于现实又超越现实的价值体系。这套价值体系联结着个体与社会的关系，为生活于这个社会的个体提供了价值取向、价值规范、价值实现体系，唤起了中华儿女强烈的进取与凝聚心理，并使之成为人们的共同信念和奋斗方向，成为人们行动的依据和指南。如果个体不认同所在国家或民族提供的精神文化系统，而选择另一套价值观和思想体系，则个体不仅不可能进入这个社会并且有所作为，而且会与这个社会格格不入、冲突不断。正如俞吾金所言："意识形态是一个人进入并生活在一个社会中的许可证书。一个人只有通过教化与一种意识形态认同，才可能与以这种意识形态为主导思想的社会认同。所以老黑格尔告诉我们，一个人在社会中接受的教化越多，他在该社会中就愈具有现实的力量。"[②] 另一方面，个体精神家园的发展程度决定和展现着共有精神家园的发展面貌。如果共有精神家园建设不为绝大多数个体所认同，那么，共有精神家园也就失去其存在的价值和意义。

总之，精神家园建设是一个动态的过程，它在社会结构这个有机体中是随着社会经济的发展不断调适自身要素和结构的一个过程。唯有协调好精神家园与外在社会结构以及共有精神家园与个体精神家园之间的关系，才能促进精神家园建设全面、可持续发展。

---

① 《马克思恩格斯全集》第 46 卷，人民出版社 1979 年版，第 102-103 页。

② 俞吾金：《意识形态论》，上海人民出版社 1993 年版，第 3 页。

二、面向世界与立足民族发展相统一

在当代全球化背景下，我国精神家园建设呈现全球性与民族性共存的特点。马克思和恩格斯已经明确地指出：全球化背景下“物质的生产是如此，精神的生产也是如此。各民族的精神产品成了公共的财产，民族的片面性和局限性日益成为不可能，于是由许多种民族和地方的文学形成一种世界的文学”①。他们所说的世界文学中的“文学”包括了艺术、哲学、科技等精神文化的所有方面。可以看出，马克思在他那个年代就已察觉到了全球化渐近的足音，并且深刻地意识到全球化不仅出现在物质生产领域，也会降临与精神生产相联系的社会文化领域。因此，面对全球化的趋势，我国新时期精神家园建设必须立足世界，这是新时期精神家园建设一个不同以往的特点。尤其是当今网络技术所构成的互联网世界，它打破了国与国之间、人与人之间的隔阂，是一个平等的舞台，为人类精神家园的实现提供了一个便捷的途径。正如美国传播学家萨穆瓦所描述的：“现代化交通电讯技术的发展……似乎在迅速地打破不同文化间的时空关系。由于偶然的和人为的原因，某些曾经显得遥远的、与世隔绝的文化，一下子与我们的关系密切起来。”② 借此平台，任何作品、信息、思想都可以被广泛地流传，越来越多人可以直接通过网络了解它、掌握它。现在掌握知识、信息的权利不再是少部分人的特权，只要你识字、掌握电脑的基本操作，就能及时掌握最新的信息和丰富的文化资源。概而言之，人们的精神家园随着全球化的交流也日益丰富多彩。

但是世界性并不意味着同一性和一致性。随着交往的密切，我们会发现不同民族在日常生活、建筑、食物等方面表现出差异，产生这种差异的原因主要在于文化的深层——价值观的不同。核心价值观是一个民族文化的内核，它深深地影响着这个民族的思想和行为，并形成这个民族独有的性格。然而民族性格间的种种差异是如何产生的？按照马克思的观点，“物质生活的生产方式制约着整个社会生活、政治生活和精神生活的过程”③。而一个国家的物质生活的生产方式又包含了这个国家以前各种、各阶段生产方式的踪迹。因此，每个民族的精神家园建设也包含了这个民族或国家以前各种、

---

① 《马克思恩格斯选集》第1卷，人民出版社1995年版，第276页。

② ［美］拉里·A. 萨姆瓦等：《跨文化传通》，陈雷、龚光明译，生活·读书·新知三联书店1988年版，第2-3页。

③ 《马克思恩格斯选集》第2卷，人民出版社1995年版，第32页。

各阶段的精神家园的踪迹。对于这一点，黑格尔曾有精辟的论述。他认为，“人类的精神文化，无不具有‘民族精神的标记’。这种民族精神传统是不断流变、生生不息的。这种传统并不仅仅是一个‘管家婆’，只是把她所接受过来的忠实地保存着，然后毫不改变地保持着并传给后代。它也不是一尊不动的石像，而是生命洋溢的，有如一道洪流，离开它的源头愈远，它就膨胀的愈大”①。比如，美国民族精神一定来自美国以前的生产方式，它是由英国一些新教徒来到美国后建立起来的。而这些英国新教徒虽然改变了生活环境，但是他们宗教信仰的改变却很慢，因为宗教已经影响到他们生活的各个方面，影响到他们的语言。在西方的宗教文化中，神是个体的象征，每个人都是上帝的儿子，每个人都与上帝发生直接的关系，优越于其他一切包括君臣、亲子、夫妻、兄弟姊妹的人际关系。因此，它表现的是个体对自身的等同，在上帝的庇护与统摄下人们可以心安理得、无所顾忌地追求个体的实现，而不必担心其他后果。宗教以及由宗教文化所孕育的个人主义价值观是西方精神家园建设的核心。中华民族在先秦时期（童年）因遭遇分裂和战乱而渴望并形成的团结统一、爱好和平、勤劳勇敢、自强不息的精神，以及中华民族自诞生至今的以家为核心、注重伦理的道德精神都已融入中华民族的血液，成为每一个中华民族儿女基因，具有很强的凝聚力，深深地影响了中华民族后来的发展。正如习近平说的：“我们生为中国人，最根本的是我们有中国人的独特精神世界，有百姓日用而不觉的价值观。”② 全球化不是单向度的流动，而是双向互动的交流、交融。改革开放以来，中华民族共有精神家园建设主动融入全球化的文化交流中，自主吸取一切外来的优秀文化成果，增强中华民族文化的生命力、吸引力和辐射力。

三、现实物理空间与网络虚拟领域相结合

现代社会是一个信息社会，互联网迅速连接着千家万户，为我们的交流构架了桥梁，现代人的生活正逐步被纳入互联网中。数字时代的预言家尼葛洛庞帝有句名言：“计算机不再只和计算机有关，它决定我们的生存。”③ 人类创造了网络，网络也给人们带来了一种全然不同的生活方式。与前网络时

---

① ［德］黑格尔：《哲学史讲演录》第1卷，贺麟、王太庆译，商务印书馆1959年版，第8页。

② 《习近平谈治国理政》，外文出版社2014年版，第171页。

③ ［美］尼古拉·尼葛洛庞帝：《数字化生存》，胡冰、范海燕译，海南出版社1997年版，第15页。

代相比，当今我国精神家园建设呈现出人们精神世界的现实领域和虚拟领域相结合的特点。尤其是信息社会中的虚拟网络日渐成为人们精神生活的一个重要领域。

第一，虚拟的网络世界为人们超越现实世界，提供了一个精神的栖息地。伴随着网络而诞生的“网络文化是以计算机技术和通信技术相结合为物质基础，以发送和接受信息进行人际交流而形成的一种新文化。它是人、信息、文化三位一体的产物，是人类社会发展到信息时代的产物”①。网络文化并不是一个抽象的概念，人们的工作和生活等日常活动都按照网络的方式进行，自然而然就形成了体现人们生存方式的文化。这种文化反映了人类的生存过程的一个境况，正如丹尼·贝尔说的：“文化本是为人类生命过程提供解释系统，帮助我们对生存困境作出的一种努力。”② 也就是说，我们通过文化来感受生活的意义和价值，也正是有了文化，生活才有了属人的意义。网络文化正是在现代社会生产力高速发展、人们生活节奏加快、人们精神压力倍增的时代背景下应运而生的。网络由于具有技术平民化和空间自由化的特点，为现代化社会中的人们提供了一个不同于现实世界的虚拟空间，人们可以在这虚拟空间中得到心灵的放松和自由。由人们的性别、职位、收入、教育背景等因素造成的人与人之间的差异在网络中都被屏蔽，大家都是平等的。正是网络空间的平等和自由为人们虚拟了一个平等的理想社会，人们可以在这个理想社会中，精神上得到归宿和安宁。虚拟的网络世界为人们超越现实世界，提供了一个精神的栖息地。在玛格丽特·沃特海姆的《电脑空间与基督教的天堂概念之类比》一文中，显得最为突出：“在现在这个社会和环境分裂的时代，正如早期基督徒把天堂当作超越尘世喧嚣和腐朽的理想王国一样（帝国在他们周围崩溃时，这一腐朽衰弱格外明显），今天的那些改变了宗教信仰的人也把他们的电脑空间领地视为超越尘世烦恼的世外桃源。”③ 在由人民出版社出版的专著《现代人的精神家园质量和规律研究》所进行的调查问卷中，在被问到“当你精神不太好时，你采取何种途径来解决?”的问题时，被调查的五类不同的人群都表示“上网”是最主要的方式之一。可见，网络文化中的自由和平等为人们精神生活的丰富和充实提供

① 江潜：《数字家园——网络传播与文化》，复旦大学出版社 2001 年版，第 52 页。

② ［美］丹尼尔·贝尔：《资本主义文化矛盾》，赵一凡、蒲隆、任晓晋译，生活·读书·新知三联书店 1989 年版，第 24 页。

③ 转引自［英］齐格蒙特·鲍曼《全球化——人类的后果》，郭国良、徐建华译，商务印书馆 2001 年版，第 20 页。

了一个空间。当然，伴随着自由的还有一些不健康、消极的文化，充斥着网络空间，给人们的精神带来污染。为此，当今时代我国精神家园的建设不仅要注重在现实领域中加强主导文化的建设，还要注重在虚拟领域中加强网上思想文化阵地建设。

第二，网络虚拟空间改变了人的活动方式和交往方式，丰富了人们的精神生活。现代社会的发展，使人们摆脱了传统社会人与人之间的依附关系，进入了建立在以物的依赖关系为基础的人的独立性阶段，人的主体性获得了前所未有的发展，但同时人与人之间的孤离也给现代人带来精神上前所未有的孤独和苦闷。网络虚拟空间的出现正逐步改变人的活动方式和交往方式，为现代社会的人们逃离孤离提供了一个空间。自 1995 年以来，我国开始了互联网建设，虽然时间不长，但是其发展速度是惊人的。这高速的发展意味着我国虚拟生活的主体对象在不断扩大，区域也逐渐加大，由过去的主要集中在城市到如今已如一张大网遍布了中国的大部分地区。网络的快速发展和普及消除了生活与工作的局限，存在于网络上的社会关系不仅为过去以血缘和地缘为纽带的传统社会空间提供了一个替代空间，还使人们的交往摆脱了地域的限制，将人们联合到了一个不受地域限制的有共同兴趣的社团中来，使人们的社会关系逐渐丰富。根据学者对互联网长期的跟踪调查和实证研究，网络确实扩展了人们的社会关系，丰富了人们的精神生活。研究还发现人们与通过网络认识和联系的人在线下也会照样保持联系。“Krant 等发现更多用户频繁地使用网络，扩大了他们社会关系网的规模，增加了与家人和朋友之间的面对面地交流，并且更积极地参与社区活动。他们还发现互联网成功地帮助那些以前社会关系很少的人结交了新朋友。”[①] 总的来说，互联网生活方式扩大了人们的视域，拓展了人们交往和活动的领域，丰富了人们的精神文化生活，为工业社会给人所带来的孤离提供了一个解决的途径。人们乐于穿梭于现实世界与网络世界之间，“虚拟和真实，有生和无生”之间的界限已经模糊。[②]

① ［美］曼纽尔·卡斯特：《网络社会——跨文化的视角》，周凯译，社会科学文献出版社 2009 年版，第 246-247 页。

② ［美］曼纽尔·卡斯特：《网络社会——跨文化的视角》，周凯译，社会科学文献出版社 2009 年版，第 246-247 页。

四、主导性与多样性相统一

在我国传统社会时期以及改革开放前封闭的计划经济时代，人们生活的范围狭小且封闭，物质生活的相对匮乏导致了人们精神生活的单一和低层次，那时的精神家园建设注重人们思想的主导性和统一性，忽视了人们思想的差异性。随着改革开放和市场经济的运行，人们的生活方式、经济活动方式、分配方式、交往方式和思维方式、价值观念都发生了多样化的改变，精神文化呈现出多样性的特点。人们的精神生活绚丽多彩，这是中国精神文明进步的生动反映和具体体现。多种文化的相互碰撞导致文化的交流和融合，同时也伴随着文化的冲突和对抗。在多元文化冲突中，各种社会思潮为我国民众提供了观念截然不同甚至完全对立的信仰选择。人们的思想出现了迷茫和困惑，信仰的缺失、道德的滑坡以及历史虚无主义思潮的蔓延等严重影响了人们精神生活的质量。时代的发展和现实的境遇使得我国精神家园呈现出多样性和主导性相统一的特点。当今我国精神家园建设既要尊重个体差异，同时又要加强思想文化的主导性，即在建设方向、理论基础、共同理想等方面必须以社会主义核心价值观为主导。正如张岱年所说，“每一个民族的每一时代的文化，都构成一个体系。在每一个时代的文化体系中，必然有一个主导思想成为占统治地位的思想。而在这主导思想之中，又有多种支流思想。如果对于那些与主导思想不同的各种支流思想采取压抑的态度，必然引起文化发展的停滞。如果各种支流思想杂然并陈，纷纭错综，而没有一个占统治地位的主导思想，则不利于社会秩序的稳定。从世界文化史来看，每一民族每一时代的文化，既须确立一个主导思想，又须容许不同流派的存在，才能促进文化的健康发展”①。

社会主义核心价值观是中华民族文化的价值凝练。中共中央办公厅印发的《关于培育和践行社会主义核心价值观的意见》明确指出，“富强、民主、文明、和谐是国家层面的价值目标，自由、平等、公正、法治是社会层面的价值取向，爱国、敬业、诚信、友善是个人层面的价值准则，这 24 个字是社会主义核心价值观的基本内容，为培育和践行社会主义核心价值观提供了基本遵循”。社会主义核心价值观有效地整合了各种文化资源，博采众长，有利于中华民族共有精神家园形成一个积极、健康的精神文化生态系

① 张岱年：《文化与价值》，新华出版社 2004 年版，第 75 页。

统，增强共有精神家园的包容性和辐射性。此外，用社会主义核心价值观来统领各种社会思潮，为不同民族、不同文化、不同地区的中国人在当今多元、多样的价值观选择中提出了目标和指明了方向，增强了共有精神家园的凝聚力和向心力。邓小平就曾指出："要团结就要有共同的理想和坚定的信念。我们过去几十年艰苦奋斗，就是靠用坚定的信念把人们团结起来，为人民自己的利益而奋斗。没有这样的信念，就没有凝聚力。没有这样的信念，就没有一切。"① 概而述之，我国精神家园在社会主义核心价值观引领下，建设一套满足不同人精神需求的多层次、多样化的精神文化系统，这既体现了以此为核心的精神家园对民众现实生活和人类发展的终极关怀，同时也为不同阶层的人们提供了一个展现自我的精神领域。

① 《邓小平文选》第3卷，人民出版社1993年版，第190页。

论精神交往的发展和精神生活的丰富*

自人类社会形成相对独立的精神生活以来，特别是社会的物质劳动与精神劳动分离之后，人们的精神交往便开始不再表现为物质活动的直接产物。人们在精神生活过程中，创造了各种精神交往的独立形式。

一、交往与精神交往

交往，是指人类特有的存在方式和活动方式，是人与人之间发生社会关系的中介，是以物质交往为基础的全部经济、政治、思想文化交往的总和。历史唯物论强调，“社会——不管其形式如何——是什么呢？是人们交互活动的产物”①。“社会关系的含义在这里是指许多个人的共同活动”②，“凡是有某种关系存在的地方，这种关系都是为我而存在的”③。马克思和恩格斯在《德意志意识形态》中，把交往与社会生产和分工不可分割地联系在一起，认为“生产第一次是随着人口的增长而开始的。而生产本身又是以个人彼此之间的交往（Verkehr）为前提的。这种交往的形式又是由生产决定的”④。这里的交往概念含义很广，包括个人、社会团体、民族国家的物质交往和精神交往。物质交往与精神交往的综合作用，首先促进生产力发展，推动生产力各要素的合理配置，进行物质生产和产品交换；其次，具有正向功能的交往，能推动社会关系的变革和改善，在一定范围内形成一种社会凝聚力，成为一个民族、国家独立存在的黏合剂；最后，不同社会形态、不同民族和国家之间的交往、交流，可以相互学习、借鉴，缩短社会发展进程，增强社会活力。人类通过同代人异地交往和不同代人的代际交往，可以扩大活动范围，拓宽视野，活跃思想，丰富精神生活，并不断传承、创新科学文化，促进人的发展。因而，物质交往与精神交往总是不可分割地联系在一起

---

* 原载于《高校理论战线》2011 年第 12 期，作者张彦、郑永廷，收录时有修改。

① 《马克思恩格斯选集》第 4 卷，人民出版社 1995 年版，第 532 页。

② 《马克思恩格斯选集》第 1 卷，人民出版社 1995 年版，第 80 页。

③ 《马克思恩格斯选集》第 1 卷，人民出版社 1995 年版，第 81 页。

④ 《马克思恩格斯选集》第 1 卷，人民出版社 1995 年版，第 68 页。

发挥作用。

交往虽然始于物质生产活动，但又不仅仅存在于物质生产活动中。人们的生产与生活，除了物质交往，总是伴随着知识、经验、观念、情感的相互沟通与交流。这种人的内在意识的外在表达，就是精神交往。马克思和恩格斯在《德意志意识形态》中首次提出“精神交往”的概念。他们写道：“思想、观念、意识的生产最初是直接与人们的物质活动，与人们的物质交往，与现实生活的语言交织在一起的。人们的想象、思维、精神交往在这里还是人们物质行动的直接产物。表现在某一民族的政治、法律、道德、宗教、形而上学等的语言中的精神生产也是这样。人们是自己的观念、思想等等的生产者……他们受自己的生产力和与之相适应的交往的一定发展一直到交往的最遥远的形态所制约。”[①] 在这段话里，马克思和恩格斯既阐明了物质交往和精神交往的关系，也说明了人们可以在一定社会的经济基础上，进行政治、法律、道德、宗教等意识形式的精神生产，还强调了人们能够生产自己的观念、思想。不管是社会的精神生产还是个体的精神生产，都与人们的精神生活相伴。所以，列宁根据两种交往，把社会关系划分为“物质的社会关系”和“思想的社会关系”，指出“物质的社会关系”即经济基础关系，是“不通过人们的意识而形成的社会关系”，而“思想的社会关系”即观念上层建筑关系，是“通过人们的意识而形成的社会关系”[②]，“思想的社会关系不过是物质的社会关系的上层建筑，而物质的社会关系是不以人的意志和意识为转移而形成的，是人们维持生存的活动的（结果）形式”[③]。物质交往和精神交往既相互联系，又相互区别。物质交往起决定的、基础的作用，精神交往一旦形成，就具有相对独立性，它不仅反作用于物质交往，而且人们可以遵循一定规律产生精神需求、丰富精神生活和发展精神交往方式。

二、精神交往是人的本质体现

马克思主义认为，意识或观念是高度完善的物质，即人脑的机能，是客观存在的主观映像。“观念的东西不外是移入人的头脑并在人的头脑中改造过的物质的东西而已。”[④] 因而人的精神是人的存在方式，是人的本质体现，

---

① 《马克思恩格斯选集》第 1 卷，人民出版社 1995 年版，第 72 页。
② 《列宁全集　1893—1894 年　著作》第 1 卷，人民出版社 1984 年版，第 109-110 页。
③ 《列宁全集　1893—1894 年　著作》第 1 卷，人民出版社 1984 年版，第 121 页。
④ 《马克思恩格斯选集》第 2 卷，人民出版社 1995 年版，第 112 页。

精神需要是精神生活形成和发展的内在动力。正如马克思所指出的："任何人如果不同时为了自己的某种需要和为了这种需要的器官而做事，他就什么也不能做。"① 人的精神需要既决定于一定的社会条件，同时又能够在一定程度上超越该社会条件所能满足需要的程度而产生新的与更高的需要。也就是说，人的精神需要在本质上具有不满足性，正是这种不满足推动着人的精神生活的发展。

1. 较低层次自然心理表层的满足

马克思在《资本论》的开头，特意引用了尼古拉·巴尔本的话作为脚注："欲望包含着需要；这是精神的食欲，就像肉体的饥饿那样自然……大部分（物）具有价值，是因为它们满足精神的需要。"② 意思是食物只不过是一个靠自己的属性来满足人的需要的对象，这种需要是人的"精神的食欲"，或者说是人通过主观的表达，由人的胃刺激大脑产生的。人在需要食物或商品时，还要根据合理性、可能性去获取，而不是像动物那样的本能反应。

2. 较高层次的精神交往需要

这一层次的需要，是人不断获得肯定自己的信息，以维持心理平衡，并以此为满足和愉悦。马克思说："人不仅通过思维，而且以全部感觉在对象世界中肯定自己。"③ 马克思还说："劳动的对象是人的类生活的对象化：人不仅像在意识中那样在精神上使自己二重化，而且能动地、现实地使自己二重化，从而在他所创造的世界中直观自身。"④ 这里所说的"人自身二重化"就是实践上的二重化和精神上的二重化。所谓实践上的二重化，就是通过改造对象的活动，客观世界"表现为他的作品和他的现实"；所谓精神上的二重化，就是人根据自己的意志改造对象世界，在改造的对象世界上打上人的意志烙印，使其意志现实地体现于对象世界中，这样人就能够"在他所创造的世界中直观自身"，"构成生活享受的最内在核心"。⑤ 正是因为人有较高层次的精神需要，所以从古到今的先贤志士、民族英雄、文人学者等都十

---

① 《马克思恩格斯全集》第3卷，人民出版社1960年版，第286页。

② ［英］尼古拉·巴尔本：《新币轻铸论，答洛克先生关于提高货币价值的意见》，伦敦版1696年版，第2-3页。

③ ［德］马克思：《1844年经济学哲学手稿》，中共中央马克思恩格斯列宁斯大林著作编译局译，人民出版社2000年版，第86-87页。

④ ［德］马克思：《1844年经济学哲学手稿》，中共中央马克思恩格斯列宁斯大林著作编译局译，人民出版社2000年版，第58页。

⑤ 《马克思恩格斯全集》第41卷，人民出版社1982年版，第305页。

分重视“意境”“心灵境界”“思想修养”“高尚人格”的追求，形成了一个民族的传统人文精神。

3. 更高层次的精神交往追求

这一层次的需要，是人通过不断学习，提高文明程度，能从对象世界的全局与复杂关系中甚至相反方面，通过自己的思维、比较，认识和把握事物的本质，获得自我肯定的满足，成为精神交往的新的参与者。人的自觉精神活动和交往，是人的生命存在的组成部分。精神交往不仅是肉体人的存在和发展，也是精神人的存在和发展。“作为确定的人，现实的人，你就有规定，就有使命，就有任务，至于你是否意识到这一点，那都是无所谓的。这个任务是由于你的需要及其与现存世界的联系而产生的。”[①] 在马克思和恩格斯看来，人明确自己的“规定”“使命”和“任务”，即责任感的确立，不是由人的生理需求和本能欲望自发产生的，也不是上帝赋予的，归根到底是由人们所处的社会地位、社会关系决定的。在现实生活中，人们相互之间要发生血缘、地缘、姻缘、业缘和政治、法律、道德、文化等各种关系，这些关系实际上蕴含着对社会和他人承担着的不同的责任和使命。作为一个现实的人，总要承担一定的责任和使命，这既是需要，也是人与社会生存与发展的根本条件。因而，人作为一个民族、国家、社会、团体和家庭的成员，应当对社会和他人形成责任意识并履行社会义务。只有确立了自觉推进社会发展、民族振兴目标与责任的人，即确立了远大理想信念并为之奋斗的人，才能获得更高层次的精神交往需要的满足。所以，马克思说：“一个认识到自己在法律、政治等等中过着外化生活的人，就是在这种外化生活本身中过着自己真正的、人的生活。因此，与自身相矛盾的，既与知识又与对象的本质相矛盾的自我肯定、自我确证，是真正的知识和真正的生活。”[②] 这段话是马克思在批判了黑格尔把人的精神活动与客观现实活动关系颠倒后所作的阐述，强调人的政治生活（实际上主要是精神生活）是现实的、“外化”的；人可以在面对现实的复杂知识和对象的矛盾中，甚至可以从对象世界的相反方面，通过自己的主观判断、比较、选择，获得自我肯定，形成自己的见解与信念。

---

① 《马克思恩格斯全集》第3卷，人民出版社1960年版，第329页。

② 《马克思恩格斯全集》第42卷，人民出版社1979年版，第172页。

三、精神交往促进人的精神生活丰富与发展

马克思在分析资本主义社会条件下工人的精神生活时说："工人必须有时间满足精神的和社会的需要，这种需要的范围和数量由一般的文化状况决定。"① 马克思之所以强调工人的"余暇"和"有时间"，是因为他认为，精神生活最基本的条件，是接受教育、发展智力、自由运用体力和智力、履行社会职能、社交等方面，只有"有余暇""有时间"，才能保证这些基本条件。后来，马克思为了提高工人精神活动的目标与水平，又概括了工人较高级的精神活动，这些活动包括"为自身利益进行宣传鼓动，订阅报纸，听演讲，教育子女，发展爱好等等"②。根据马克思提出的精神活动的基本条件与方式，结合当代社会的发展实际，可以将精神交往的类型分为间接精神交往、直接精神交往、综合精神交往。

1. 间接精神交往促进人的精神生活丰富与发展

间接精神交往，就是通过中介，如书籍、报刊、广播、电影、电视等大众传媒进行的交往。其具体方式主要有三方面。

第一，读书自学是有文字以来普遍、持续的间接精神交往活动。读书、自学不仅可以增长知识与智慧，而且可以提高人的精神境界。所以列宁既强调"图书馆有着重大的作用"，又认为"书籍是巨大的力量"。③ 我国古代的文人都把读书作为精神享受，如陶渊明说"奇文共欣赏，疑义相与析"，于谦讲"书卷多情似故人，晨昏忧乐每相亲"。自然科学、社会科学、人文科学的知识和理论，都是人们在生产劳动、科学实验、社会活动、观察体验的基础上进行总结、研究的成果，是对自然、社会的本质与规律的探索，可以扩大人的视野，启迪人的智慧，丰富人的精神，提高人的心境。

第二，看报是近现代社会重要的间接精神交往活动。马克思经过长时间观察后明确提出"报纸是工人的必要生活资料"的观点："工人阶级用他们超过必要生活资料的积蓄可以不去买肉和面包，而是去买书籍以及请人讲演和召开群众大会。工人阶级有了更大的手段来占有像精神力量这样的普遍社会力量。"④ 后来他进一步指出，订阅报纸在工商业繁荣时期已经成为工人

---

① 《马克思恩格斯全集》第 23 卷，人民出版社 1972 年版，第 260 页。

② 《马克思恩格斯全集》第 46 卷（上），人民出版社 1979 年版，第 246 页。

③ ［苏］卢那察尔斯基：《列宁的故事》，国家政治书籍出版社 1959 年版，第 23 页。

④ 《马克思恩格斯全集》第 44 卷，人民出版社 1982 年版，第 162 页。

参与精神享受的内容之一。1863年，马克思写道：“报纸就包括在英国城市工人的必要生活资料之内。”① 这充分说明精神交往在现代社会条件下对于人们生存和发展的重要性。报纸作为现代传媒，由于信息容量大而利于根据需要选择，信息更换及时而便于保存流传，携带方便、成本不高等特点而比书籍、刊物更占据传播的优势。同时，由于报纸具有传播信息、沟通情况，进行宣传、引导舆论，传播知识、蕴含教育，提供娱乐、陶冶情操的功能，因而马克思和恩格斯说：“自由的出版物是人民精神的慧眼，是人民自我信任的体现，是把个人同国家和整个世界联系起来的有声的纽带……自由的出版物是人民用来观察自己的一面精神上的镜子。”②

第三，听广播、看影视是当代社会影响最大的间接精神交往活动。广播作为声音媒介，具有跨时空性、即时性、亲和性、易接受性等特点，其速度之快、覆盖面之广，为其他大众媒介所不及。电影、电视是视听结合的复合体，是多种传播媒介和传播方式兼容和优化的传播体，具有及时的视角反馈能力和丰富的表现潜能，具有再现和表现具体事物形象、人物形象、情绪、行为变化等功能。因而，广播、影视具有传播范围的广泛性、传播内容的包容性、传播方式的生动性、传播功能的多样性等特性。正是这些特性决定了听广播、看影视是当代社会人们间接精神交往活动的普遍方式。随着社会的多样化发展，广播电台、电视台也日趋小型化、专业化，广播、电视节目日趋专门化。电影运用高科技，使情感影响力与思想渗透性不断加强，为人们提供了强大的精神动力和智力支持；为引导社会发展方向，提高全民族的思想道德素质，创造了良好的舆论环境和文化氛围。

2. 直接精神交往促进人的精神生活丰富与发展

直接精神交往就是人们面对面地进行情感和思想的沟通、交流、交锋等。它有两种不同形态：一种是和谐形态，一种是冲突形态。

第一，直接精神交往的和谐形态。主要包括会议、会话、教育、谈心等，通过个体之间的互动，使优良传统得到继承与弘扬，使知识、经验、意见、观念、情感得到交换，使发展目标更明确、思想更一致。例如教育，不管是知识教育还是思想教育，都是人的认识、情感、意志、行为相互交错并相互感化、影响的过程。在这个过程中，不仅有知识的学习、能力的提高，还有道德的培养、人文精神的形成。传授知识和道德教育是统一的过程。人

---

① 《马克思恩格斯全集》第48卷，人民出版社1985年版，第12页。

② 《马克思恩格斯全集》第1卷，人民出版社1965年版，第74-75页。

与人之间知识的传授、能力的培养，总是伴随着情感、精神的交流与感化。

第二，直接精神交往的冲突形态。主要包括面对面的思想批判或思想斗争。批判之所以是直接精神交往，一是因为批判者要有自己独立的思想、人格和批判精神，这些条件主要属于主观范畴。要批判错误思想和言行，批判者的思想必须是正确的、坚定的；要达到批判的作用，批判者的人格必须与其所坚持的正确思想具有一致性；要使批判能开展和坚持下去，批判者必须具有大胆无畏的批判精神。二是批判要与被批判的对象、内容直接发生关系。现实的、科学的批判，是马克思主义丰富和发展的本质特征。马克思在谈到辩证法时说："辩证法不崇拜任何东西，按其本质来说，它是批判的和革命的。"[①] 现实的、科学的批判之所以能够促进人的精神生活的丰富与发展，从哲学上讲，就是因为社会和人群总是存在着对立的两个方面，即存在正确与错误、积极与消极、进步与落后的作用与影响。社会和人的发展就是由两种思想相互比较、不断交锋而推动的。因而，"有错误就得批判，有毒草就得进行斗争"。"正确的东西总是在同错误的东西作斗争的过程中发展起来的。真的、善的、美的东西总是在同假的、恶的、丑的东西相比较而存在，相斗争而发展的。"[②] "这是真理发展的规律，当然也是马克思主义发展的规律。"[③]

3. 综合精神交往促进人的精神生活丰富与发展

综合精神交往，是指在精神交往过程中，直接与间接交错、协调与冲突兼有的精神交往。它主要包括思想交锋和网络精神交往。

第一，思想交锋。交锋的方式包括辩论、反驳、批评，也包括讨论和交锋后的放弃、妥协。这些方式可通过会议、会谈面对面地进行，也可通过电话、报刊、广播、电视等传媒展开。思想交锋是不同思想观点互不相让的争斗，争斗双方虽处在矛盾中，但争斗是一种自由辩论，不同的观点都能被发表，因而相互之间"必须中肯"，即要本着实事求是的原则，重在明辨是非、相互促进、推进发展。我国是一个具有思想交锋传统的国家。早在春秋战国时期，诸子百家争鸣盛况空前，在中国思想发展史上占有重要地位，为我国社会的精神交往、精神生活提供了丰富的文化资源。在"五四"新文化运动时期，先后出现了科学与玄学论战、中国古史论战、中国社会性质论

---

① 《马克思恩格斯选集》第2卷，人民出版社1995年版，第112页。
② 《毛泽东著作选读》（下册），人民出版社1986年版，第787页。
③ 《毛泽东著作选读》（下册），人民出版社1986年版，第785页。

战等多次重大思想交锋。马克思主义正是在这百家竞起与争鸣中日益显示出强大力量，成为改造中国社会的思想武器。在我国改革开放进程中也有多次思想交锋，如针对“两个凡是”所开展的真理标准问题大讨论；克服僵化保守所进行的思想解放运动；等等。正是这一次又一次的思想交锋，及时扫除了阻碍改革和发展的思想障碍，不断解放、活跃了广大干部和群众的思想，使我国社会呈现巨大的生机与活力，推进了经济社会快速、持续发展。

第二，网络精神交往。计算机网络的形成与发展，开辟了新的精神交往领域，这一领域的最大特点是一改过去传统媒介的单向、线性的交往方式，转变为多向交互的交往方式，成为人们在新的历史条件下进行思想和感情表达、交流、创造的新平台。网络精神交往的综合性，既体现为直接交往与间接交往的交叉，也表现为现实交往与虚拟交往的结合。网络属于社会交往空间，不属于任何组织和个人。在网络领域，人们不受物理空间的时空制约和角色限制，可以根据自己的需要、志趣和爱好，面对海量信息资源进行自由选择；面向各类网民、网络群体进行自由交往；还可以运用网络论坛、电子邮箱、即时通信、博客等交流载体，自由发表意见，广泛交流。在选择、交往、交流、创造的过程中，只要目标正确，遵循规范，就能够开阔视野，掌握信息，学习知识，交流思想与感情，丰富、充实自己的内在精神。

论我国古代精神家园建设的自然性内涵*

自2012年11月习近平等国家领导人在参观中国历史博物馆时提出了中华民族伟大复兴的中国梦以来，中国梦受到了国内外各界人士的关注。中国梦与其他国家的梦想之间的区别，最为根本的是核心价值观的不同，即引领梦想的精神文化体系不同。每个国家的精神文化体系离不开本国的历史和文化。因此，探讨引领新时期中国梦的精神文化系统，有必要对传统中国精神家园的特点进行了解，以便加强新时期我国精神家园的建设。马克思在《资本论》中指出，“从物质生产的一定形式产生：第一，一定的社会结构；第二，人对自然的一定关系。人们的国家制度和人们的精神方式由这两者决定，因而人们的精神生产的性质也由这两者决定”①。传统的中华民族历来依靠农业来维持生存，人们的生活主要是靠土地，以农业为主的自给自足的自然经济决定了中国的思想基本上是将自然设定为规定性的思想，故是一种自然的思想。当然，自然在此敞开了它多重的维度，儒、道、释分别以自然为基础建立了各自的精神文化，相互补充，互为结合，形成了与传统经济结构特征相吻合的自给自足的精神文化系统。

一、以儒、道、释为内容的精神家园建设的特点

1. 以儒家理论为主导的精神家园建设体现了自然的社会性

中国传统文化是一种伦理道德文化，占其主导地位的是以孔子为核心的中国儒家思想。中国儒家思想中，仁是其思想的核心，孔孟的仁义之道是对自然的社会性解释。所谓自然的社会性指在以血缘、地缘为基础的社会关系中确证和实现人的价值和目的。“仁”者，人也。“仁”就是二人。二人成人，即对人的群体性的肯定。儒家对人的定义便是君臣、父子、夫妇、兄弟、朋友等。这种建立在群体中的仁爱在根本上是亲子之爱，亲子之爱正是血缘之爱，而血缘之爱不过是自然之爱。那么，仁作为人的本质如何体现？

---

* 原载于《学校党建与思想教育》2015年第3期，作者曾萍、郑永廷，收录时有修改。

①《马克思恩格斯全集》第26卷第1册，人民出版社1972年版，第296页。

儒家文化通过礼来实现仁，并以仁为核心、以礼为纽带建立了一套完整的伦理道德文化，它为传统中国的人们提供了终极价值目标和意义世界。

第一，以家庭为核心的文化给人们提供了一套如何处理人与自然、人与人、人与自我、人与国家（社会）的行为规范。人们根据自己在社会体系中的位置所规定的规范而生活。如“君君、臣臣、父父、子子”一语，每对叠字中前面一个字指静态之地位，后一个字指动态之角色。整句话的意思就是，要扮演君的角色，亦即遵循这个地位所要求的一切规范，为臣、为父、为子亦然。孟子提出的五伦规定了如何处理父子、夫妇、君臣、兄弟、朋友之间的关系。由家庭的礼推广至国的一套社会伦理是与以家国一体、由家及国的单一的社会结构相匹配的，它使整个社会井然有序，人与人之间交往有章可循，使人对社会存在的那套伦理规范产生了价值共识并主动服膺，个人在共同体中感到一种安全感和归属感。正如西方一位哲人所言：“个人植入规范之后，觉得有需要去遵循。否则，他的良知会找他麻烦。”①

第二，以儒家为主的传统社会伦理规范不仅规范了社会秩序，还为人们提供了安身立命的心灵秩序。一方面，儒家的“家国一体、由家及国”的伦理道德文化有利于维护社会稳定。伦理是一个社会共同体中共同生活的准则、生活秩序。道德是一个人把社会生活中的共同的规则、共同的秩序、共同社会实体的要求内化成自己的东西。人们把共同体的准则内化为自己的东西的过程，实际上就是伦理道德建构的过程，它使个体由一个自然性存在提升为一个社会性存在。以儒家为主的伦理道德规范不仅使个体与社会整体保持了一致，并且实现了整合社会、统一民众思想、维护社会稳定的功能。另一方面，儒家为人们提供了一套安身立命的心灵秩序。儒家的安身立命的原理就是“修身养性、内圣外王”。内圣外王之道为个体提供了一个终极价值目标，它与西方借助于上帝来实现人生的终极目标不同，它对人生崇高的体验是通过人自身，即通过个人对理想人格的追求——以天下为己任来实现的，即通过正心、诚意、修身来达到齐家、治国、平天下的目的。这是个人主义价值观所陶冶的只追求个人成功的人格所不可比拟的。儒家认为圣人应该“为天地立心，为生民立命，为往圣继绝学，为万世开太平”。尽管现实中没有几个人有这样的使命感，有这种使命感的人中也没有几个能达到圣人的境界，但圣人作为一种理想人格，可作为人们道德修养的目标，构成人生追求的神圣意义。道德本身是对人的本能的超越，是对人的实际行为的超

① 张德胜：《儒家伦理与社会秩序——社会学的诠释》，上海人民出版社2008年版，第239页。

越。儒家思想的浪漫气质和形而上学的表述，具有深沉厚重的悲壮意蕴。正因为这样，它虽一直未真正体现于历史上的政治中，但一直为中国人提供着终极精神关怀。

儒家以仁、礼为核心的精神家园建设侧重国家层面，因为儒家认为个体通过社会群体来体现价值而获得肯定，个体通过承担自己在家庭中的责任的形式，以情感为纽带，实现人与人之间相亲相爱，来获得个体责任感和归属感。但以儒家为主导的精神家园建设注重国和家，虽然个体能得到集体的庇护，心灵宁静，对人生的意义不存在质疑，但是这一切并不是基于自己的意识，而是无意识的、自发的，个体被淹没在家庭伦理实体中，缺乏独立的人格。也就是说，个体作为一种人的本质并不能真正表现为个体。黑格尔在《历史哲学》中说："中国人自视为属于他们的家庭，而同时为国家的儿女。在家庭之内，他们不是人格，因为他们在其中生活的那个团结的单位乃是血统关系和天然义务。在国家之内，他们一样缺乏独立的人格，因为国家内大家长的关系最为显著，皇帝犹如严父，为政府的基础，治理国家的一切部门。"① 个体消解在家与国中，无个体自由及个性可言，这与当时的小农经济是相匹配的，属于人发展的较低阶段。但它与当前市场经济要求的个体独立与自主的精神是相违背的。因此，儒家以伦理道德为核心的精神文化如何实现现代转型，是目前国内外学界共同探讨的一个重要议题。

2. 道家以"自然之道"为核心的精神家园建设体现了自然性

道家的核心思想是事物的发展应遵循自然本身内在的客观规律，反对任何人为的改变。因此，道家提倡个体精神家园建设应遵循自然之道，体现出自然的自然性，即自然本身的规律，反对人为的干涉和改变。道家的代表人物老子以"无为"说立论。"无为"是老子的政治思想，也是老子学说的中心观念和基本立足点，它取自其哲学体系的最高范畴——"道"。"无为"是"道"之常，即遵循自然是"道"作为宇宙最高法则的基本规定。老子将"无为"的自然观引入政治伦理领域，"道常无为"也就获得了政治和伦理的意义。道家认为国家的统治寓于自然本来的状态中，因此是内在的，只要顺其自然，就根本没有要维持社会秩序的问题，遵照社会自然本身的规律才是统治之道，且自然之道是永恒不变的。老子认为，儒家提出的仁义道德规范是对自然的破坏，是"无为"之道的丧失，是社会关系混乱的产物。因此，他主张"复归于朴"的道德理想，即从道德之名（道德规范）复归

① ［德］黑格尔：《历史哲学》，王造时译，上海书店出版社 1999 年版，第 198 页。

到未经人为制作的“无名”之朴的道德原始状态（自然之道），从“有为”回到“无为”。在人生境界方面，与儒家思想以追求内贤外王的理想人格境界不同，道家的创始人老子则主张重返天真。在他看来，所谓功名利禄、是非利害都是过眼云烟，会干扰人的生活，所谓“五色令人目盲，五音令人耳聋”（《道德经·第十二章》）。意思是大家不要过分追求感官刺激，因为太多颜色，会使眼睛“瞎掉”，太多声音，会使耳朵“聋掉”。此外，他认为人的欲望特别是物质欲望是无止境的，并且它们无益于人的身心健康，“罪莫大于可欲，祸莫大于不知足，咎莫大于欲得，故知足之足恒足矣”（《道德经·第四十六章》）。故老子认为，对于物质欲望，人应该“见素抱朴，少私寡欲”，使内心淡泊名利，超越功利，求得精神的自足与平衡，这才是人生的最佳境界。道家的另一重要代表人物庄子，一方面继承了老子的思想，认为自然之“道”是天地万物的根源和人生存的根据；另一方面则把“道”论的重心从本体论、宇宙论转移到境界论。他提出的那种齐万物、齐物我、齐生死、无用、无待的“逍遥游”的人生境界是对其困难的生活现实状况的解脱和超脱。

总体来说，道家的终极关怀，是于乱世中找寻个人的自我救赎，自杨朱、老子而至于庄周，都以自保生命为主题，侧重于个体精神家园的建设。道家对于处于艰难时期的人们如何摆脱痛苦和困难、达到心灵自由提供了一套自我心灵解脱和超越之道。但是道家要求人们压抑欲望、激情，遵从自然之道，属于消极的顺从自然。他们注重个人精神的超越而消极逃避社会是一种不现实的做法，因为人是社会人，离群索居对于传统社会也只是少数知识分子才能做到。对于大多数人来说，想脱离社会现实以求得个人精神的超越是不可能的，社会的现实状况关系着生活在其中的每个人的生存和发展。

3. 佛家的精神家园建设体现了自然的心灵理解

经过禅宗改革后的中国化佛教认为，佛性是人自身本有的，在个体精神家园建设方面则体现了自然的心灵理解，即本心的顿悟，体认心灵的原初状态。禅宗在《坛经·付嘱品》中说道，“自心是佛”，“本性是佛，离性无别佛”。[①] 这也是佛教所讲的众生得以修成佛的根据。而愚人与智人的区别在于前者的佛性被遮蔽，“当知愚人智人，佛性本无差别，只缘迷悟不同，所以有愚有智”（《坛经》）。愚人能否成为智者，关键在于是否有顿悟，“前念迷即凡夫，后念悟即佛；前念著境即烦恼，后念离境即菩提”（《坛经·

① 丁祯彦、臧宏：《中国哲学史教程》，华东师范大学出版社 1989 年版，第 225 页。

般若经》)。“迷即迷自家本心，悟即悟自家本性”(《景德传灯录·卷二十八》)。“迷”也好，“悟”也好，只是一个“心”，是同一个“心”的两种境界：前者是指心取诸法，即执着诸法为实有；后者是指不取诸法，不生妄念，“自性真空”。为此，要成佛，去除迷误，需要发现本心，用自己的心灵去领悟、体认心灵的原初状态。而心灵的原初状态就是“空”，即一种“虚空”的境界、“佛”的境界。

关于个体如何达到对自然心灵的体认，禅宗认为对外在的欲求要抱有一种超然物外的态度，要非常重视“无念”“无住”“无相”。在接触外物时，不受外物的迷惑，不执着于外物，做到心中不存有关于任何事物的表象。慧能认为，能做到“无念、无住、无相”，人虽处于尘世，却也可以做到一尘不染，来去自由，毫无滞碍，无牵无挂，精神上得到解脱，这就是“极乐世界”即涅槃世界、天堂。这是禅宗所追求的人生的最高境界——佛的境界。达到佛的境界并不需要去庙堂念经或出家修行，而是讲“世间即出世间”，即要求在日常生活吃穿住行间体会禅道，从青青翠竹、郁郁黄花中发现禅意，从而在日常生活中发现超越的意义，追求佛的崇高境界。

禅宗讲的寻求自然的心灵理解，能淡化和消解人的各种不良情绪，使人能用一颗平常心去看待万物和人事，保持心态平衡，化解遭受挫折的精神痛苦与烦恼，避免因心理失衡而导致精神崩溃。尽管佛教难免有消极厌世的一面，但对于沉溺于心理欲望的无止境的贪求而导致烦躁、急躁、焦躁等现代人的心理疾病，佛教的回归于本心的精神文化则可谓一副解毒良剂，它能使人淡泊宁静，使人成为应物而无累于物，做事而不滞于事，入世而不拘泥于世。又因佛教通俗易懂，简单易行，由佛家而来的成语和习语，如知足常乐、钱财乃身外之物、甘于淡泊、慈悲为怀、因果报应等，成为中华民族文化中不可缺少的一部分，是中华民族精神家园的重要文化资源。因此自古至今，佛教在中国人的精神生活中一直占据一定地位。

二、对我国古代精神家园建设的反思

尽管儒、道、释的精神家园建设分别体现了自然的不同维度，但以自然为核心的儒家、道家、禅宗相互补充，合而为一。以儒为主、道家和佛家为辅的精神文化经过千百年的融合和积淀已经融入中国人的血液里，中国人的发展历程首先秉承的大致是儒家的积极入世精神，年轻时拼搏奋斗，立功立名。当遇到挫折和灾难时，就会自动启用道家或佛家的精神，如钱乃身外之物、知足常乐、听天由命等思想。儒、道、释以自然为基础，构建了自给自足的精神文化，为传统中国提供了稳定的精神家园。在这个家园中，人们心灵安宁，精神平静。

传统的这种以自然为基础的精神家园建立在血缘、地缘关系基础之上，是一种自发的、自在的精神家园建设。它与传统中国自给自足的自然经济相吻合，统治者在生产力低下、资源匮乏的情况下，提倡压抑人们的欲望具有历史合理性。然而随着社会的发展和新的生产方式的萌芽，封建统治者为了维护其统治，不鼓励大家发展生产、改进技术，反而提出“存天理，灭人欲”的极端道德主义，连人们的基本需要都被压抑，这不符合人性的发展，最终会被历史所淘汰。此外，传统精神家园建设提倡遵循自然规律、不断修行，从而达到人生的最高境界。“天人合一”这种强调人与自然的和谐的观点值得当今人们学习。然而这种和谐过于强调人对自然的顺从，人沉浸在自然中，顺着自然的规律，忽略了人发现自然、掌握自然的主观能动性，人的主体意识以及人的创造性被埋没。人的精神是创造的，只有当人了解到自己的本质乃是自由创造之后，人才可能用这种自由去从事创造活动，才会认识到自然是自然，自然的规律不会对我们的精神构成限制，反而人能通过对自然的改造，使自然变得更符合人类的需要。为此，我们一方面必须继承传统文化中注重人与自然和谐的有益思想，另一方面要批判传统文化中人对自然顺从的思想，发挥人的主体性去掌握自然规律，成为自身的主人——自由的人。

当今现代化进程中，精神家园建设面临着人们在追求物质价值的同时忽视甚至摒弃了价值的另一维——精神价值的追求的问题，从而导致一些负面效应，体现为市场经济中有些人泛化价值规律，冲击着人的精神追求，强烈的竞争和功利价值取向影响了精神家园建设的质量。以儒、道、释为基础的中国古代精神家园，为新时期精神家园建设在消除市场化所带来的负面效应方面提供了丰富的宝贵资源，从而更好地助推中国梦的实现。

论先进文化与民族精神的培育*

当今时代，文化越来越成为民族凝聚力和创造力的重要源泉，越来越成为综合国力竞争的重要因素。党的十七大提出，要坚持社会主义先进文化的前进方向，用中国特色社会主义共同理想凝聚力量，用以爱国主义为核心的民族精神和以改革创新为核心的时代精神鼓舞斗志。[①] 培育和弘扬民族精神是文化建设的根本任务，将其融入国民教育和精神文明建设的全过程是根本途径，先进文化的引领是根本保证。没有先进文化的积极引领，没有民族精神的大力弘扬和人民精神世界的极大丰富，没有全民族创造精神的充分培育和发挥，一个国家、一个民族不可能屹立于世界民族之林。在当代中国，发展先进文化，就是要发展面向现代化、面向世界、面向未来的，民族的、科学的、大众的社会主义文化，以不断丰富人们的精神世界，增强人们的精神动力，弘扬中华民族精神。

一、中华民族精神在国家振兴中的当代价值

民族精神是一个民族在长期的共同生活和共同的社会实践基础上形成和发展的，为民族大多数成员所认同和接受的思想品格、价值取向和道德规范，是一个民族的心理特征、文化传统、思想情感的综合反映。民族精神是民族文化的核心和灵魂，是一个民族赖以生存和发展的精神支撑。有没有高昂的民族精神，是衡量一个国家综合国力强弱的重要尺度。在五千多年的发展中，中华民族形成了以爱国主义为核心的团结统一、爱好和平、勤劳勇敢、自强不息的伟大民族精神。我们党领导人民在长期实践中不断结合时代和社会的发展要求，丰富着这个民族精神，形成了勇于改革、敢于创新的时代精神。这是我国民族极其宝贵的精神财富，是凝聚和激励全国人民为实现中华民族伟大复兴而奋斗的重要精神力量。

---

* 原载于《思想理论教育》2008 年第 9 期，作者曹群、郑永廷，收录时有修改。

① 胡锦涛：《高举中国特色社会主义伟大旗帜　为夺取全面建设小康社会新胜利而奋斗——在中国共产党第十七次全国代表大会上的报告》，载《人民日报》2007 年 10 月 25 日。

培育民族精神是一个建立民族文化认同的问题。作为一种观念形态，它是相对稳定的；作为一个民族精神的文化传统，它又是发展的；作为一种意识形态，它既具有民族性，又具有时代性。民族精神作为一种精神力量，可以协调人们的心理和行为，形成统一的精神支柱、价值取向和心理定势，为中华民族团结奋进提供动力源泉，推动我国社会主义政治文明、物质文明、精神文明、社会文明建设，增强各民族人民热爱社会主义祖国的聚合力和向心力，为祖国统一、民族团结打下深厚的思想基础，促进中华民族的伟大复兴。在我国走向繁荣、富强、进步的今天，维护祖国统一和民族大团结，反对分裂，是民族大义和民族根本利益所在，也是民族精神的内在要求。

民族精神的价值最主要地体现在民族凝聚力上。民族精神由于具有浓厚的理性色彩，能够使该民族的成员形成一种共识，有利于把全体人民的意愿、利益紧密地结合起来，共同推进民族和国家的发展。同时，民族精神能够转化为一种社会文化环境，在一定程度上控制和约束人们的意识和行为方式。它不同于行政和法律等硬性的社会控制手段，作为一种软性控制手段，它将行为的规范和要求内化于人们的实际行动，具有软实力特征。此外，民族精神也将社会成员的个人行为导向民族、国家的共同价值目标，激励社会成员为实现民族的共同目标而努力奋斗。民族精神所起的这些作用综合起来形成了一种对国家、民族的强大支撑力量。

面对经济全球化的时代背景，我们须大力弘扬和培育伟大的民族精神，不断增强全民族的精神力量，增强国家的综合国力，以应对全球化时代民族文化所面临的挑战。当今国际文化经济交流、文化传播的现实说明，经济和军事强势国家，也是文化强势国家。我国总体上是处于弱势的发展中国家，不仅在经济发展上面临严峻的挑战，在国家观念、民族认同感、文化发展上也面临严峻的考验。正如江泽民指出的：“世界多极化、经济全球化的深入发展，引起世界各种思想文化，历史的和现实的，外来的和本土的，进步的和落后的，积极的和颓废的，展开了相互激荡，有吸纳又有排斥，有融合又有斗争，有渗透又有抵御。保持和发展本民族的优良传统，大力弘扬民族精神，积极吸取世界其他民族的优秀文化成果，实现文化的与时俱进，是关系国家前途和命运的重大问题。”[①] 因此，必须把弘扬和培育民族精神作为文化建设极为重要的任务，融入国民教育全过程，融入精神文明建设全过程，

---

① 江泽民：《在中国文联第七次全国代表大会、中国作协第六次全国代表大会上的讲话》，载《人民日报》2001 年 12 月 19 日。

同坚持和发扬我们党在长期的革命、建设和改革中形成的优良传统有机结合起来，同弘扬以改革创新为核心的时代精神有机结合起来，使之成为实现中华民族伟大复兴的巨大精神动力。[①]

二、以先进文化培育民族精神的基本内涵

在我国，发展先进文化就是发展中国特色社会主义文化，就是建设社会主义精神文明。中国特色社会主义文化，是中国特色社会主义的灵魂，是凝聚和激励全国各族人民的力量源泉，是综合国力的重要标志。综合国力，主要是经济实力、技术实力，这种物质力量是基础，但也离不开民族精神、民族凝聚力，精神力量也是综合国力的重要组成部分。民族精神作为一个开放的价值体系，在不同的历史时期有其不同的具体内容。它不是一个固定的体系，而是一个不断创造、丰富的过程，需要不断结合时代和社会的发展要求赋予其新的内容。以体现时代特征的先进文化培育民族精神，要立足于当代我国改革开放和现代化建设的实践，追踪世界文化发展前沿，弘扬民族文化优秀传统，汲取世界各民族的有益文化成果，在内容和形式上积极创新，与时俱进。

一要把握现代化发展趋势。中华民族精神的现代化，不只是一个时间概念，更重要的是要追踪和达到当代人类文明已有的程度和发展前沿。这就要求我们用人类发展已经达到的程度去验视我们的民族精神，以人类文明的最新成果丰富我们的民族精神，使中华民族与世界各先进民族并驾齐驱，共同走向未来。近代以来，无数中华儿女为此作出了巨大努力。在社会结构上，他们为追赶西方先进文明进行了重大的社会改良和革命；在社会价值体系上，不断进行探索和重构；在文化心理层面，不断调整和更新情感方式、人生态度、思维方式、价值观念。中华民族精神的现代化，不只是一个政治选择或理论问题，也是一个复杂的文化现象和社会实践问题。民族精神现代化的实质，乃是作为民族精神载体的传统文化向现代的转化和进化。伴随着人类社会的巨大进步，现代文明模式已替代前现代文明模式，但文化观念的转化有一个适用和适应的过程，它不可能自发实现转化，而必须进行文化创新与发展，才能自觉超越前现代文明模式。农业文明以自然经济为基础，尚未

① 江泽民：《全面建设小康社会，开创中国特色社会主义事业新局面——在中国共产党第十六次全国代表大会上的报告》，载《人民日报》2002年11月18日。

发展社会化大生产。自然经济条件下的生产是分散的小农生产，是依据自然规律自发进行的重复性实践活动。人们生存在由宗法关系维系的自然秩序中，尚未建立起自觉的社会关联，人际关系和社会关系更多地表现为宗法伦理关系。在精神生产领域，由少数精英占领，绝大多数人没有机会和条件参与精神文化的创造活动，因而只能被动地接受精英所拥有的文化资源。现代工业文明的确立给人的生存方式带来了根本变革，它所引起的显著变化是社会化大生产的建立，经济、社会管理、世界性的交往、民主政治等社会活动领域的迅速扩大，以及以科学、艺术、哲学为主要形态的精神生产领域的空前自觉与繁荣。这是一种理性主义的文明模式，同时也是一种人本主义或自觉的文明模式，它以理性和科学知识为基础，体现着理性精神、契约精神、人本精神。以现代化大生产和市场交换为基础的现代经济、社会管理、民主政治等社会活动领域越来越依赖于理性、契约和法治的运行机制，越来越成为展现人的理性精神和自由创造性的领域。人们交往的自由和空间被不断拓展，理性的、契约的、自由的、平等的交往关系开始形成。支撑着工业文明的两大主导精神，即技术理性和人本精神，极大地改变了人的生存方式，把人从自在自发的生存状态提升到自由自觉和创造性的生存状态。时代的发展使民族精神所赖以生长的物质文化、政治文化、精神文化都发生了巨大的变化，这需要赋予民族精神以全新的时代特征和全新的时代内涵。因此，中华民族精神的现代化必须以现代文明模式为基础，体现时代精神。

二要面向多元价值取向。作为中华民族精神依托的中国传统文化是在相对封闭的地理环境中形成的，在相当长的时期里，它是东亚地区文明程度最高的文化系统，这在无形中造就了“华夏中心主义”的一元价值观。这种一元价值观认为，天下、国家、文化是三位一体的，“天下”不是一个空间概念，也不等于世界，而是一个文化概念。古代中国人认为自己的文化是“放之四海而皆准”的普世文化，天下即喻指中国文化的普世性。正是这种文化中心论使中国人认为自己处于世界的中心。相应地，所谓“夷夏之辨”也就不是种族或血统之辨，而是文化和文明之辨。因此，夷夏之间并无绝对的、不可逾越的界限，认同华夏文化，就可以由“夷”变“夏”。“夷”“夏”的概念同样是文化的概念，而不是种族的概念。中国传统文化是一个包容性很强的文化系统，所以在漫长的历史岁月里，虽饱经沧桑，其核心部分仍相当稳定。近代以来，随着资本主义在全球的扩张，世界性交往与日俱增，全球化时代悄然降临。当今世界已联系成一个整体，不同文化形态的运动、变化与发展呈现一种整体的相关性。也就是说，任何个别共同体的文化实践都离不开全球化时代的普世性价值观念，如人权、自由、民主、平等、公正等，并为整个时代的文化价值力量所统辖和制约。这表明，地区史时代的一元价值观受到了挑战，每个民族都应该在多元文化价值取向的框架内重新审视自己的一元价值观，需要把以前只放在“传统—现代”框架内的民族精神以及民族传统文化放入“全球化—民族化”的更大视域中予以考察。由于全球化已成为当今民族文化发展的一个重要背景和内在因素，无论是讨论民族文化的传统还是现代，都不可能离开全球化这一新的参照系。实际上，我们既不能固守“华夏中心主义”，也不能接受西方文化的同质化和模式化。没有民族独立和民族文化的独立，就没有真正意义上的全球化。民族文化的独立固然不能依附于外族文化，尤其是强权文化，但这种独立又不是离开世界文化整体联系的独立，独立不等于孤立。经济全球化的特点决定了民族文化的发展必然是一个世界性的历史过程。全球性的文化互动使得各个国家的民族文化密切相连，一个国家要想真正保持文化独立性，走出一条健康的文化发展之路，只能通过对外开放，加强对外文化交流，融入全球化大潮，吸收人类优秀文化成果，不断增强自己的文化竞争力。只有这样，才能在全球化的背景下更加丰富民族文化，提高民族文化影响力，进而培育出适应多元价值取向的民族精神。为此，在世界文化多样化发展的进程中，我们要不断增强中华文化的生命力、创造力和影响力，在当今经济全球化背景下，勇于和善于吸收一切优秀的外来文化，为建设中国特色社会主义文化和培育中华民族精神服务。

三要确立实现中国特色社会主义的共同理想。民族精神，实质上是一种意识形态，其作用是实现价值认同上的全民族成员的精神统合。中华民族不只是一个社会学或民族学概念，还是一个政治概念，它与中华民族大家庭范围内的五十多个民族之“民族”并不是处于同一层面的概念。后者与英语中的 ethnicity 或 ethnic group 含义相近，而前者则与 nation 一词相近，具有某种政治含义，带有“族”和“邦”的双重内涵，强调在一个政治实体中，全体成员所具有的在政治、法律、经济、文化等方面的共性和共同利益，且这种共性和共同利益超越了国内各个小族群的利益。实际上，自孙中山提出“五族共和”以来，中华民族就一直是被当作统一国家的政治实体来理解的，兼有国家概念和疆域因素。在此意义上，培育民族精神的现实政治目的就是维系国家的内在统一和社会的向心力，而其文化目的则是要在现代世界中建构中国的根本性和独特性。因此，培育民族精神既要确定民族性格，又要确定国家理想，且首要的是确定国家的社会理想。民族精神总是具体的，在现实层面上，它最终要落实到具体的价值信仰体系，使其具有可操作性。以先进文化培育民族精神，就是要确立中国特色社会主义共同理想，确立马克思主义中国化最新成果——邓小平理论、“三个代表”重要思想和科学发展观的指导地位，使其成为凝聚中华民族的价值体系。作为一种理论体系和价值信仰体系，当代中国马克思主义理论自觉地、系统地顺应了时代发展的潮流，回答了历史提出的现实问题，反映了我国社会经济形态和政治制度，以及各族人民的根本利益和共同理想，涵盖了国家和社会成员所承担的责任。它既是凝聚我国各族人民的政治基础，又是我国各族人民精神交流的主导意识。这一理论通过世界观、人生观、价值观等理论体系直接为我们提供行动指南，并以此为根据建立起相对完整的、以理论为支撑的政治信仰、政治信念和政治目标，具有超越性、彻底性，具有强大的社会政治功能和文化心理功能。在政府决策和国家管理等活动中，它通过一系列理论原则把我国各族人民的意愿集中起来，将其聪明才智和积极性调动起来，同心同德地推进中国特色社会主义伟大事业，从而进一步从整体上强化中华民族的凝聚力。

三、以“两个融入”弘扬和培育民族精神

党的十七大报告首次明确把文化作为“国家软实力”提出来，而弘扬和培育民族精神又是文化建设极为重要的任务。文化软实力在很大程度上表现为民族凝聚力，而这种凝聚力主要来自人们对社会核心价值的认同。社会主义核心价值体系是社会主义先进文化的灵魂。党的十七大报告强调：“切实把社会主义核心价值体系融入国民教育和精神文明建设全过程，转化为人民的自觉追求。”[①]“两个融入”充分体现了我们党对文化建设战略意义的深刻认识，是我们培育和弘扬民族精神的有效途径。融入国民教育全过程，就是渗透到大中小学的思想政治理论课和思想品德课教学，体现在学校教育教学和日常管理的各个环节，真正做到进教材、进课堂、进学生头脑。在全国各级各类学校中，普及民族精神教育。融入精神文明建设全过程，就是使民族精神培育进入各个领域、部门、社区、家庭，利用各种文化载体，扎实有效地把民族精神融入精神文明建设各项活动中去，在全社会形成强大的动力

---

① 胡锦涛：《高举中国特色社会主义伟大旗帜　为夺取全面建设小康社会新胜利而奋斗——在中国共产党第十七次全国代表大会上的报告》，载《人民日报》2007年10月25日。

和凝聚力。

其一，实现中华民族历史传统与时代精神的结合。中国特色社会主义伟大事业和人民群众的实践活动，是弘扬和培育民族精神的丰厚土壤和源头活水，我们要善于从时代伟大实践中汲取新鲜养分，将其升华为民族精神。只有深入研究当今世界和当代中国的发展趋势，深深植根于改革开放和现代化建设实践，融入亿万人民群众开拓美好未来的历史进程，才能真正弘扬和培育民族精神。当前需着重增强全国人民的爱国意识、团结意识和自强意识，强化公民对国家的认同感、归属感，自觉将个人的荣辱得失与国家的盛衰强弱紧密联系在一起。而先进文化则是我们凝聚和激励全国各族人民的文化资源，它源于中华五千年文明、植根于当代伟大实践、吸收了世界优秀文明成果，是中华民族身份的象征，是最广泛团结全国人民的旗帜，是激励各族人民建设伟大祖国、实现民族复兴的强大精神支柱。“一个民族，一个国家，如果没有自己的精神支柱，就等于没有灵魂，就会失去凝聚力和生命力。”全社会形成共同理想和精神支柱，是有中国特色社会主义文化建设的根本。一个民族只有物质和精神都富有，才能成为一个有强大生命力和凝聚力的民族。民族精神培育好了，人心凝聚，精神振奋，经济建设和其他各项事业就会全面兴盛。只有把亿万人民凝聚在先进文化的旗帜下，把人民群众的智慧和力量充分发挥出来，才能焕发出中华民族强大的生机和活力，才能继续创造出无愧于历史和时代的伟业。①

其二，吸收和借鉴古代和国外一切优秀文化成果。由于种种原因，迄今为止，对于中国传统文化，我们今天到底应该批判什么、继承什么，对于国外文化尤其是西方现代文化，我们到底应该批判什么、吸取什么，还有待进一步研究。应当看到，对中国传统文化和西方现代文化的优秀成果没有充分利用与对中国传统文化和西方现代文化的消极影响没有完全克服，这两种倾向都存在。如果我们对本土文化不甚了了，对西方文化知之不多，那是不能完成建设中国特色社会主义先进文化、弘扬和培育民族精神的任务的。为此，我们有必要深入挖掘和弘扬传统文化的价值。民族精神的弘扬和培育，是在既有文化传统的基础上进行的。否则，就会迷失方向、丧失根本。在全球化趋势深入发展的今天，必须充分认识我国传统文化的历史意义和现实价值，遵循“古为今用”的原则，以礼敬自豪的态度对待我们的优秀文化传统，在继承的基础上培育和弘扬我们的民族精神。与此同时，还要积极吸

① 江泽民：《在全国抗洪抢险总结表彰大会上的讲话》，载《文汇报》1998 年 9 月 29 日。

收、借鉴世界各民族文化的优势和长处。在日益开放的全球化时代，民族精神的弘扬和培育离不开与世界各种文明的对话，需要我们坚持“洋为中用”的原则，积极适应世界文化交流、交融、交锋更加频繁的趋势，着眼于民族精神的长远发展，以我为主、为我所用、择善而从，以更加自信的心态、更加开阔的视野，吸纳百家优长、兼集八方精义，使民族精神的培育和弘扬不仅植根于民族优秀传统文化的沃土，而且符合世界发展进步的潮流。

其三，重在教育，贵于坚持和创新。从青少年抓起，进行民族精神教育，是弘扬和培育民族精神的重点。为此，我们要加强中华文化教育、历史教育，使全体人民了解祖国的悠久历史和灿烂文化；深入开展基本国情、时事政策、改革开放和现代化建设辉煌成就教育，塑造中国特色社会主义国民意识，促进人们的思想解放和观念更新；使每个公民对自己在一定社会关系和国家生活中的权利、地位和行为方式有自觉认识，主动地把自己的思想和行为与中国特色社会主义现代化建设相统一。创新是文化的本质特征，也是民族精神的本质特征。当下，各种思想文化相互激荡，我国文化赖以生存的经济基础、体制环境、社会条件发生了深刻变化，我们要按照“面向现代化、面向世界、面向未来”的要求，对民族精神弘扬和培育的历史与现状进行冷静审视和反思，清醒认识存在的问题、差距和不足，着眼于解放和发展文化生产力，着眼于增强教育的吸引力、感染力，大力推进内容、形式创新；着眼于提高民族精神传播力，大力推进传播手段创新。

我国社会流动境遇中的价值诉求、冲突和方向*

在改革开放推进下，我国社会人员流动加速，多样发展加快，呈现出丰富多彩、充满活力、欣欣向荣的局面。随着改革开放的深化和各种利益关系的调整，深层次的新问题不断涌现，特别是竞争机制的推动，使社会人员流动的价值取向在一定范围出现多样性、多重性、多变性的状态，局部甚至出现一定程度的价值冲突。为了进一步坚定中国特色社会主义现代化建设的前进方向与基本准则，党中央及时提出了建设社会主义核心价值体系的战略任务，为维护社会稳定，增强民族凝聚，推进中国特色社会主义现代化建设有序、顺利发展提供了坚强有力的保证。

一、我国社会人员流动与价值取向的新要求

我国实行改革开放以来，特别是市场体制的建立和社会信息化的发展，推进社会人员流动加速，使社会发展加快，呈现出充满活力的竞争局面。

第一，经济结构的调整促进社会人员流动。经济结构的调整与变化，是社会人员流动的深层原因。由产业结构调整引起的全社会范围人员流动表现为从重工业向第三产业、电子、信息等行业的流动；从国有企业向民营、私营企业的流动。城市产业结构调整，引起个体在行业之间横向流动或水平流动日益频繁。改革开放以来，东南沿海地区承接港澳的产业结构转移，中西部地区人员大量向东南沿海地区流动。进入 20 世纪 90 年代，东部经济发达地区面临产业升级。实施西部发展战略以来，人员也开始向西部流动。在所有制结构上，我国根据生产力发展的要求，确立了以公有制为主体、多种所有制经济共同发展的格局，促进人员从农村到城市、从国有企业到私营企业的流动。在经济结构调整的推动下，我国流动人口剧增，东部城市，尤其是珠江三角洲、长江三角洲地区的城市，成为我国流动人口的聚集地，形成了人口东部聚集、中部密集、西部稀疏的“三带”状况。农民工群体，成为我国产业工人中人数最大的群体。异地就业、创业成为现代人重要的经济和

* 原载于《深圳大学学报（人文社会科学版）》2010 年第 2 期，作者郑永廷、张雅琴，收录时有修改。

社会活动。经济体制的深刻变革，社会结构的广泛变动，利益格局的不断调整，带来了价值观念的深刻变化。人们思想活动的独立性、选择性、差异性明显增强，在遵循主导价值发展取向的同时，一些偏离甚至违背社会核心价值方向的价值观念有所滋生，影响社会和谐的价值观与行为时有出现。以社会主义核心价值体系引导多样性价值诉求、价值取向，迫在眉睫。

第二，城镇化发展和管理体制的变革，推进城乡之间和单位之间的人口流动。改革开放初期，我国农村人口流动主要采取兴办乡镇企业、就地职业转换的方式。进入 20 世纪 90 年代，随着市场化和现代化进程的加快，我国的城市化水平明显提高。1982 年至 2005 年，我国流动人口由 657 万增至 14735 万，23 年间增加了 21 倍，流动人口占全国总人口的比例由 0. 64%增至 11. 28%。[①] 到了 2009 年，全国大约有 2. 3 亿农村人口进入城市工作、生活。这些数据说明，我国的城镇化道路加快了人口流动。

城乡结构发生变化，社会组织与管理体制加快改革的过程促进了“单位人”向“社会人”的转变，加快了社会人员流动。在我国计划经济体制下，职工以“单位人”的身份维系稳定，个人流动和换岗很少。改革开放以来，“小而全”单位式的管理体制逐渐向专业化管理体制转变，催生了社区管理模式的形成，农村社区开始推行村民自治，城市社区开始实行新的社会化管理，企业与事业单位的招聘制逐步得到推广，行业之间、单位之间、岗位之间流动加快，个人与家庭的住所流动、休闲流动、相互交往增多。一方面，这些流动推进了新社区、新城镇的发展；另一方面，在流动与互动中，通过竞争与比较，人们逐渐从依靠稳定组织安排的模式中走出来，各种意识开始觉醒，开放、自主、自强意识不断增强。特别是许多人面对从流动中受益但受益不均、拥有发展机会但机会不等、增加收入但收入差距拉大的现实，往往各有得失与喜忧。现实利益与价值观在经受现实洗礼与冲击之后，常常呈现进步与落后、积极与消极、稳定与冲突交织的波动状况，从而加大了社会价值取向的复杂性，使社会主义核心价值体系主导多样价值取向面临新课题。

二、社会人员流动过程中的价值取向矛盾

应当肯定，社会人员流动是社会开放的体现、社会竞争的结果、社会进

---

① 李薇：《我国人口省际迁移空间模式分析》，载《人口研究》2008 年第 4 期。

步的标志。也应当看到，社会在流动过程中，总是既充满活力与生机，也存在矛盾与曲折。尽管多数人能够坚持我国社会主义核心价值的主导地位，但难免有些人在不同场合、不同时间追求不当甚至错误的价值。分析社会人员流动过程中价值取向的矛盾，进行合理引导与化解，是推进社会正常流动，激发社会活力与生机，保证社会稳定，促进社会协调发展的重要保证。

社会人员流动过程中的价值冲突，主要表现在三个方面。

第一，一些流动群体与个体价值取向的多样性与我国社会核心价值主导性的矛盾。所谓价值取向的多样性，主要包含两个层次的内容。一是指不同流动群体与个体价值取向的差异性。这种差异性是社会主义市场经济体制赋予社会主体与个体自主性与竞争性所形成的。在开放社会环境中，人员流动过程不仅受地域、单位客观条件与政策的制约与影响，形成了不同类型的群体，而且在竞争过程中受主观条件与认识的支配，不同群体获取利益的动机、取向、方式不同，因而在价值选择与价值实现方式上必定存在差异，也就是不同阶层群体、不同行业团体、不同职业个体有不同的价值侧重与实现方式。二是指少数流动群体与个体在不同场合价值取向的多重性。社会的多样化与复杂性，人的差异性与个性化，逻辑地包含着社会主体与个体价值取向和实现方式的多重性，即有些社会主体与个体在流动时，受功利价值观支配，在公与私、真与假、善与恶、美与丑、荣与耻的关系上，表现出性质交错的观念与行为，具有不同的人格特征。有些青年因为价值观尚未完全确定，缺乏社会生活经验，或仿效，或受骗，或从众，表现出诸如价值认知与价值行为失衡、在现实公开场合富有道德而私下行为缺乏德性、对社会与他人要求高而对自己要求低的价值多重性。对我国社会流动过程中出现的价值取向多样化现象，一些研究者进行了描述与概括。有学者把我国社会的价值观概括为八个方面，即“改革开放价值观、和传统市场经济相适应的资本主义价值观、享乐主义价值观、个人主义价值观、爱国主义价值观、共产主义价值观、特殊事业的价值观和小团体主义价值观”①。有学者指出，我国社会价值取向的主要问题是“功利主义与拜金主义、实用主义与短期行为、个人本位主义与极端利己主义、世俗化与物欲横流、理性主义与非理性主义”②。这些概括的角度不同，但都反映了我国社会在转型、流动过程中多

---

① 陈建国：《价值观的冲突及互补价值论》，载《社会科学》1996 年第 8 期。

② 陈刚：《文化转型时期的价值关怀——当代国人的精神危机及价值重建》，载《南京社会科学》1995 年第 2 期。

种价值观并存的事实。这些不同性质、不同层次的价值取向，在社会竞争中以不同方式、不同程度表现出来，与我国社会主导价值取向形成了一定张力。

第二，部分流动群体和个体价值取向的单一性与我国社会核心价值取向全面性的矛盾。马克思主义是在批判资本主义社会“物的依赖性”、人的异化、生产力与生产关系尖锐矛盾的基础上，揭示社会主义社会必然产生的规律，并强调社会主义社会是全面、协调发展的社会，提出人的全面发展是社会发展的最高目标。我国始终坚持马克思主义关于社会发展与人的发展理论，特别是改革开放以来，根据社会发展的实际与需要，先后提出社会主义物质文明、精神文明、政治文明、社会文明、生态文明全面、协调发展战略，强调人的全面发展，创立了科学发展观与社会主义和谐社会理论，从全局与长远发展的高度，确立了我国社会总体发展取向。

应当看到，在市场经济体制下，物质利益的实现是利益主体发展的前提，有些社会主体和个体往往忽视社会全局与长远发展的取向，采取流动的方式追逐物质利益，把物质利益作为判断价值有无以及价值大小的唯一标准，导致了物质价值取向的单一性和以物质价值替代其他价值的倾向。在一些流动群体与个体中，之所以会出现单一物质价值取向，是因为在竞争中，能够显示利益上的差距的物质、科技成果会受到重视，而其后的思想道德则因难以被量化、指标化以及其作用难以被直接感受到而被忽视。这种单一物质价值取向偏离我国社会全面、协调与可持续发展要求和人的全面发展目标，不可避免地会产生利益矛盾与冲突。同时，追求单一物质价值取向的社会主体与个体，也因忽视长远目标与社会规范，导致心理困惑、精神疾病增多与精神动力不足而难以获得更大的物质财富。

第三，有些流动群体和个体价值取向的即时性与我国社会核心价值取向坚定性的矛盾。改革开放以来，我国制定了“一个中心，两个基本点”的基本路线，确立了要把我国建设成为富强、民主、文明、和谐的社会主义强国的远大目标，提出了树立中国特色社会主义的共同理想，充分反映了我国人民的美好愿望与价值追求。中国特色社会主义的坚定方向，振兴中华的宏伟目标，越来越成为鼓舞广大人民推进现代化建设的动力源泉。但是，也应当看到，在当代社会急速转型的环境中，各种性质的不确定性、不稳定性因素不断增加，突发事件与风险频繁发生，自然灾害也在增多。这些难以被人们预料的情况，既可以考验、锻炼人们的意志与对目标的坚定性，也容易使有些人形成“即时性”价值观念，就是“当下即是”、当即满足的行为。这种价值取向或以追求眼前、现实的享乐为目的，或以获得感性刺激为满足，或以实用主义为特征，强调功利、只顾眼前的“实惠族”，“不求天长地久，只求曾经拥有”的“行乐派”，正是这一价值取向的写照。这些人对关于民族、国家的责任淡漠，缺乏对全局利益与长远目标的理性思考，正如西方马克思主义者鲍曼所说的那样，不制订长期计划或不进行长远投资；不要同任何特定的地方、人群、事业有太紧密的联系，甚至不要过久地保持自己的某种形象，以免发现自己不仅不安定、四处漂泊而且根本就没有精神支柱。

为了动员、团结我国各族人民为实现中国特色社会主义现代化建设的共同理想而奋斗，增强民族凝聚力，提高国家软实力，针对我国社会在价值取向上的矛盾，党的十六届六中全会提出了建设社会主义核心价值体系的战略任务，指出：“马克思主义指导思想，中国特色社会主义共同理想，以爱国主义为核心的民族精神和以改革创新为核心的时代精神，社会主义荣辱观，构成社会主义核心价值体系的基本内容。”党的十七大报告深入阐述了建设社会主义核心价值体系的内涵与价值，强调了社会主义核心价值体系是社会主义意识形态的本质体现，要求全党、全国各族人民共同建设社会主义核心价值体系，增强社会主义意识形态的吸引力和凝聚力。

三、社会主义核心价值体系的主导思路和方式

所谓价值体系，就是一定社会主体以其需求为基础，对主客体之间的价值关系进行整合而形成的观念形态，集中体现社会主体的追求、理想、需要和根本利益。一个社会的核心价值体系，是一个社会的灵魂与旗帜，是引导、规范社会多样化和个体特色化的方向与准则，是推进社会与个体发展的思想基础与保证。一个社会如果没有明确的核心价值体系，则难以维系和发展的。正如西方思想家威廉·A. 多诺休所指出的，如果一个社会没有主导的价值观，个人随意选择接受某个规范或价值，随意放弃其不同意的东西，这对于社会的存在是颠覆性的；道德的大杂烩是道德的灾难，它将破坏自由的美妙前景。在现代社会频繁流动的境遇中，主体利益多元化、价值取向多元化、道德观念多样化、精神文化多元化是客观事实，也是重大挑战，因而要对社会流动群体和个体进行必要的价值整合，形成一种为社会流动人员普遍接受和认同的核心价值观念，达成一种统一的、开放的、内洽的价值共识，从而形成社会流动境遇中社会成员普遍合理的精神文化生活秩序。为此，要建立多元价值观中的一元共识，形成广泛而稳固的社会基础，也就是

说，以社会主义核心价值体系为主导整合多元价值。主要思路和方式有三点。

第一，充分认识和发挥社会主义核心价值体系在社会人员流动中的主导作用。

正确驾驭我国社会的流动发展、多样化发展，必须立足全局与长远，从整体上把握社会发展的趋向与准则。社会主义核心价值体系正是具有明确方向性、整体性、统领性特点的思想体系，其内容对我国社会发展具有坚持正确方向、指向明确目标、提供巨大动力、遵循基本规范的主导作用。其一，马克思主义是我们党和国家的根本指导思想，是社会主义核心价值体系的灵魂和旗帜，决定着我国社会的性质和方向。坚持马克思主义的指导地位不动摇，用坚定正确的方向引导社会正常流动，引领多样价值取向，最大限度地形成思想共识，奠定快速发展的思想基础。其二，中国特色社会主义共同理想体现我国人民对美好前景的向往和追求，是凝聚社会、鼓舞人民的伟大目标。我国已经形成的经济成分、组织形式、就业方式、利益关系和分配方式的多样化，即流动发展格局。面对这种多样、流动发展的态势，必须确立一个能够代表广大人民根本利益、为社会各个阶层、各族人民认可和接受，能有效凝聚各个方面智慧和力量的共同理想，从而把人们多样的价值取向向更高目标整合，形成强大的感召力和凝聚力。其三，民族精神和时代精神为社会发展提供强大动力。以爱国主义为核心的伟大民族精神，已经深深地融入我们的民族意识、民族品格、民族气质中，成为各族人民团结一心、共同奋斗的价值取向。以改革创新为核心的时代精神，是马克思主义与时俱进的理论品格、中华民族自强不息的精神与现代化建设实践相结合的伟大成果，已经深深渗入我国现代化建设的各个方面，成为各族人民不断开创中国特色社会主义事业新局面的强大精神力量。这两种精神实际上是植根于民族与时代的全局精神、现代精神，有了这种精神才有面向社会的发展动力与竞争力，才会在流动中争取主动与成功。其四，社会主义荣辱观为社会发展与流动提供基本规范。以“八荣八耻”为主要内容的社会主义荣辱观，是与社会主义市场经济体制相适应、与社会主义法律规范相协调、与中华民族传统美德相承接的基本规范的全面概括，旗帜鲜明地指出了应当坚持和提倡什么，反对和抵制什么，为全体社会成员，不管在什么场合、时间、岗位，进行行为得失判断和价值取向选择，提供了基本的准则，是推进社会有序流动，维护社会稳定发展的坚强保证。总之，社会主义核心价值体系四个方面的内容是一个有机统一的整体，既体现了社会与个体发展的无限潜能与活力，也明确了社会与个体发展所应遵循的方向与规范。因此，必须充分认识和发挥它在社会人员流动、社会发展过程中的主导作用。

第二，切实把社会主义核心价值体系转化为流动人员的自觉追求。

马克思曾经说过："历史不过是追求着自己目的的人的活动而已。"[①] 在市场经济体制和社会主义民主政治条件下，人们的行动、活动、流动有了自主权，人们向往什么、追求什么、选择什么，也有自由性。但是，这种自主权与自由性，在一定社会条件下，都不是随心所欲、毫无制约的。人都是社会的人、现实的人，"我们不是从人们所说的、所想象的、所设想的东西出发，也不是从只存在于口头上所说的、思考出来的、想象出来的、设想出来的人出发，去理解真正的人，我们的出发点是从事实际活动的人"[②]。只有从现实出发，从人们的多样性价值取向出发，研究价值观念及其实现方式的发展变化，才能正确把握价值主导与价值多样的辩证关系。应当看到，社会群体与个体是千差万别的，不仅主观条件有差异，而且在流动过程中所受的客观影响不一样，如果仅仅凭借自己的经验、限于自身利益进行价值取向与行为方式选择，可能会脱离实际，甚至背离社会主义核心价值体系。应当看到，在激烈的社会竞争中，错误价值观念的支配可能使社会卷入物质主义、享乐主义的恶浪，人驾驭不了商品、金钱的冲击而成为它的奴隶，追逐本能，寻求感官刺激，满足非理性快感，情感冷漠残忍。为此，必须引导人们在流动发展、获取利益过程中，坚守社会主义核心价值体系，超越自身经验与个人利益的局限，掌握选择价值取向与行为方式的理论根据与基本准则，把个人与社会、时代结合起来，把政治理想、道德理想与事业理想，把德性与智能，把物质利益和精神动力有机结合起来，形成全面结合的目标体系、行为规范和价值取向。

第三，切实按社会主义荣辱观来规范流动行为。

用社会主义核心价值体系开展教育、进行引导是必要的，但这并不能保证每个人在流动过程中，特别是在缺乏管理与监督的情况下，都能自觉坚持社会主义核心价值体系的主导地位，也不能强求每个人都追求唯一的价值。这是因为，丰富多彩的社会生活和各具特色的社会个体具有无限的潜能与活力，其价值观念与实际取向必然存在差异性与多样性。这种多样性表现为个体价值追求的具体性、分散性与实现方式的特殊性，全社会不可能在价值取

① 《马克思恩格斯全集》第2卷，人民出版社1957年版，第118页。

② 《马克思恩格斯选集》第1卷，人民出版社1972年版，第90页。

向与价值实现方式上完全同一。但是，民族要凝聚，国家要发展，社会要和谐，不可能让社会成员各循其道、各遵其规。对背离社会主义核心价值体系主导，突破社会主义法治、道德规范的错误行为，就要按社会主义荣辱观进行规范和处理，对违反法纪的行为要追究，对无耻行为要坚决制止，这是保证社会稳定与健康发展的必要举措。如果让违法乱纪、缺德无耻行为放肆妄为，必定使社会人员流动受阻，社会稳定受挫，社会发展受损。因此，社会各个领域、各个单位要按照社会主义荣辱观的原则规范，结合具体实际，把应当坚持什么、倡导什么，抵制什么、反对什么，惩罚什么、追究什么的问题具体化，把社会主义核心价值体系融入人们的实际工作、社会交往与生活中，帮助人们具体把握荣辱向度和区别，自觉履行社会主义法纪与道德职责，抵制或反对违法乱纪、缺德无耻行为。

当然，社会流动人员集中地区的价值共识绝不是自发形成的，它需要各种文化主体的积极参与和引导，需要对不同思想意识、价值取向进行合理、有效的整合，这一过程必然是一个不同思想意识、价值取向相互碰撞、相互融合的过程。因此，形成价值共识，建立广泛而稳固的精神堤坝，必将是一个在社会主义核心价值体系的主导下，各种价值冲突、各种精神张力逐渐消解和共同价值理想逐渐形成的实现过程。

现代视域下传统和谐思想的价值转换*

和谐是中华民族传统文化的精髓所在，和谐社会是中华民族梦寐以求的理想社会，“人和政通”是中华民族千百年来“安邦立国”的宏图伟略。一定的文化总是历史的、时代的、民族的，它由民族群体在共同的社会环境中创造，由民族成员在共同的历史传承中完善和弘扬，植根于民族群体的土壤，折射民族群体的特征，维系民族群体的过去、现在和未来。因此，从现代视野出发考察中华传统和谐思想，特别是其当代价值及其转换，对于中华民族的伟大复兴、社会主义和谐社会的建设，具有重要意义。

一、传统和谐思想的历史渊源

和谐指的是不同事物之间和衷共济的状态，以及反映这一状态的精神观念，以“和风细雨”的非对抗方式解决问题与矛盾的途径和方法。中华传统文化中关于“和谐”的思想源远流长，早在三千多年前，甲骨文和金文中就有了“和”字。“和”之意，即协同、调和。“谐”字最初见于《尚书·舜典》的“八音克谐，无相夺伦”。后代学者将“和”“谐”二字连缀成“和谐”词，意义未变。古代圣贤们的思想和观点告诉我们，和谐不仅是不同事物之间协和共存的条件，而且是产生新事物的活水源泉。和谐，作为一种思想，是中华民族传统文化精神的精髓。中国优秀传统文化中对和谐问题的论述强调了人伦和谐和天人和谐，建立平等、互助、协调的和谐社会一直是中华民族的美好追求。

“和”文化可谓源远流长。《孟子》中有“天时不如地利，地利不如人和”。《礼记》指出：“和也者，天下之达道也。”中国人自古就奉行“和气生财”的信条。在我国古代文化中，《易传》所谓的“保合太和”，孔子所言的“致中和”，道家主张的“合异以为同”，张载的“天人合一”，等等，都是和谐文化的重要组成部分。关于和谐社会的理想境界则始见于《诗经》中的“乐土”、《老子》中的“玄同”、《墨子》中的“尚同”及《礼记》

* 原载于《现代哲学》2006年第5期，作者詹小美、郑永廷，收录时有修改。

中的“大同”。儒家在其经典《礼记》的《礼运篇》中，提出了“大同”的社会模式。在这个社会里，财产公有，人人平等，社会和谐。“大道之行也，天下为公”表明在大同社会中财富应为全体社会成员所有，不可私人占有，最终使整个社会实现“老有所终，壮有所用，幼有所长……男有分，女有归”。“大同”社会反映了人们对原始和谐状态的怀念和向往。儒家主张“泛爱众”“因民之所利而利之”（《论语·尧曰》），力图建立一个君爱民、民尊君、施仁政、薄税敛、行教化、轻刑罚、救孤贫、老安少怀的和谐社会。《论语·季氏》说“均无贫，和无寡，安无倾”，把“和”视为一个处理人际关系的准则，强调社会的和谐。《论语·学而》说“礼之用，和为贵”，明确把和谐视为全社会应当遵循的共同价值准则。团结统一，爱好和平，就是谋求民族、国家内部的和谐以及与其他民族、国家的和平相处。儒家的社会模式，对后来的中国历史产生了深远影响。在近代史上，洪秀全、康有为、孙中山都曾把“大同”作为中国理想的社会模式。康有为历经十八年之久，上览古昔，下考当今，近观中国，写出了贯通古今中外的《大同书》。毛泽东在1949年新中国成立前夕所写的《论人民民主专政》一文中指出，虽然康有为写了《大同书》，但康有为没有也不可能找到一条到达大同的路；而共产党人则找到了这条路，这就是经过人民共和国到达社会主义和共产主义，实现消灭阶级和世界大同。党的十六届四中全会《决议》提出的“和谐社会”的概念则是在新的历史条件下对祖国优秀传统文化的继承和高扬。

二、传统和谐思想的主要内容

第一，“民惟邦本”。

孔子曰：“大畏民志，此谓知本。”（《大学》四章）人民有伟大的力量，执政者应该懂得敬畏人民的意志，把人民视为安邦立国的根本。这一思想被后代学者概括为“民惟邦本，本固邦宁”（《尚书·夏书·五子之歌》）的民本思想。清代学者阎若璩认为“五子之歌今文无，古文有”，“民惟邦本，本固邦宁”一语是东晋学者梅颐根据后代学者的思想所加的。其实，民本思想早在夏朝初年就已萌芽。据《尚书·夏书》所载，夏初之时，统治者就已经产生了“民可近，不可下”的思想。所谓“众非元后，何戴？元后非众，何以守邦”（《国语·周语》），意思是说，民众是守卫邦国的力量，因此，“元后”（夏王）不能没有民众。商周执政者认为“国将兴，听于民”（《左传·庄公二十三年》），故应“施实德于民”（《尚书·盘庚》）。周公更为明确地指出：“天惟时求民主……作民主。”（《尚书·多方》）这是中国历史上关于“民主”一词最早的记载，具有“为民作主”之意。春秋战国时期是民本思想空前高涨的时期。孔子主张“庶民”“富民”和“教民”（《论语·子路》），反对残害人民的“苛政”，痛斥“苛政猛于虎”（《礼记·檀弓》）。孟子创立“仁政”学说，提出“贵民论”，认为民众是立国之本，应该“保民而王”，像夏桀、殷纣王那样“残贼仁义”的独夫，人民将他们杀死，是“诛一夫”，而不是“弑君”（《孟子·梁惠王》）。荀子则说：“君者，舟也；庶人者，水也。水则载舟，水则覆舟。”（《荀子·王前》）这种思想承认人民具有推翻统治者的力量，对后代皇帝唐太宗等人影响很大。

汉唐以来，民本思想更加深入人心。唐太宗主张“治国以民为本”，对汉族和少数民族实行“爱之如一”“一视同仁”的政策，形成了全国各族“和同为一家”的局面（《旧唐书·吐蕃传》）。张载主张“民吾同胞，物吾与也”（张载《正蒙·西铭》）。王夫之认为“无民而君不立”（《周易外传》卷二）。黄宗羲则谴责“君主以一人一姓之利夺天下之利”（《明夷待语录·原君》），大声疾呼建立以“天下之法”代替“一家之法”的和谐社会（《明夷待语录·原法》）。黄宗羲这一反对专制制度的思想，不仅将古代传统的民本思想发展到了最高水平，而且具有了某种民主思想的先兆。近代以来，许多引领时代前行的先进人物，在继承古代民本思想的基础上，学习和借鉴了西方社会关于民主自由的价值理念，据此描绘了近代中国和谐政治的宏伟蓝图。康有为、梁启超等人主张“兴民权”“设议院”，而以“博爱济众，爱人利物”（《大同书·奖人》）为宗旨。孙中山认为他的民权主义“是以人民为主人，是四万万人民作主”①，又说孔子的“大道之行也，天下为公”是“主张民权的大同世界”。② 由此可见，中国近代政治家，不论是改良派还是革命派，他们的政治理论都镌刻着古代“行仁政”“公天下”的民本思想的印记。

第二，“兼听有容”。

西周末年太史伯说：“和实生物，同则不继。”所谓五味相和方能做出

---

① 广东省社会科学院历史研究室、中国社会科学院近代史研究所中华民国研究室、中山大学历史系孙中山研究室：《孙中山全集：1890—1911》第1卷，中华书局1981年版，第461页。

② 广东省社会科学院历史研究室、中国社会科学院近代史研究所中华民国研究室、中山大学历史系孙中山研究室：《孙中山全集：1924. 1—1924. 3》第9卷，中华书局1986年版，第262页。

可口的佳肴，六律相和方能产生悦耳的音乐，执政者只有“择臣而谏”，听取不同意见，方能造成“和乐如一”的政治局面（《国语·郑语》）。这就是说，要达到政治和谐，执政者就应该“兼听有容”，不能好同恶异，排斥异己。然而，作为一种政治理念，兼容的思想并非始于此。据载，尧舜之世曾设谏鼓、谤木，闻鼓以招谏者，树木以供书写建议，或有泄愤攻讦者亦不追究。《晋书·王沉传》曰：“自古圣贤，乐闻诽谤之声，听舆人之论。”“舆人”最初是指造车的劳动者，后来泛指没有做官的民众。在这里，乐于听取“诽谤之声”和“舆人之论”者，应当包括尧舜等华夏民族滥觞时期的前贤先哲在内。西周初年，朝廷就已形成了听取“国人”议论朝政的惯例。大凡邦交、用人和立君等国家大事，或者遇到“国危”“国迁”等重大问题，国王和诸侯都要“朝国人”“朝众”，举行御前会议，听取民众和大臣的意见。可见兼听臣民之论，乃是周王朝的历史传统。

春秋时期，许多思想家都主张庶人议政。郑国有人提出“毁乡校”，子产不同意，并斥之，让人民在乡校中“议执政之善否。其所善者，吾则行之；其听恶者，吾则改之。是吾师也，若之何毁之”（《左传》襄公三十一年）。子产位居郑国之相，虚怀若谷，把批评他的人视为老师，真可谓“宰相肚里能撑船”。孔子说：“天下有道，则庶人不议。”（《论语·季氏》）历来论者皆以此为据，认为孔子反对庶人议政，其实不确。“不议”之意不是不准议，而是不用议。在孔子看来，“有道”的社会，民忠君，君仁民，上下一致，庶人何必议政呢！国人议政是西周的传统，孔子十分向往西周；子产反对“毁乡校”，曾受到孔子的赞许；孔子主张“和而不同”，把“同而不和”、排斥异己之徒称为“小人”。如此看来，孔子自己怎会反对庶人议政呢？

唐初贞观年间“君臣论治”的基本思想就是兼听有容。唐太宗问：“人主何为而明，何为而暗？”魏征答：“兼听则明，偏听则暗。”唐太宗补之曰：“以铜为镜，可以正衣冠；以古为镜，可以知兴衰；以人为镜，可以明得失。”（《贞观政要·任贤》）正是由于唐太宗的善于纳谏，广开言路，听取逆耳忠言，魏征等大臣“犯颜切谏”，所以唐初政治清明，社会安定，经济发达，史称“贞观之治”。“兼听则明，偏听则暗”的至理名言，亦因此成为千古传诵的良言警句，时至今日，仍不失其耀眼的光芒。明清两代，封建专制制度的极端强化，兼容之风日趋减弱。然而，随着近代资本主义因素的产生，无数的仁人志士在学习西方民主自由理论的同时，重新挖掘、升华和提炼了中国传统的兼容思想，以“中体西用”为特色的新的兼容思想，开始出现在中国近代的论坛上。

三、传统和谐思想的现代价值转换

以“民惟邦本”和“兼听有容”为基本内容的传统和谐思想，是中华民族精神和政治文明智慧的历史结晶。几千年来，它对中华民族的统一和中国社会经济、文化的发展都起到了积极的作用，进而成为以“礼仪之邦”“以和为贵”著称于世的中华民族不可须臾丢失的传世之宝。我们研究传统和谐思想就是要继承这份遗产，保持其合理内核，对其落后和负面的内容进行现代价值转换。

第一，和谐思想是维护中华统一、国家长治久安的灵通宝玉。

传统和谐思想把“民惟邦本”作为治国安邦的行动指南，一方面，主张博爱济众、以德治国、与民休息、轻徭薄赋，倡导选贤任能、德才兼备，使“德高者在高位”，大小官员以“修齐治平”为己任，做到“敬士爱民”；另一方面，对臣民施行道德教化，以高尚的道德“化民成俗”，使天下民众“明人伦”“讲仁义”“爱国家”。通过这两方面的有机结合，使官吏廉正奉公，民众安居乐业，社会和睦协调，国家人和政通，进而造成中华民族大一统和长治久安的政治局面。这对中华多民族国家的政治稳定、经济发展和文化繁荣提供了十分有利的条件。再加上实行减轻剥削、“省刑约治”和“反贪倡廉”等多种整治社会、发展生产的措施，推动经济的发展和社会的进步，出现了如“文景之治”“开元盛世”那样的太平景象。几千年的历史表明，传统和谐思想是人民团结、社会稳定的政治纽带，是维护国家长治久安的“灵通宝玉”，至今仍然具有较大的生命力。我们应该继承和发扬这种优良传统，培养独立自主的公民意识，形成“官爱民、民拥官，官民一致，上下一体”的和谐团结局面。

第二，和谐思想是推动中华民族文化不断发展的思想源泉。

传统和谐思想认为，不同的事物之间的“和”使“丰长而物归”；不同政见之间的“兼容”，是形成“和乐为一”的重要途径。把这种思想运用到文化领域，就是承认文化的多样性，让不同的思想在自由辩论中互相交流、渗透和竞争，促进文化的繁荣。在中国历史上，凡是政治环境相对宽松之际，文化就比较发达，而文化的发达又反过来推动了经济的发展和社会的进步。春秋战国时期，由于西周奴隶制度的崩溃，“百家争鸣”出现，结果秦汉创立了“大一统”国家。唐初实行“兼收并蓄”的文化政策，儒、佛、道并存，相互交流和融合，从而促进了封建文化的空前繁荣，推动了“贞观之治”“开元盛世”的出现。特别是清末民初，随着君主专制制度被推翻，不仅以“打倒孔家店”为旗帜的中国民主思想蓬勃发展，还有多种外来的学说如实用主义、社会进化论、无政府主义等纷至沓来，马克思主义也在此时传入中国。各种思潮在中华大地共存较量，优胜劣汰，良长莠消。经过比较与鉴别，中国人民选择了马克思主义，并把它和中国实际情况相结合，创建了中国共产党，经过长期的斗争，终于取得了革命的胜利，建立了新中国。几千年中国文化发展的历史表明，和谐不仅是不同文化共存的状态，而且是文化发展的动力。和谐共进来源于矛盾的对立统一，“从对立的东西产生和谐，而不是从相同的东西产生和谐”①。在和谐的发展过程中，多种对立的东西互相交融、吸收和斗争，产生新事物，从而推动事物的新陈代谢和社会的进步，使社会充满了活力。上述思想为我们建设中国特色社会主义文化提供了十分重要的启示。

第三，实现传统和谐思想负面影响的现代价值转换。

传统和谐思想的根基毕竟是古代自然经济和封建专制制度，在我们实现社会主义市场经济和社会主义民主与法治的今天，其不可避免地暴露出负面的作用和影响。一是传统和谐思想以封建帝王为主体，人民群众处于无权的地位。所谓“民惟邦本”“兼听有容”，其主体是封建帝王，目的在于维护“一人独裁”的制度于不坠，希望独裁者“以人为本”（《管子·霸王》）、“施仁政于民”（《孟子·梁惠王》），使人民“安分守己”“安贫乐道”，从而保证封建专制制度的长治久安。这是一种相对君主专制的思想，在历史上曾经对国家的统一和社会经济的发展起过积极的作用，但在本质上与现代社会主义民主与法治格格不入。在以人民当家作主为目标、以“自由人的联合体”为社会模式的今天，这种以维护君主专制为宗旨、以人治为特征的传统和谐思想，必然严重地阻碍当代中国的民主化和法治化的进程。二是传统和谐思想以等级划分为特征，特权等级成为社会的主宰。古代圣贤志士主张政治和谐，是在承认等级划分的基础上，通过维护社会和个人的“各安其位，自然自足”来实现的。他们认为，贫富贵贱、君臣上下是“天理”，治人者在上，治于人者在下，如同“天之自高，地之自卑；首之在上，足之在下”一样，是不可颠覆和改变的，甚至说“臣妾之才，而不安臣妾之位”是失礼的行为（《庄子·齐物论》），“大小之辨，各有阶级”，“以小

① 北京大学哲学系外国哲学史教研室：《古希腊罗马哲学》，商务印书馆1961年版，第19页。

求大，理终不得，各安其位，则大小俱足”（《庄子·秋水》）。这是一种维护等级制度和人格不平等的观点。这种观点要求劳动人民以牺牲人身自由、人格平等和自我利益为代价，去换取社会的安定。“人们自己创造自己历史，但是他们并不是随心所欲地创造，并不是在他们自己选定的条件下创造，而是在直接碰到的、既定的、从过去继承下来的条件下创造的。”① 社会主义和谐社会的构建也不例外，它是在一定的社会存在的基础上，由各种因素的交融渗透、经世代的积淀和选择而成。因此，我们必须立足于现代化建设的大背景，促进传统和谐思想的现代转型。兴其利，除其弊，弃其粗，取其精，使之与现代民主政治相接轨，创造稳定、团结、生动、活泼的政治局面，推进政治体制改革，为社会主义和谐社会建设提供丰富的政治资源。

社会主义和谐社会，不仅在原则上承认人民群众在国家政权中的主体地位，而且在运行机制上以制度化、规范化和程序化保障人民群众的民主权利。“没有民主就没有社会主义，就没有社会主义的现代化。”② 社会和谐不是少数人的事业，在新的历史条件下，承认“民惟邦本”，就是要承认广大人民群众是国家政治的主人，是推动社会历史前进的动力。作为传统和谐思想的重要内容，“兼听有容”指封建帝王听取臣民的意见，特别是逆耳忠言，以营造“和乐如一”“人和政通”的政治氛围，在历史上收到了一定的成效。在新的历史条件下，坚持新的“兼听有容”，不仅要“兼听”，而且要“兼顾”“协调”，使社会各利益群体都能根据自己的贡献和需求，共享社会改革的成果，实现社会各阶层利益的同步增长。坚持新的“兼听有容”，就是要坚持邓小平理论和“三个代表”重要思想，这是社会主义和谐社会在指导思想上的统一，体现了社会主义和谐社会的本质和以人民利益为核心的宗旨，并在这个基础上切实保障公民的基本权利。没有这个保障，社会主义和谐社会就会成为一句空话。

① 《马克思恩格斯选集》第1卷，人民出版社1972年版，第63页。

② 《邓小平文选》第2卷，人民出版社1994年版，第168页。

抗震救灾精神与思想政治教育*

一、思想政治教育为抗震救灾精神奠定思想基础

胡锦涛的《在抗震救灾先进基层党组织和优秀共产党员代表座谈会上的讲话》指出："万众一心、众志成城，不畏艰险、百折不挠，以人为本、尊重科学的伟大抗震救灾精神，是爱国主义、集体主义、社会主义精神的集中体现和新的发展，是我们党和军队光荣传统和优良作风的集中体现和新的发展，是中华民族民族精神在当代中国的集中体现和新的发展。"① 这是对抗震救灾精神的内涵、特点、实质所作的高度概括，充分展现了抗震救灾精神的民族特征与时代特征。

伟大的抗震救灾精神，是我国人民在中国共产党的坚强领导下，在抗震救灾的实践中共同创造的民族精神。它之所以能在突发与严峻的时刻迅速形成并发挥作用，除了缘于我国深厚的优良传统、社会主义制度与中国共产党领导的政治保证，以及改革开放以来我国综合国力迅速增强等条件，思想政治教育也是一个基本条件。民族精神，是人民群众对民族精神文化认同并受其孕育、激发，在实践中显现的精神动力与精神状态。要使民族精神文化为人民群众接受并付诸实践，其基本途径就是学习、教育，主要是思想政治教育。思想政治教育通过民族社会理想教育、爱国主义教育，把民众在为共同目标奋斗的实践中动员起来、凝聚起来；通过道德、法治教育，为民众的行为提供规范与协调的准则。思想政治教育为民族精神形成所奠定的是价值共识、思想基础与行为规范。

思想政治教育是我们党进行党和军队思想建设的传统，在高校是对学生进行德育的主要方式。思想政治教育是我们党的传家宝与政治优势。在艰难困苦的革命战争年代，是党所创造的思想政治教育，把成千上万劳苦大众动

---

* 原载于《思想教育研究》2008年第10期，作者罗姗、郑永廷，收录时有修改。

① 胡锦涛：《在抗震救灾先进基层党组织和优秀共产党员代表座谈会上的讲话》，人民出版社2008年版，第10页。

员起来、凝聚起来，形成了惊天动地的井冈山精神、长征精神、延安精神、红岩精神、西柏坡精神等革命精神，人们以英勇的革命精神用“小米加步枪”打败了“飞机加大炮”。在社会主义时期，我们党依靠思想政治教育，在艰苦探索、开拓创业过程中，铸塑了雷锋精神、铁人精神、焦裕禄精神、“两弹一星”精神，有力推进了我国现代化建设。在改革开放新时期，我们党改进和发展思想政治教育，在推进改革和中国特色社会主义现代化建设的伟大实践中，创造了解放思想、实事求是、与时俱进精神，敢于面向世界的竞争精神，抗洪精神与抗击“非典”精神，以及抗震救灾精神，推动着我国经济社会持续、快速发展。正是这些富有民族特征与时代特征的精神，既为革命与建设实践提供了强大的精神动力和思想保证，又为革命与建设创造了文化与精神财富；既是始终坚持并不断发展的思想政治教育所孕育的伟大成果，又是不断丰富思想政治教育内容与活力的源泉。

二、正确认识思想政治教育铸塑抗震救灾精神的特点

思想政治教育培育民族精神，与实践活动、文化体育活动孕育民族精神相比较，有着明显的特点。

首先，民族精神，特别是抗震救灾精神，是一种与国家、人民紧密结合的全局性精神，而不是狭隘的个体性精神；是体现爱国主义、集体主义、社会主义的理性精神，而不是一时的感情冲动；是我国优良传统的自觉弘扬与发展，而不是自发行为所导致。因此，这种全局性、自觉性、理性精神，只能通过如列宁在《怎么办?》一文中所强调的理论灌输，即理论教育，才能把只顾眼前利益、具体利益、个人利益的自发性，提高到追求长远利益、全局利益、国家利益的自觉高度，才能为实践提供长远的目标与持久的动力。否则，革命就会陷于自发的工联主义，现代化建设也会陷于自发的经验主义。因此，思想政治教育培育民族精神，与其他方式相比较，具有自觉升华精神境界的功能特点。

其次，思想政治教育的主要任务是要实现科学理论、正确价值观、良好环境因素在人们思想上的内化，丰富人们的精神生活，形成思想道德素质。由于人的思想、观念、精神的形成是一种内化与积累的方式，所以思想政治教育的作用是潜隐性的、渗透性的。正是这样的特点，使思想政治教育面临着市场体制所引发的功利主义倾向挑战。一些人以思想政治教育内容抽象、教学效果不好、不受欢迎为借口，忽视甚至轻视思想政治教育，并试图以其

他内容的教育代替思想政治教育。这种功利主义教育不可能帮助学生实现超越，也不可能有效培育民族精神。针对忽视大学生思想政治教育的倾向，党和国家站在面向世界竞争和实施人才强国的高度，确立了大学生思想政治教育的战略地位，提出了育人为本、德育为先的教育原则，保证了思想政治教育在培育民族精神和培养人才上的发挥作用。思想政治教育具有内化性、潜隐性、渗透性，但绝不是没有外显性。它的外显表现为持久性与激发性。所谓持久性，就是通过思想政治教育所形成的思想、观念与精神，将对学生长久发挥作用，使学生终身受益；所谓激发性，就是通过思想政治教育所积累的精神资源，能在关键时刻爆发出来，形成巨大力量。抗震救灾精神的迅速凝结，与我国长期坚持思想政治教育是分不开的。教化、教习可以改变人、提高人，使人的道德境界和精神面貌实现超越。因此，我们要以战略的眼光从长计议地认识和把握思想政治教育，特别是大学生思想政治教育。

第三，思想政治教育，特别是大学生思想政治教育，兼具生产性与消费性特点。思想政治教育的生产性，就是马克思和恩格斯在《费尔巴哈》一文中所说的“意识的生产”“精神生产”，就是运用一定的思想、政治、道德理论、知识，经过教育者与受教育者共同理解、认同，形成自己的观念与精神。这种属于个体的观念与精神，既不是所用理论与知识的简单复制，也不是个体的自发萌生，而是既包含理论与知识内核，又注入个体认知、情感，既属于个体专用，也是社会所需的精神产品。

思想政治教育的消费性，一方面是指在教育过程中，教育者与受教育者都要有必要的时间、精力付出，有理论与知识的投入和运用。没有时间与精力的付出，就不能形成自觉的、高层次的观念与精神。物质投入与运用往往是一次性的，而理论与知识的共享性，决定其投入与运用是反复性的。正因为如此，有些人更重视物质投入、物质生产、物质产品的价值，而忽视理论投入、意识生产、精神产品的价值。思想政治教育消费性的另一方面，是指思想政治教育在作用对象之外的消耗。思想政治教育的对象是具体的、现实的人或群体，但思想政治教育是在一定社会环境中进行的，人或群体也总是受各种环境因素影响的。特别是大学生，往往受环境因素的影响更大。环境的积极、正面因素，可以强化思想政治教育的作用与效果，反之亦然。因此，思想政治教育必须不断适应环境、选择环境、建设环境，必须抵消环境中的消极、负面影响，方能发挥思想政治教育的正面作用。衡量思想政治教育效果的好坏，必须考虑它为环境所作的抵偿。看不到这点，简单埋怨思想政治教育效果不好的看法是不全面的。

三、充分发挥思想政治教育培育民族精神的作用

思想政治教育在以不同于物质生产的方式与资源满足社会培育民族精神和青年学生丰富精神生活的需要。就学生需要的内容而言，学生精神生活的思想、政治、道德的基本内容也是明确的，学生对这些基本内容有所了解，并图新颖、求改进。学生在精神生活上的这种愿望与要求，一方面可以推进思想政治教育的改革与发展；另一方面也向我们提出一个问题，就是如何坚持民族精神培养与学生精神生活所需要的基本内容与主导价值，注重研究新情况、新问题，加强引导力度。

江泽民在第三次全国教育工作会议上曾经提出："在当今世界上，综合国力的竞争，越来越表现为经济实力、国防实力和民族凝聚力的竞争。无论就其中哪一个方面实力的增强来说，教育都具有基础性的地位。"民族凝聚力就是以爱国主义为核心的民族精神。在我国当代社会条件下，民族精神是民族性、社会主义性与时代性的综合。在高校，培育民族精神、弘扬抗震救灾精神，最根本的就是要始终坚持进行爱国主义、社会主义、集体主义的主旋律教育，进行社会主义核心价值体系教育。然而，主旋律教育、社会主义核心价值体系教育面临着两个发展新趋势与新挑战。

主旋律教育面临的第一方面的新趋势与新挑战是全球化与民族化发展。全球化与民族化的辩证关系既是主旋律教育、社会主义核心价值体系教育的重大实际问题，也是重要的理论问题。全球化发展趋势是不可改变的客观趋势，民族化发展是全球化发展的基点，两者既辩证统一，也相互矛盾；既相互结合，也相互冲突。我国高校的主旋律教育，面临着所谓全球化、现代化（西方化）的冲击与挑战。为应对这一挑战，就要站在面向世界的高度，敢于面对发达国家的强势经济、科技与文化压力，发扬我国思想政治教育的传统与优势，以强大的民族精神面向国际竞争，争取综合国力的迅速提高。当今的主旋律教育，就是要维护民族文化与社会主义意识形态安全，把学生合理地引导到民族竞争、民族发展、民族振兴的轨道上。

主旋律教育面临的第二方面的新趋势与新挑战是坚持一元主导与多样发展。我国基本的政治、经济制度，决定我国的意识形态必须以马克思主义为指导，坚持中国特色社会主义道路，坚信中国特色社会主义共同理想。大学生思想政治教育坚持一元主导，就是坚持市场体制和经济全球化发展的社会主义意识形态的主导地位；对外开放和多元文化激荡中的中华民族文化的主

导地位；科技发展和社会信息化条件下的人本主导；社会多样化和个体特色化发展的社会主义核心价值的主导地位。在认识和处理一元主导与多样发展的辩证关系中，大学生往往面临两种倾向的影响：一是理论形态的，即否定集体主义原则、指导思想的一元性和发展目标的一致性，主张个人主义和指导思想多化；二是实际形态的，即为求得多样化、个性化发展而忽视、突破必要的政治原则、法治规范与道德准则。这种用多样化取代、淹没社会主义意识形态主导性的倾向，正是思想政治教育所面临的新挑战。思想政治教育面临当前的新形势、新挑战，既要吸取过去只讲主导性，排斥多样性的教训，也要防止陷于多样性，忽视主导性的倾向。只讲主导性，就是在主旋律教育过程中的概念化、教条化、书本化倾向；陷于多样性就是教育内容边缘化、教育过程形式化、教育目标功利化倾向。这些教育倾向既不可能真正培育民族精神、增强民族凝聚力，也难以实现学生精神动力的增强和精神境界的超越。因此，高校主旋律教育只能在坚持社会主义意识形态一元主导的前提下发展多样性，在发展多样性的基础上坚持主导性。

新时期加强高校精神文化建设论*

江泽民在党的十六大报告中指出："当今世界，文化与经济和政治相互交融，在综合国力竞争中的地位和作用越来越突出。文化的力量，深深熔铸在民族的生命力、创造力和凝聚力之中。"高校是我国文化传播、交流、创造的重要阵地，研究高校文化建设对推进小康社会的文化发展无疑具有重要意义。高校文化包括物质文化、制度文化和精神文化，其中，物质文化是基础，是高校之形；制度文化是保证，是高校之规；精神文化是核心，是高校之魂。富有特色的高校文化主要是由精神文化决定的。针对当前高校文化建设的实际，本文主要研究高校精神文化的建设与发展。

一、高校精神文化及其现状

高校精神文化，是高校在长期的办学过程中所形成的办学理念、学校风格、学习风气、文化心理、理想信念、价值取向、伦理道德、团队精神和习惯传统等，表现为人文知识和人文精神两种形态。高校精神文化是高校的灵魂，是高校凝聚力和发展动力的精神源泉，是高校综合实力与竞争力的重要标志。富有特色的高校文化主要是由内在精神文化决定的，高校精神文化建设是高校文化建设的核心与关键。

在计划经济体制与封闭的社会条件下，我国高校精神文化基本上是单一的、政治化的、封闭的、依赖型的，表现为与世界、社会的隔离以及对上级教育机构的依赖。在这种情况下，高校缺乏主体性与开放性，不需要也没有可能很好地发展自己富有特色的精神文化，而只能陷于一种政治占主导地位的精神文化模式。改革开放以来，在对外开放和社会主义市场经济条件下，伴随着经济与科技的发展，高校精神文化呈现出张扬与彰显的发展趋势。各个高校的开放不断扩大，主体性不断提高，其开放的程度与主体性提高的水平主要取决于精神文化建设的途径与水平。

当然，有些高校虽然比以往拥有更大的自主权，教师和学生有了更多发

* 原载于《西安欧亚职业学院学报》2004 年第 4 期，作者郑永廷、王仕民，收录时有修改。

展自己个性的机会，但并没有从根本上解决精神文化的发展问题。究其原因，一是缺乏文化沉淀。精神文化的形成和建设是一个长期的过程，由于长期的精神文化单一化、模式化，很难在较短时间内体现和发挥精神文化的熏陶作用。二是缺乏文化自觉。面对各种文化冲击的应对力度不强，致使学校凝聚力差。在开放条件下，高校都面临着新兴文化与传统文化、本土文化与西方文化、通俗文化与严肃文化、高雅文化与粗俗文化的冲击与较量，高校精神文化处于相互交织、鱼龙混杂的局面。如果高校缺乏强有力的文化整合与引导能力，教师、学生就会呈现文化价值的多元取向，或者陷于文化价值选择的矛盾与困惑。三是缺乏对精神文化的价值认定，建设的动力不足。这是因为精神文化是一种看不见、摸不着的无形资源，主要表现为一种价值和取向，发展周期长，没有物质建设、制度建设那样的显现功能。特别是在市场体制的竞争过程中，一些高校领导往往只注重高校物质、专业的发展，以显示政绩，往往过分强调经济数量、物质条件、专业发展的决定作用，而忽视精神文化建设。长此以往，高校就必然出现经济的、物质的、学术的活动缺乏人文精神甚至没有合理性驾驭的局面，很容易把经济生活、物质条件、业务活动的一切方面“现实化”，包括合理的和不合理的，都作为能满足人需求的合理的“现实”来看待，也容易把精神文化当作经济的消极派生物，使其处于依附地位而丧失自身的能动作用和文化价值。

传播、创造先进的科学文化与精神文化，本应是高校的职责与使命，高校一向被人们称为高雅文化的殿堂。然而，一些高校存在明显商业化、外在化倾向，忽视精神文化的现象，其原因是许多高校领导对我国坚持“以经济建设为中心”，以及在市场经济条件下竞争加剧，凸显个人物质需要、经济价值追求的认识不全面。他们往往只看到物质的、科技的成果等能被量化、指标化的有形物，看不到隐藏在后面的、很难展示差距和被直接感受其存在与作用的精神动力与道德品质。这就是普遍存在的所谓功利、眼前、外在物质、价值取向盛行，而人文、长远、内在精神价值取向淡化的原因。这种物质和精神、科技与道德、眼前与长远不平衡的价值取向，不仅导致高校缺乏凝聚与动力，引发高校出现学术腐败、剽窃抄袭、粗俗迷信、唯利是图等丑恶现象，而且造成了一些人的精神荒芜与精神疾病而影响生活和生命质量。一些高校的知识分子已经和正在受到忽视、轻视精神文化的惩罚。

二、贯彻“三个代表”重要思想，重视精神文化建设

高校精神文化是高校所有人员共创、共享的精神财富。美国教育家伯尔凯和史密斯曾经指出：一个成功的学校以它的文化而著称，使教师和学生都被纳入成功的教育途径。而学校一旦形成自己特有的文化，就呈现一种个性，成为一种无形的精神力量，对学校发展将发挥潜在的、巨大的推动作用，使学校全体成员在共同的价值取向、行为准则和校风学风的统领下，有生气和创意地贯彻党和国家的教育方针，进而创造出既属于自己又可贡献社会的知识文化与精神文化。高校实践“三个代表”的重要思想，就是要在建设先进文化方面起到自己应有的作用，特别是在建设、创造精神文化方面发挥示范作用。

首先，高校的根本任务就是用先进的思想道德和科学文化育人。在新的历史时期，高校实践“三个代表”的重要思想，贯彻始终代表中国先进文化前进方向的要求，就必须切实加强高校精神文化建设，把高校办成坚持和发展马克思主义的坚固阵地、吸取全人类一切优秀成果的重要窗口、建设有中国特色社会主义文化的前沿基地、造就高素质社会主义事业建设者和接班人的摇篮。

其次，高校是先进生产力的策源地。经济、科技是精神文化发展的基础，精神文化是经济、科技发展的动因。经济与人文、科技与道德的关系，是科学性与价值性、真与善的关系；它们永远不可分割地联系在一起并形成互动与协调，激烈的经济竞争需要强大的人文动力，高科技的运用与创造需要高情感与高责任感与之一致。否则，社会和人都会发生畸变乃至引发灾难。高校知识分子是传播、创造先进科学文化的主体，理应在传播、创造先进科学文化的过程中，自觉寻求、推动与孕育与之相协调的精神文化。

最后，高校历来是继承、传播、创造先进文化的重要基地，同时也是各种意识形态交汇、激荡的重要场所。因此，高校在发展过程中更应加强精神文化的建设，唯有如此，高校才能真正成为既教学生做事，又教学生做人，既提高学生工具理性，又提高学生价值理性的场所。只注重科学技术教育，忽视精神文化教育，实际上是工具本位教育，而不是以人为本的教育。

高校精神文化要成为先进精神文化，就要准确反映中华民族在各个历史时期及发展过程中的基本要求和愿望，正确体现中华民族的优秀传统和精神，并昭示和预见中华民族发展的正确方向。在当代，江泽民曾经把它概括

为“四种”思想和精神：一切有利于发扬爱国主义、集体主义、社会主义的思想和精神，一切有利于民族团结、社会进步、人民幸福的思想和精神，一切有利于用诚实劳动争取美好生活的思想和精神，一切有利于祖国统一、民族团结、社会进步的思想和精神。高校在建设与发展过程中，应当自觉把握精神文化的特征，不断弘扬和培育富有先进性、时代性的精神文化。一是要坚持精神文化的科学性。文化是一定社会政治、经济的反映。先进精神文化必须建立在科学理论基础上。高校精神文化要以马列主义、毛泽东思想、邓小平理论来武装，进行文化教育、理想教育、道德教育等，要遵循文化建设和发展的规律，才能不断提升文化的品位。二是要注重精神文化的前瞻性。先进精神文化必须站在时代的前列，铸上时代烙印，反映时代要求，反映人民愿望，指导科学文化发展，并对社会的政治、经济发展进行前瞻性导引。三是发挥精神文化的凝聚性。先进精神文化通过价值取向的一致性、人际的亲和性、情感的相融性，产生“社会水泥”的凝聚作用和感召广大师生员工的力量。四是精神文化的创新性。创新是一切先进文化的本质。精神文化的创新是推动人类进步发展的不竭动力。只有把精神文化创新作为一个重要前提，才能真正实现科技创新、制度创新。精神文化的创新与发展是一个不断前进的过程，它必须不断克服自身的不足，不断丰富发展，才能实现向更高形态的飞跃。

三、高校精神文化的建设与创造

高校精神文化的形成和发展，既是一个继承、借鉴、创新的综合过程，也是一个德与智、科学与价值以及人与人相互作用、相互促进的复杂过程。

一要传承学校的特色与优势文化。美国著名学者阿什比曾经说过，“任何类型的大学都是遗传和环境的产物”。不同的时代、不同的环境、不同的民族背景，造就了不同风格的学校。笔者虽然不能完全同意有些教育家所说的“每一所大学就是每一个有着不同气质和性格的人”的说法，但大学具有特色确实是毋庸置疑的。当你走进具有特色精神文化的高校时，就会发现与众不同的气氛、风气、文化，它是由特定的文化背景、社会基础、区域特色、生源状况、师资结构、领导个性等一系列因素长期孕育形成的，是在办学实际中综合互动作用的结果，是学校几代乃至几十代人以一定精神文化（如校训、校风、校规等）为指导的共同创造。

二要立足本校学科建设的实际和优势。学科是一所大学知识传播、知识转化、知识创新的基础，大学的声誉仰仗学科水平的高低，它是高等学校发展的龙头和关键。建设高校精神文化，就需要建设特色学科，而特色学科又需要与之相一致并能促进其发展的价值取向、团队精神、职业道德、科学感情等人文精神与动力。特色学科与特色精神文化的关系，是真与善、智与德的相辅相成关系。特色学科是特色精神文化形成的前提与基础，而特色精神文化则是特色学科发展的动力与保证。如果不能依托特色学科形成和创造与之相适应的特色精神文化，特色学科就会因为缺乏人文精神的孕育而逐渐萎缩并将丧失特色。

三是依靠学校全员的努力与创造。建设高校精神文化，首先要确立理想信念。一所高校的理想信念是高校精神文化的集中表现，它标示的是高校的发展方向与目标，而且更重要的是全校师生员工的价值追求。学校的发展目标如果不能被多数人认可并成为其追求的取向，学校就会缺乏理想信念和精神支撑。价值取向目标必须是所有的师生员工所共同接受的、共同认同的，只有这样，才能实现共同遵循。价值取向具有未来指向性，是领导者引导被领导者共同努力、追求未来新成果的指导原则，因此，价值取向必须具有发展性、时代性、创新性。学校领导在思考校园文化的构成要素时，要根据学校多数人的意愿，考察哪一个方面、哪一种文化价值更容易、更有可能率先获得成功并加以确定，逐渐地形成学校的特色。在新形势下，精神文化应在继承的基础上创新，应坚持“以人为本，崇尚学术，服务社会，走向世界”的价值取向。

四要发扬民主，改善人际关系，培养团队精神，这是关键。文化的深层结构——心理——是在人际交往中形成的。改善人际关系是构建文化环境的重要内容。在信息时代，科学技术工作中的集体性已经成为一个发挥个人最大效率的条件。哥本哈根大学物理研究所正因为聚集了一批杰出的科学家，才取得了丰硕成果。所以，在精神文化建设中应重视人际交往的改善，培养民主精神，坚持平等原则，破除等级关系和实用主义倾向。每个人应当得到同样的尊重，每个人的个性也应当得到理解和包容。只有观念上开放，才能推动社会交往，提高与人交流、沟通的能力，发展理解人、关心人、乐于助人的良好品德。团队精神是一种合作和增强群体创造意识的精神，它体现、渗透在学校的方方面面。在人们的积极参与中，平等坦诚的学术和思想交流有利于打破文人相轻的旧习和保守的思维定势，使人们超越自己的局限和思维惰性，进行活跃而敏捷的思想交锋、竞争而友好的合作，在学术交流与思想碰撞中产生智慧的火花，开启创新之门。同时，在学术交流中，由于重视的不是权势，而是知识与真理，因而更需要平等、自由的探讨，更需要形成对更高境界业务与精神的追求。特别是现代科学技术的综合化发展趋势、经济全球化发展趋势、信息与教育的国际化发展趋势以及高度的社会化发展趋势，已经完全改变了农业经济时代知识分子教学与科研的个体性与分散性，改变了计划经济条件下的封闭性与“小而全”的状况，把每个人都纳入一定的集体与社会。学习型组织已经成为高校生存与发展的方式，团队精神更是高校与高校每个人的灵魂所系。因此，高校精神文化建设与学术建设总是相互渗透，不可分割地联系在一起的。那种只重物质、忽视精神，只重科技、忽视道德的行为，实际上是重形轻神，重做事、轻做人的倾向，这种神形与做事做人的长期分离，只会使高校浮躁、肤浅、畸变，不仅不能满足人们全面发展的要求，还会给社会增添麻烦。

论精神生活质量的内涵与外延*

一、精神生活质量的概念

所谓精神生活质量，是指精神生活满足个人精神需要的客观程度以及个人对这种满足状况的主观感受。精神生活质量概念的界定，同生活质量概念的界定大致相近，即精神生活质量也要根据人们需要的客观程度和人们的主观感受来衡量其高低。这是因为，人们的精神生活是人们在参与社会政治生活、社会物质产品和精神产品的生产过程、社会交往和社会活动过程、家庭生活以及休闲活动中体现并蕴含的精神消费与享受，精神既是这些客观活动形成与发展的需要，也由这些客观活动创造与丰富。离开客观活动与条件，精神没有最终的基础与依托，便不可能有精神生活，也就谈不上精神生活质量，这是问题的一个方面。另一方面，就是在同样的客观活动与客观条件下，人们对精神生活的感受与满意程度也是存在个体差异的，即有的人感受良好、心情愉悦、满意度高，体现为精神生活质量高；而有的人感受不好、心情苦闷、满意度低，体现为精神生活质量低。这往往由人们的主观条件所决定。因而，对精神生活的质量也要结合两个方面来衡量，而不能只看其中一个方面。当然，这两个方面的条件，前一个是主要的，因为它最终起决定作用；后一个也很重要，因为它是人的能动性体现。为此，衡量精神生活质量，需要以主客观指标相结合、相对性与动态性相结合，以精神生活特性、精神生活需求、精神发展程度和精神感受为衡量指标。

二、精神生活质量的内涵与外延

所谓内涵，是指一个概念所概括的思维对象本质特有的属性的总和，也就是概念的内容。内涵是内在的、隐藏在事物深处的东西，需要探索、挖掘

---

* 原载于《中国精神生活发展与规律研究》，中山大学出版社2012年版，作者郑永廷、罗姗，收录时有修改。

才能理解，而不是表面上的东西。所谓外延，是指一个概念所概括的思维对象的数量或范围。内涵与外延，是两个相互对应的概念。

现代精神生活质量的内涵与外延，首先体现在政治与法律的保证上，因为政治与法律既是其他生活正常进行的保障，也是精神生活的重要内容。政治与法律的内容，包括执政党有正确、坚定的政治路线，先进的意识形态和与时俱进的现代化追求，坚持以国家的繁荣昌盛、长治久安和广大人民的幸福作为最终的目标；不断推进政治文明建设，实现民主的制度化和法律化，人民的民主权利得到宪法和各项法律的保护；政府能有效依法行政，社会公平、公正、自由、民主，公民的人身、财产安全得到保障；个人在政治文明建设与环境中能够充分发挥积极性与创造性，实现自身价值，感受到快乐和幸福，这是现代社会人们的高质量精神生活的首要内容。

其次，现代精神生活质量的内涵与外延，体现在人们进行物质产品（包括服务）和精神产品的生产过程中。这是因为，生产实践是人们建设社会、创造财富的主要活动，在活动中，人们既需要精神资源，又创造精神资源。人们在实践过程中，要确立实践目标和理想信念，保证实践的方向性；也要学习、运用知识，发挥聪明才智，锻炼意志，克服困难，获得效益，实现价值；还要结成关系，相互信任与尊重，相互促进，在共同努力取得成功和成就的过程中，获得愉悦和幸福，感悟人生价值实现的满足。这种精神上的愉悦和幸福感越强烈，精神生活的质量就越高。

再次，现代精神生活质量的内涵与外延，体现在人际交往和环境影响过程中。人际交往有单位人际交往与社会人际交往，如公司、机关、学校、村镇、连队等单位内部，人与人之间的团结合作，亲近往来，相互帮助，形成了和谐有序的集体和富有凝聚力的团队精神，使人感到安全、心情舒畅、充满希望，自觉为集体发挥聪明才智、创造业绩。这是精神生活质量高的表现。人们参加各种社会活动、跨行业的会议以及外出参观考察等，在与各种类型的人员交往过程中，注重礼节，讲究道德，相互信任，坦诚相待，共同提高，就会使人感到亲近融洽，充满热情，感受良好社会风尚所带来的满意与快乐。同样，环境影响也包括单位工作、生活环境与社会环境两个方面，主要指物质条件、文化氛围、自然环境的影响，满足需要的物质条件，安定团结的社会环境，丰富、健康的文化活动，幽美、清新的自然条件，这些都会给人们带来赏心悦目的感觉。

复次，现代精神生活质量的内涵与外延，体现在恋爱与家庭生活过程中。在现代社会条件下，男女谈情说爱，是两个人基于一定的物质条件和共同的人生理想，在各自内心形成的对对方的最真挚的仰慕，并渴望对方成为自己终身伴侣的最强烈、最稳定、最专一的感情。因而恋爱过程是一个感情交流、磨合与深化的过程，充满愉快、浪漫与甜美，是人生的一段美好时光。在家庭中，有劳动能力的成员就业充分，收入不断增长；夫妻恩爱，子女孝顺，尊老爱幼，和睦相处；物质充足，住房舒适，文化生活健康丰富；等等。在这样的家庭中生活的人，轻松又舒畅，定会感到满足和幸福，精神生活质量高；如果家庭条件不好，特别是家庭不和，肯定会影响其家庭成员的精神生活质量。

最后，现代精神生活质量的内涵与外延，体现在休闲的享受和消费过程中。人们除了进行生产实践、正规学习和培训，还有丰富多彩的业余爱好、休闲生活，包括参加各种文体活动、社会活动、旅游活动等。在活动中，人们工作和学习的紧张得到放松，并享受到自己或他人创造的物质产品与精神产品，精神受到振奋，情感得到释放。感受到愉悦和幸福的程度越高，精神生活的质量也越高。

总之，精神生活质量的内涵虽然是丰富的、多样的，但可以对其进行概括，就是人们内心世界的丰富、充实程度以及人们感觉满意、快乐与幸福的程度；而精神生活质量的外延，则是人们实践、交往、生活的一切领域。

新时期社会精神生活质量的基本特征*

精神生活是以物质生活为基础并与之相对应的生活，它既由现实物质条件所决定，又具有相对独立性；既表现为条件的客观性，又体现为人们感受的主观性；既广泛存在于人们活动的一切领域而具有社会性，又在不同个体、群体活动过程中表现出质量的差异性。这些辩证关系，是精神生活的一般特点。在当代社会条件下，时代不仅赋予精神生活时代特征，而且使精神生活的一般特点更加鲜明，凸显出当代社会精神生活质量的基本特征。

一、精神生活质量的现代性与传统性并存

在当代社会条件下，精神生活质量的现代性与传统性，是指精神生活质量兼备的两种形态，即体现当代社会特征的现代形态和蕴含以往社会文明精神的传统因素。精神生活质量不管是高是低，都不可能凭空呈现。这是因为，主观精神最终要由客观条件所决定，即一定社会的生产力，是人的物质生活质量和精神生活质量的基础；人的各种精神需求的满足，离不开现实的社会生产。社会生产力越发达，经济社会发展越快，物质生活和精神生活质量就越高，人们对精神生活的要求和满足的程度也越高。同时，精神生活质量还要受到政治制度、传统文化、民族习俗等社会因素的影响和制约，赋予其时代特征与社会特性。因而，精神生活质量按其形态划分，则有现代性与传统性的区别。精神生活质量的现代性，是指精神生活反映当代主题，体现时代精神，顺应时代要求，符合时代趋向，等等。精神生活质量的传统性，主要是指精神生活反映或包含以往时代的内容和思想因素等。

所谓现代性，就是人类文明在告别前代而进入现代这一过程中，所创造和衍生出来的新的状态和特性。“现代”的概念和意义是相对于古代而言的；“现代性”是一种持续进步的、合目的的、不可逆向发展的时间观念；现代化进程推进了民族国家的历史实践，建立了高效的社会组织，形成了民

---

* 原载于《中国精神生活发展与规律研究》，中山大学出版社 2012 年版，作者郑永廷、罗姗，收录时有修改。

族国家的现代观念。哈贝马斯把现代性理解为一个方案、一项未竟的事业。美国学者布莱克认为："'现代性'逐渐被广泛地运用于表述那些在技术、政治、经济和社会发展诸方面处于最先进水平的国家所共有的特征。"[①] 把那些共有的特征归纳起来就是现代文明的特征，也是现代性的主要内容。因而现代性涵盖了文明的各个方面，既包括物质层面、制度层面，也包括精神层面。这些层面处于开放的演化过程中，相互作用和相互渗透。美国社会学家英格尔斯在《人的现代化》一书中，强调了人的精神、思想现代化的重要性。他说："如果一个国家的人民缺乏一种能赋予这些制度以真实生命力的广泛现代心理基础，如果执行和运用着这些现代制度的人，自身还没有从心理、思想、态度和行为方式上都经历一个向现代化的转变，失败和畸形发展的悲剧是不可避免的。再完善的现代制度和管理方式，再先进的技术工艺也会在一群传统人的手中变成废纸一堆。"[②] 因而，现代性首先是一种思想理念与精神状态。只有以现代理念与精神状态为导向和动力，才能推进现代化进程，创造现代社会。没有现代理念与精神状态，现代社会是无法被驾驭的，现代科技是无法被创造和运用的，现代机构是无法运转的。

现代性不是现代社会某一方面的特征，而是现代社会的本质规定性，这种规定性是通过现代文化精神血脉渗透到社会各个领域来体现的。为此，哲学家衣俊卿根据很多战略家、思想家在思考现代性问题时，着力于现代文化精神的研究与成果这一现象，提出了精神性维度是现代性的一个基本维度的命题。例如，康德关于现代"启蒙"的理解，胡塞尔关于"纯粹的理性"的阐述，霍克海默和阿多诺提出的"启蒙理性"，哈贝马斯的"时代意识"，等等，都从不同层面论述了从传统社会的经验结构中超脱出来的最根本的特征就是文化精神获得了现代性。所以，德国社会学家、哲学家齐美尔将现代性的本质归结为个体对生活世界的主观感受和心理体验；有些哲学家把现代性的本质说成是人的自我力量的发现，还有的思想家把现代性的本质归结为人上升为主体。这些概括虽然有片面性，但都是为了从文化精神上寻求现代性的本质，找出现代社会与传统社会的区别。

胡锦涛在党的十七大报告中明确地提出了中国"新时期最鲜明的特点是改革开放"，并强调了变革性、开放性的时代价值："这场历史上从未有过的大改革大开放，极大地调动了亿万人民的积极性……改革开放以来我们

① ［美］C. E. 布莱克：《现代化的动力》，段小光译，四川人民出版社 1988 年版，第 5 页。

② ［美］阿列克斯·英格尔斯：《人的现代化》，殷陆君译，四川人民出版社 1985 年版，第 4 页。

取得一切成绩和进步的根本原因，归结起来就是：开辟了中国特色社会主义道路，形成了中国特色社会主义理论体系。”①

现代文化精神，相对于传统的文化精神，不仅具有鲜明的时代气息与丰富的内涵，而且具有强大的作用与价值。主体性、开放性、竞争性、发展性、民主性、自由性、参与性、创新性、批判性等，既是现代社会所需要的精神特质，又是人们发展的内在追求。因而，对这些精神要素追求的自觉程度与拥有程度，便成为衡量现代精神生活质量的重要尺度。而现代的文化精神和人们当下的精神生活水平并不是凭空形成的，它既是当代社会开放环境、改革发展、社会竞争、民主法治建设、科技创新等实践活动所创造的成果，也是对传统文化精神的传承与弘扬。现代性和传统性的关系，是贯穿文化精神的重要关系，把握这一重要关系，是认识文化精神发展规律的必要环节，是自觉追求精神生活质量的体现。

所谓传统，就是世代相传的具有特点的文化、道德、思想、习俗等社会因素。《西方哲学英汉对照辞典》这样界定传统：“为一个社会所接受并形成其文化的现存的社会习俗、制度、信仰方式和行为准则……传统是从前代继承下来的并可能以一种改变了的形式传到后代。”② 传统最基本、最明显的含义是世代相传的东西，即任何从过去延传至今的东西，它是人类行为思想和想象的产物，并被代代相传。③ 希尔斯对传统的含义的关注点集中在人的内在精神和行为方式的沿传和稳定上，具有合理性。传统所传承的思想文化具有相对独立性，所以它能够在时空中延续和变异，存活于现在，连接着过去，同时包含着未来。因而，传统与现代并不是非此即彼的二分状态，而是一体相连、互为表达、彼此推进的，传统是同现在相对、又对现在甚至未来起作用的文化上的过去。

中国共产党一向注重对民族优秀传统文化、民族精神的继承和弘扬。毛泽东说：“从孔夫子到孙中山，我们应当给以总结，承继这一份珍贵的遗产。这对于指导当前的伟大的运动，是有重要的帮助的。”④ 他还提出继承传统和借鉴国外文化的准则：古为今用，洋为中用。邓小平强调：“要懂得

---

① 胡锦涛：《高举中国特色社会主义伟大旗帜　为夺取全面建设小康社会新胜利而奋斗——在中国共产党第十七次全国代表大会上的报告》，人民出版社 2007 年版，第 12 页。

② ［英］尼古拉斯·布宁、余纪元：《西方哲学英汉对照辞典》，王柯平等译，人民出版社 2001 年版，第 1008 页。

③ 参见［美］爱德华·希尔斯《论传统》，傅铿、吕乐译，上海人民出版社 1991 年版。

④ 《毛泽东选集》第 2 卷，人民出版社 1991 年版，第 534 页、第 707-708 页。

些中国历史，这是中国发展的一个精神动力。”① 胡锦涛在党的十七大报告中指出：“全面认识祖国传统文化，取其精华，去其糟粕，使之与当代社会相适应、与现代文明相协调，保持民族性，体现时代性。”② 中国传统文化长期发展的思想基础，就是中国传统文化的基本精神，文化的基本精神是文化发展过程中的内在动力。中华民族传统精神文化在其发展过程中不仅对中国社会的发展起着积极的推动作用，而且在实践中不断充实其丰富的内涵。它所包含的坚忍不拔的从道精神、厚德载物的宽容品格、贵和尚中的和谐理想、崇德重义的价值观念、社会交往的包容意识、超越功利的人文精神、整体协同的思维方式、注重修养的人格追求、自强不息的奋进精神、崇尚俭朴的生活态度等，经过数千年的积淀，作为古代中国人的精神支柱，不断熏陶人们的心灵，提升人们的精神境界，形成了中华民族的风骨与气度，培养了中华民族独特的品格和精神。对中华民族精神形态的基本特点，《周易》早就有明确的表述，“天行健，君子以自强不息”，“地势坤，君子以厚德载物”。后来张岱年进行了概括，认为中华民族传统文化的基本精神，与西方国家民族精神相比较，不仅表现为崇尚世俗道德而不同于宗教，而且具有刚健有为、和与中、崇德利用、天人协调的基本特点。③ 民族精神像一条精神纽带，把全国各族人民不分地域、不分职业、不分年龄地凝聚在一起。以民族精神为纽带，引导人们以振兴中华为己任，始终保持奋发有为、昂扬向上的精神状态，是全国各族人民的共同心愿，是推进社会主义现代化建设的强大精神动力。为此，江泽民在党的十六大报告中强调：“民族精神是一个民族赖以生存和发展的精神支撑……在五千多年的发展中，中华民族形成了以爱国主义为核心的团结统一、爱好和平、勤劳勇敢、自强不息的伟大民族精神。我们党领导人民在长期实践中不断结合时代和社会的发展要求，丰富着这个民族精神。”④ 大力弘扬中华民族精神，不断赋予民族精神以新的时代内涵，使民族精神扎根于人民群众心灵中，见诸行动，不仅是推动中国特色社会主义事业不断发展的现实要求，而且是提高全国各族人民精神生活质量的需要。因为只有弘扬中华民族精神，才能站在以振兴中华为己任的高度提

① 《邓小平文选》第3卷，人民出版社1993年版，第358页。

② 胡锦涛：《高举中国特色社会主义伟大旗帜　为夺取全面建设小康社会新胜利而奋斗——在中国共产党第十七次全国代表大会上的报告》，人民出版社2007年版，第18页。

③ 参见张岱年《论中国文化的基本精神》，载《中国文化研究集刊》第1辑，复旦大学出版社1984年版。

④ 《江泽民文选》第3卷，人民出版社2006年版，第559页。

高思想道德素质，才能以自信、自立、自强的精神状态走向世界，才能通过传统精神文化的代代承传，使全民族在思维方式、价值取向、理想人格、伦理观念、审美情趣等精神文化方面渐趋相互认同，形成并发展中华民族的向心力与凝聚力。

总之，“传统总是在变化之中，然而传统的概念中有某种东西包含着耐久性；传统的信念和习俗具有抵制变化的完整性和延续性”①。传统的这种特性，决定了现代人在发展现代性时，不能离开传统，即现代性需要传统，因为传统奠定了精神文化和精神生活的基础，并赋予其连续性；同样，传统也需要现代性，没有现代做参照，传统便失去发展的目标和方向，传统与现代相伴才能体现其存在价值。因此，我们既要立足现在，以今为主，也要尊重历史，以古为用。但尊重历史、继承传统，是要剔除其封建性的糟粕，吸收其民主性的精华，而不是颂古非今，不是只往回看。对精神生活质量的衡量，当然要坚持以现代内容、现代形态为主，以传统内容、传统形态为辅，把现代性与传统性有机结合起来。只强调现代性而忽视和否定传统性，或强调传统性而忽视和否定现代性的做法都是片面的，都不可能达到高质量的精神生活水平。

二、精神生活质量兼有超越性与滞后性

在当代社会条件下，精神生活质量的超越性与滞后性，是指精神生活所呈现的两种状态，即精神生活逾越现有物质生活条件而高于社会文明的超越状态，或落后于现有物质生活条件而低于社会文明的滞后状态。

1. 精神生活超越与滞后的辩证

超越与滞后，是两个相对应的概念。所谓超越，是指人对自身具有相关性、重要性的事物、现象、观念等的超过或者跨越。中国古代许多思想家就对思想、精神超越作过阐述。南宋时期著名思想家叶适在《胡簦名说》中说：“思致超越，学而不倦。”意思是要使思维开阔，精神高远，就要不断学习。明代布衣诗人谢榛在《四溟诗话》卷二中，强调读大师著作，方能达到精神超越境界：“熟读太白长篇，则胸次含宏，神思超越，下笔殊有气也。”这里所讲的超越，主要是指主体主观对客观、自身对他人、自我对自我的超过、逾越。所谓滞后，就是落后、迟延，落后于形势发展，跟不上时

① ［英］安东尼·吉登斯：《生活在后传统社会中》，见［德］乌尔里希·贝克、［英］安东尼·吉登斯、［英］斯科特·拉什：《自反性现代化：现代社会秩序中的政治、传统与美学》，赵文书译，商务印书馆 2001 年版，第 80 页。

代步伐。这里所讲的滞后，主要是指主体认识落后于实际，思维迟缓于现实，精神显得保守、狭隘、压抑。

衡量精神生活质量的超越与滞后，不是随意的，而是既要坚持一定的前提与基础，又不能局限于一定的前提与基础。之所以要以一定的前提与基础来衡量人的精神生活质量，是因为精神生活要受经济社会发展的制约，要以物质条件为基础。一般来说，由于工作实践的成功、物质生活的满足而产生的快乐和愉悦，只能在具备事业成功的物质生产和科学技术条件的基础上才可能出现；丰富的物质生活条件才能保障人们获得满意的物质生活质量和精神生活质量。因此，人的精神生活的质量，一般来说，与现有的物质生产水平和物质生活水平紧密相连，缺乏或没有这些客观条件，谈精神生活质量就是空话。之所以不要局限于一定的前提与基础条件，是因为一定的思想、精神并不是一定客观条件的被动产物，而是人的能动性表现，这种能动性表现为相对独立性，即它既可以超出一定客观条件而具有先导性，又可能落后于一定客观条件而具有滞后性。这种先导性与滞后性是人的主观条件，是人发自内心的感受和体验。不同的人所处的社会和物质环境不同，社会阅历和经验不同，所受文化教养和品德不同，会对精神生活质量的感受和追求表现出许多主观上的差异。这些差异一般有两个表现：有较好的物质生活条件的人，精神生活的质量并不高；但也有人由于信仰、意志和精神力量的作用，哪怕处于物质匮乏、条件艰苦、环境恶劣的状况，也表现出坚定的信念和高涨的热情，义无反顾，勇往直前，不达目的誓不罢休，直到最终实现自己追求的目标，获得高质量的精神生活。这是人在追求高质量的精神生活时，能超越艰苦的物质条件，主观能动性得到充分发挥和释放。

2. 现代人精神生活质量超越性的内涵与根源

在当代社会条件下，人们精神生活质量超越性的内涵与根源是确认其超越性的根据。

第一，现代人精神生活质量超越性的内涵，主要是指人们的主观认识、追求目标、主体特性对社会现实条件的超出和创造，体现为人们自觉能动性的发挥。所谓自觉能动性，就是毛泽东说的："思想等等是主观的东西，做或行动是主观见之于客观的东西，都是人类特殊的能动性。这种能动性，我们名之曰'自觉的能动性'，是人之所以区别于物的特点。"① 正确目标的确立，是人的精神生活质量超越性的前提。人总是要在一定的正确目标指导下

① 《毛泽东选集》第2卷，人民出版社1991年版，第477页。

进行实践，正确目标源于现实又高于现实，它引导人们的思想和行为面向未来，这便是超越。在实践过程中，人们往往不满足于现状，在不断推进改革、创新与发展的进程中，形成新的认识，而新的认识具有能动性，正如列宁所说："人的意识不仅反映客观世界，并且创造客观世界。"① 意识正是通过对现实的不断反思，发挥主观能动作用，推进实践活动实现对现实的超越。同时，超越根源于人自身的自我意识和对象意识。自我意识就是人作为主体，通过反省，把自身的内在尺度由潜在状态转变为现在状态，从而使之成为被自觉把握的东西，即马克思所说的"人则使自己的生命活动本身变成自己的意志和意识的对象"②，这就是人的主体性确证。正是人的主体性，使人的活动蕴含着发展的方向性、价值性，体现着应然对实然的超越，"超越就意味着应然不断地代替实然，可能不断地代替现实，在这个否定过程中，意味着人的生命的自我生成和自我实现，意味着人的价值生命的不断跃进和提升"③。总之，精神生活质量的超越性本质，是人的自觉目的性。

第二，现代人精神生活质量之所以具有超越性，与人的特性和追求相关，更由当代社会条件所决定。从人的特性和追求来看，人的肉体、生理方式的存在是物质性存在，人的社会交往和在社会运行中的存在是社会性存在。人的高贵之处在于，人能以无形的精神、灵魂支配和驾驭自己的肉体并超越肉体的制约，以有目的的、自觉的精神追求来引导自身的行为，所以人还是精神性的存在。应当看到，自然环境、社会规范在为人提供物质条件、促进人的社会化、保障社会有序运行的同时，也使人具有的本能欲望，以及在实际生活、工作实践中逐渐生成的情感、目标受到不同程度的限制或压抑。人面对这种限制或压抑，往往试图在精神领域寻求抗争与突破，也就是立足于现实又不满足于现实，以探索、创新、发展寻求出路。这种探索、创新、发展的过程，首先源于心灵创造，诸如确立创新、发展的动机、目标，在创新、发展过程中形成动力、意志，这种心灵创造就是精神超越。正是人们不断进行精神超越，才造就自己丰富多彩的人生。没有精神的超越，就不会有激奋昂扬的人生体验，也不会有崇高的人生境界。所以，中国古代儒家根据人的本性，强调人具有"内在超越性"。所谓"内在性"，就是人之所以为人的内在精神本性；所谓"超越性"，是指人对存在的根据或宇宙本体

---

① 《列宁全集　1895—1916 年　笔记：哲学笔记》第 55 卷，人民出版社 1990 年版，第 182 页。

② 《马克思恩格斯全集》第 42 卷，人民出版社 1979 年版，第 96 页。

③ 冯建军：《主体道德教育与生活》，载《教育研究》2002 年第 5 期。

的探究，如“天道”“天理”“太极”等。儒家哲学的“超越性”和“内在性”是统一的，形成了人“内在的超越性”或“超越的内在性”问题。最能代表孔子内在超越精神的，是他说的“为己之学”过程。他说：“吾十有五而志于学，三十而立，四十而不惑，五十而知天命，六十而耳顺，七十而从心所欲，不逾矩。”“知天命”是知“天道”的超越性，“六十而耳顺”是说孔子在心灵上与“天道”会合，至“七十而从心所欲，不逾矩”是指达到了“内在超越”的境界。在古希腊，柏拉图、亚里士多德把世界分为超越性的本体与现实世界，提出人要追求本体理性。其后，基督教预设人性为恶，提供一个外在超越性上帝要人们崇拜。马斯洛提出了人的需要层次理论，即人有生理需求、安全需求、社交需求、尊重需求、自我实现需求。马斯洛认为，人的自我实现过程，实际上是创造性过程，这一过程能产生“高峰体验”情感，使人呈现出最高、最完美、最和谐的欣喜若狂、如醉如痴的状态。马斯洛在晚年，为了弥补需要层次理论的缺陷，还提出了“超越性需要”的概念。尽管他没有对超越性需要作出更多阐述，但可以看出他注意到了人的超越性特性。

从当代社会的客观条件看，它为人们的精神超越提供了基础。一是对内对外开放的环境，既为人们提供了广阔的活动空间，又向人们提供了丰富多彩的精神资源。人们通过所见、所闻、所学、所思、所做扩大视野，充实内在，不断形成新的观念与新的目标，超越原有的思想认识与目标。二是社会竞争，既通过竞争达到更高的目标，又产生激励，强化内在驱动。中国社会主义市场经济体制建立后，既形成了社会的竞争机制，也增强了人们的自主性、积极性与创造性。人们一改计划经济体制下的依赖状态，自觉地与竞争对象进行主客观条件比较，形成不断向上的竞争目标，并在更高竞争目标的激励下，产生要成为竞争强者的强烈期待与强大精神动力。竞争群体的这种期待与动力，形成了社会的活力与创造力，因而，社会竞争是推动人们精神超越的“无形之手”。三是信息社会的发展，既为人们源源不断地提供信息与知识，又为人们创建新的手段与平台。发达的现代大众传媒每天都在为人们传播海量信息与知识，这些信息与知识不断更新、交错，人们在见识、学习、交流和运用这些信息与知识的过程中，也将不断改变思维方式，更新观念，丰富精神家园，提高思想境界。同时，现代科技所提供的各种便捷方式，特别是互联网所创建的网络领域，更帮助人们突破了精神生活的物理空间与时间界限，使人们能够体验虚拟空间和跨时间的精神感受，实现了精神生活的现代超越。

3. 现代人精神生活质量滞后性的表现与根源

精神生活质量的滞后性，是指精神生活的总体水平跟不上形势发展的要求，主要表现在三个方面。

第一，精神生活滞后于物质生活并与物质生活不协调。中国改革开放以来，随着经济社会的快速发展和物质产品的丰富，人们的物质文化生活条件不断改善，物质生活质量明显提高。但有些人并不感到愉快和幸福，精神生活质量不高。这种精神生活滞后的现象，可以用美国社会学家 W. F. 奥格本的文化滞后理论加以解释。这一理论认为，一般来说，物质文化的变迁速度快于非物质文化，两者发展变化往往不同步；就非物质文化的变迁看，其各构成部分的变化速度也不一致，一般总是制度变迁速度较快，其次是风俗、民德变迁，最后才是价值观念的变迁。当前，我国正处于重大的变革时期，经济体制转变，社会急剧转型，社会各个领域迅速发展，特别是经济快速持续发展，为各个领域的发展提供了坚实的基础。而一些人的思想观念往往跟不上经济社会的发展，精神生活的内容、方式显得滞后。

第二，精神生活受传统观念束缚而显得落后。由于传统文化和人们的生活习惯、思维方式具有相对独立性，有些落后的观念并不会因为改革开放和经济社会的快速发展而立即消失，它还会在新的形势下继续影响人们的思想与行为，如与自然经济相一致的小农经济观念，在封闭环境中养成的求稳怕乱思想，在缓慢变化节奏进程中形成的小富即安价值倾向，在缺乏社会竞争机制条件下形成的习惯于安于现状的态度，等等。人们虽然面临着现代浪潮的猛烈冲击，但要完全克服落后的观念，形成现代观念，必然要经历一个改造、转化的过程。在这个过程中，既有解放思想的快乐，也有改造思想的困苦。只有完成了传统观念的改造与转化，精神生活质量才能提高。

第三，盲目追求物质价值与工具价值导致精神生活质量滞后。随着市场经济体制的建立和竞争机制的形成，人们的自主性与竞争性增强，一方面调动了人们创造财富的积极性与创造性，另一方面也强化了一些单位与个人追求眼前现实利益的倾向。这些片面注重功利价值追求的单位和个人，受价值规律的自发调节，或专注于自身物质利益的获取，或注重科技知识的掌握，对长远目标、全局发展不感兴趣，忽视人际交往、德性修炼，有的单位和个人甚至一切向钱看，不讲道德，违法乱纪。这种情况不仅导致人们的精神生活质量滞后，而且污染社会精神文化环境，对社会精神生活产生消极作用。

三、精神生活质量的层次性与起伏性交错

人的精神生活、精神境界是有层次的，有毫不利己、专门利人的高尚精神境界，也有遵纪守法、利人利己的一般精神境界，还有不讲道德、损人不利己的庸俗精神境界。人的精神生活、精神境界或分层递进、稳步上升，或分层下降、逆向滑坡。精神生活、精神境界的层次在当今社会，比以往任何时代都要明晰和凸显，一方面由于人们所拥有的精神生活条件具有多样性，另一方面则由于人们对精神本身的追求呈现不同程度的自发或自觉状态。

精神境界也被称为人生境界、心灵境界，是浓缩一个人的过去、现在、未来而形成的精神世界的整体，是一个人人生意义和价值的体现。对人的精神生活、精神境界的层次，古今中外早有探索和阐述。柏拉图在《理想国》中，把世界划分为“洞穴”的感觉世界和理性的理智世界，哲学家要从感觉世界上升到理智世界。而理智世界就是天地境界，到达天地境界的人，就是与宇宙同一、精神境界最高的人。中国古代的儒家把人生境界等同于道德境界，确立了内圣外王的境地，并将这些境地的层次归结为“格物”“致知”“诚意”“正心”“修身”“齐家”“治国”“平天下”，即“致知在格物，物格而后知至，知至而后意诚，意诚而后心正，心正而后身修，身修而后家齐，家齐而后国治，国治而后天下平”（《礼记·大学》）。这些道德人格的层次，大体上是由内及外，逐步提升的。汉传佛教宗派之一的禅宗常用三种境界来描述心灵境界，即悟的境界：第一境是“落叶满空山，何处寻行迹”，比喻精神漂流，没有禅境的指引；第二境是“空山无人，水流花开”，意思是已经破除法执与我执，超脱了客观性与主观痴迷，使精神获得一定的自由；第三境是“万古长空，一朝风月”，形容在顿悟中获得超越时间与空间的永恒高峰体验。这一描述虽然是唯心的，但也把佛教徒的精神境界分出了层次。

马斯洛根据人的多样化需要，提出了“需要层次理论”，即人有生理、安全、社交、尊重和自我实现等需要。这五个层次的需要是递进的，高层次需要主要是精神需要，如社交需要，指感情与归属上的需要。尊重需要，包括自尊、自信、自豪等心理上的满足感和名誉、地位、不受歧视等方面的满足感。自我实现需要，指人实现自身理想和价值的需要。王国维在《人间词话》中形象地提出了人生三境界，他说：古今之成大事业、大学问者，必经过三种之境界。“昨夜西风凋碧树。独上高楼，望尽天涯路。”此第一境界也。“衣带渐宽终不悔，为伊消得人憔悴。”此第二境界也。“众里寻他

千百度，回头蓦见，那人却在，灯火阑珊处。”此第三境界也。[①] 这一论述是典型的诗意凝聚和精神贯注，蕴含着高尚的精神体验。冯友兰把人生境界分为四个层次，即自然境界、功利境界、道德境界、天地境界。对不同境界的人而言，世界和人生的意义是不一样的，每个人所享受到的世界的大小也是不一样的，境界高的人实际享受到的世界比较大，境界低的人实际享受到的世界比较小，因为一个人所能实际享受的世界，必定是其所能够感觉和了解的世界。[②] 上述所有关于精神境界或人生境界层次的概括，多是按照境界层次的递进关系展现的。一般来说，低层次境界是高层次境界形成的基础，高层次境界也程度不同地体现、渗透在低层次的境界中。每个人的精神境界或人生境界，或呈现层次提高，或呈现层次降低的趋势。但每个人在一定阶段或一定条件下，往往要以某个层次的精神境界或人生境界为主导。

在当代社会条件下，精神境界或人生境界层次之所以多样而分明，原因是复杂的。如果按照影响精神生活的条件分析，主要表现在三个方面。其一，中国自改革开放以来，经济社会持续快速发展，民主法治建设稳步推进，社会局面安定团结，精神文明建设丰富多彩，人们物质文化生活条件不断改善，从而为提高精神生活质量奠定了扎实的物质基础，创造了前所未有的良好条件。这些物质基础和良好条件，从总体看，与过去相比得到了明显的提升，但从区域、行业、单位、个人比较来看，由于竞争机制的作用和受原有基础的制约，又存在一定差距。这些差距的存在，对精神生活的层次必定产生客观制约与影响。其二，中国开放政策的实施，社会主义市场经济体制的建立和民主建设的发展，极大地增强了人们的开放性、独立性、自主性、竞争性、自由性与创造性，这些特性就是富有时代特征的精神状态。人们在这种精神状态下，能够自主地按照社会发展的要求和自己确立的目标，进行发展资源、发展方式的选择，充分发挥自己的聪明才智与精神潜能，在有效改造客观世界的过程中，不断丰富内心世界。但也要看到，受文化多元化的影响，特别是受西方国家个人主义、享乐主义价值观的影响，有些人的价值观偏离了中国社会的主导价值取向，程度不同地陷于落后的精神追求，与时代精神形成反差。其三，信息社会的发展，特别是互联网络的普及，成为发展、影响人们精神生活质量的重要条件。一方面，大众传媒每天为人们提供大量新信息、新知识，人们不断开阔眼界，启发思维，充实内在。另一

---

① 王国维：《人间词话》，上海古籍出版社 2005 年版，第 21 页。

② 参见冯友兰《冯友兰学术文化随笔》，中国青年出版社 1996 年版。

方面，人们在获取信息、进行比较和鉴别的过程中，也面临着各式各样的反差和各种情绪和思想的感染，如焦躁疑惧、迷茫失落、“愤青”思维、拜金主义等。钱权交易、缺德交易、损人利己等不良现象，借助于媒体的传播，使社会负面情绪与丑恶现象得以放大，冲击一些人的积极心态与社会信心。

总之，当代社会精神境界或人生境界层次的多样性，既是社会发展多样化、流动性、差异性的体现，也是人们自主性、个性化发展的折射。但不管精神生活多么复杂和多样，还是可以大致将其划分为四个层次。

一是求利的精神生活层次。所谓求利，就是追求眼前的、现实的物质利益。在当代社会，求利不只是谋求生存的物质条件，还包括对金钱、物质财富、生活奢侈品、高雅生活环境的追求。这种以获取物质利益为主导目标和思维理念的内在活动，就是求利的精神生活层次。这种层次的精神生活，主要是人的本能欲望在起作用，集中体现着人的自然本质，因而是人最起码、最低等的精神生活层次。

二是求知的精神生活层次。所谓求知，就是追求知识、技能。在当代社会，求知不只是学习书本知识，还包括掌握信息技术、运用高科技产品、开展科学研究和技术改造、在网络领域进行学习和虚拟实践等。这种以学习、掌握、运用知识和技能为价值目标和思维理念的内在活动，就是求知的精神生活层次。由于有些知识蕴含着人文精神，有些知识在传播、理解和运用过程中伴随着价值观念，求知者在求知过程中，也会受知识的熏陶和技能的启迪，内在精神得到充实，境界得以提高。因而，求知的精神生活层次比求利的精神生活层次要高。但如果求知者的主要目的是掌握科技手段而为自己谋求物质利益，而不是运用科技为社会创造财富，求知者的精神生活层次就仍然处于求利的精神生活层次。

三是求德的精神生活层次。“德”是指内心的情感或者信念，用于人伦，则指人的本性、品德。“德”的本意为顺应自然和社会和人类客观需要去做事，不违背自然发展，去发展自然、发展社会，发展自己的事业。适应、遵循自然和社会的规律为人、做事，就是讲“道”，“道”只有通过人们的思维意识才能被感知和认识。“德”则是“道”的载体，是“道”的体现，是人们通过感知“道”后进行的行为。因而，“求德”是在求利、求知过程中的求真向善，合情合理，和谐协调。“求德”既以求利、求知为基础，又超越了求利、求知的范围与价值目标，把认识、思维由局限于个体，扩展到与自然、社会、他人相适应，是较高层次的精神生活。

四是求美的精神生活层次。所谓美，是事物和谐发展的客观属性与功能激发出来的主观感受，是客观实际与主观感受的具体统一。人的审美追求，在于提高人的精神境界与综合素质，促进人的全面发展，创建和谐美好的世界。人之所以求美、审美，除了愉悦自己的目的，在很大程度上也是为了完善自己、发展自己。人类正是通过一代代人对自身和自然的评判，逐渐形成更为本质、完善的看法。在当今社会，人们不仅通过对美好事物的向往、创造、欣赏，得到现代物质条件的满足，而且通过对高文明的追求、创造，获得审美情趣与高度自由。因而求美是精神生活的最高层次。

人的精神生活层次或人生境界应该随社会的发展而发展，随人的发展而发展；社会的发展与人的发展也离不开人们精神生活层次的提升。所以，提升自己的精神层次是社会发展的需要，也是个人发展的需要。

所谓精神生活质量的起伏性，是指人的精神生活质量不是恒定不变的，而是随着工作、学习、生活、环境条件的变化，或在与社会、他人进行比较的过程中，人的精神生活条件和人在精神上的体验、感受、满足程度相应发生的变化。这种变化，既表现为社会精神生活质量的高低不平，也表现为个体精神生活质量的起伏跌宕。在当代社会条件下，精神生活质量之所以具有起伏性，既有客观原因，也有主观原因。其客观原因，一是随着改革开放的扩大与深化，社会结构、利益关系经常进行调整，新情况、新问题必定影响人们的思想情绪与精神状态；二是人们在开放、流动的过程中，随着工作、生活、交往条件的变化，精神生活也会发生变化；三是激烈的社会竞争容易产生竞争过程与结果的差距，人们面对差距会有不同的思想反映；四是社会不确定因素增多，特别是风险、危机频发，会对人们产生意想不到的精神冲击，导致精神生活不稳定。不仅这些客观因素对精神生活起伏变化起决定作用，而且人们已经形成的思想与价值观念也会促使客观因素形成不同的判断、体验与价值倾向，从而引起人们精神状态的变化。

所以，当代社会精神生活的层次性与起伏性总是相辅相成地联系在一起的，层次性是产生起伏性的基础，起伏性是层次性形成的条件。

精神生活的产生与发展规律*

人类文明发展进程形成了不同历史阶段的精神文化，具有不同历史特点的精神活动与精神状态。有不少先哲、学者对精神生活进行过探讨，提出了许多有益的见解与理论。特别是马克思主义的辩证唯物主义和历史唯物主义，为研究精神生活规律提供了正确的理论与方法。

一、社会物质生活条件从根本上决定精神活动与状态

社会生活一般指人类整个社会物质的和精神的活动。改造自然界的物质成果就是物质文明，它表现为人们物质生产的进步和物质生活的改善。在改造客观世界的同时，人们的主观世界也得到改造，社会的精神生产和精神生活得到发展，这方面的成果就是精神文明，表现为文化事业的发展和人们思想、政治、道德水平的提高。因而，物质生活和精神生活是同人们改造客观世界与改造主观世界紧密结合的两大生活。

所谓物质生活，主要是指围绕维持身体的生存和舒适性展开的各种活动的总和。这些活动伴随着有形物的消耗或损耗，提供基础条件，满足身体、生理、本能的需要，并为精神生活实现目标提供可能。人之所以需要物质生活，是因为“人直接地是自然存在物，自然界是我们人类（本身就是自然界的产物）赖以生长的基础”①，需要有物质条件维护其生存，保证其发展。“所谓人的肉体生活和精神生活同自然界相联系，不外是说自然界同自身相联系，因为人是自然界的一部分。”② 同时，“人是能思想的存在物”③，“真正的人 = 思维着的人的精神”④。人的主观能动性特性决定了人需要精神条件或精神生活，推进人超越现实，实现人的价值。因而，物质生活和精神生

* 原载于《中国精神生活发展与规律研究》，中山大学出版社 2012 年版，作者郑永廷、罗姗，收录时有修改。

① 《马克思恩格斯选集》第 4 卷，人民出版社 1995 年版，第 222 页。

② 《马克思恩格斯选集》第 1 卷，人民出版社 1995 年版，第 45 页。

③ 《马克思恩格斯选集》第 1 卷，人民出版社 1995 年版，第 409 页。

④ 《马克思恩格斯全集》第 3 卷，人民出版社 1960 年版，第 56 页。

活对于人的生存与发展既不可缺少，也不能分离。物质生活是精神生活的基础，精神生活是物质生活的升华。精神生活既然高于物质生活，那么，精神生活是怎么来的呢？其形成与发展的根源是什么呢？这当然是精神生活的一个本质关系问题，就像研究意识产生与发展的根源一样，揭示了它的本质关系，也就把握了它的规律。“辩证法在考察事物及其在观念上的反映时，本质上是从它们的联系、它们的联结、它们的运动、它们的产生和消逝方面去考察的。”① 马克思和恩格斯坚持辩证唯物主义和历史唯物主义世界观和方法论，在多处论述了经济基础与上层建筑、物质生活的生产方式与精神生活、社会存在与社会意识的关系。马克思在《〈政治经济学批判〉序言》一文中指出：“人们在自己生活的社会生产中发生一定的、必然的、不以他们的意志为转移的关系，即同他们的物质生产力的一定发展阶段相适合的生产关系。这些生产关系的总和构成社会的经济结构，即有法律的和政治的上层建筑竖立其上并有一定的社会意识形式与之相适应的现实基础。物质生活的生产方式制约着整个社会生活、政治生活和精神生活的过程。不是人们的意识决定着人们的存在，相反，是人们的社会存在决定人们的意识。”② 精神生活的根源性，可以从三个层面揭示。

1. 社会结构层面的揭示

经济基础与上层建筑的关系，从宏观上展现了社会的层次或结构。经济基础可被称为经济结构，上层建筑包括法律的和政治的上层建筑、观念上层建筑。一定的社会意识形式，就是观念上层建筑，包括政治、法律、哲学、道德、文艺、宗教等意识形式，也可称之为一定社会的精神文化或意识形态，是一定社会精神生活的主要内容。这些内容的产生和发展，不是无缘无故的，而是以经济发展为基础的。正如马克思和恩格斯在《德意志意识形态》一文中所阐述的：“思想、观念、意识的生产最初是直接与人们的物质活动，与人们的物质交往，与现实生活的语言交织在一起的。人们的想象、思维、精神交往在这里还是人们物质行动的直接产物。表现在某一民族的政治、法律、道德、宗教、形而上学等的语言中的精神生产也是这样。”③ 恩格斯在分析人类生存与发展时，发现经济基础决定上层建筑的规律，他说：“正像达尔文发现有机界的发展规律一样，马克思发现了人类社会的发展规

① 《马克思恩格斯选集》第 3 卷，人民出版社 1995 年版，第 361 页。

② 《马克思恩格斯选集》第 2 卷，人民出版社 1995 年版，第 32 页。

③ 《马克思恩格斯选集》第 1 卷，人民出版社 1995 年版，第 72 页。

律，即历来为繁芜丛杂的意识形态所掩盖的一个简单事实：人们首先必须吃、喝、住、穿，然后才能从事政治、科学、艺术、宗教等等；所以，直接的物质的生活资料的生产，从而一个民族或一个时代的一定的经济发展阶段，便构成基础，人们的国家设施、法的观点、艺术以至宗教观念，就是从这个基础上发展起来的，因而，也必须由这个基础来解释，而不是像过去那样做得相反。”① 恩格斯所说的“物质的生活资料的生产”，就是物质生活的生产方式，“国家设施”指的是上层建筑，“法的观点、艺术以至宗教观念”说的是观念上层建筑或精神文化。恩格斯用人类历史事实与人们所熟知的生活实际，以达尔文发现有机界的发展规律为参照，以简要、通俗的文字，阐明了精神生活内容产生的根源。

马克思和恩格斯不仅论述了物质生活生产方式决定精神生活内容的普遍性理论，而且阐述了不同性质的物质生活生产方式，对不同性质精神生活内容的特殊性起决定作用。马克思在《剩余价值理论》一文中，站在纵观历史发展的高度，分析了各个社会精神生产和物质生产之间的关系，指出：“要研究精神生产和物质生产之间的联系，首先必须把这种物质生产本身不是当作一般范畴来考察，而是从一定的历史的形式来考察。例如，与资本主义生产方式相适应的精神生产，就和与中世纪生产方式相适应的精神生产不同。如果物质生产本身不从它的特殊的历史的形式来看，那就不可能理解与它相适应的精神生产的特征以及这两种生产的相互作用。”② 也就是说，西方中世纪与资本主义社会的物质生产方式或经济基础不同，决定了其精神生产的特征与精神生产的内容不同，一定物质生产总是与一定的精神生产相适应的。这种不同历史阶段的物质生产与精神生产相适应的特殊性的普遍存在，也充分证明了物质生活生产方式决定精神生活内容的普遍性。

2. 社会生活层面的揭示

物质生活的生产方式，也可简称为生产方式，是社会物质生活条件最主要的因素。社会物质生活条件，是指人们的物质生活赖以存在和发展的物质要素的总和，包括自然条件、人口因素和物质生活的生产方式。地理环境和人口因素，是人类社会赖以存在和发展的、经常的必要条件，但它们只是社会发展的外部条件，不是社会发展的决定因素。决定社会发展进程的是物质生活的生产方式。这是因为，人类要生存，就必须生产食、住、行等必需的

---

① 《马克思恩格斯选集》第 3 卷，人民出版社 1995 年版，第 776 页。

② 《马克思恩格斯全集》第 26 卷，人民出版社 1980 年版，第 296 页。

物质资料。而物质资料生产，只有在人们以一定的方式结合起来时才能进行。物质资料生产方式，是社会物质生活中的主要因素，它决定社会的性质，促进着社会关系的转变。离开物质资料的生产，地理环境和人口因素只是一般的自然条件，难以对社会产生影响；只有通过物质资料的生产方式，地理环境和人口因素对社会发展的作用才能得到实现。所以马克思和恩格斯从分析人类生活的前提入手，肯定了物质生活的生产方式对其他生活的决定性作用："我们首先应当确定一切人类生存的第一个前提，也就是一切历史的第一个前提，这个前提就是：人们为了能够'创造历史'，必须能够生活。但是为了生活，首先就需要吃喝住穿以及其他一些东西。因此第一个历史活动就是生产满足这些需要的资料，即生产物质生活本身。"① 从马克思和恩格斯的这个分析中可以看出，就社会生活形态的性质而言，有物质生活和精神生活，为了生活，首先需要有吃、喝、住、穿以及一些其他的东西。这是人生存与发展的前提，也是人从事其他活动，包括形成与发展精神生活的基础。不管在哪个社会、哪个时代，这都是不可违背的事实。

3. 意识产生层面的揭示

人的意识，以及与意识相关的思维、激情、愿望、思想、观念、目标、信仰等概念，都属于人的主观范畴的概念，都是用来表达和描述人的活动与精神状态的概念，只不过意识这一概念涵盖的范围比较宽泛而已。意识就其字面而言：意，即自我的意思；识，就是认知或认识。汉代王充在《论衡·实知》一书中说："众人阔略，寡所意识，见贤圣之名物，则谓之神。"他这里所讲的意识，是见识的意思。

马克思和恩格斯从三个方面，科学论述了意识产生的根源。

首先，马克思和恩格斯揭示了意识是特定物质——人脑的产物。马克思在《资本论》一书中指出："观念的东西不外是移入人的头脑并在人的头脑中改造过的物质的东西而已。"② 马克思明确说明了观念或意识不过是人的头脑的产物，没有头脑这一特定的物质，不可能有观念或意识的产生。恩格斯也在《路德维希·费尔巴哈和德国古典哲学的终结》一文中阐述了同样的道理，他说："我们自己所属的物质的、可以感知的世界，是唯一现实的；而我们的意识和思维，不论它看起来是多么超感觉的，总是物质的、肉体的器官即人脑的产物。物质不是精神的产物，而精神本身只是物质的最高

① 《马克思恩格斯选集》第 1 卷，人民出版社 1995 年版，第 78-79 页。
② 《马克思恩格斯选集》第 2 卷，人民出版社 1995 年版，第 112 页。

产物。”[1] 恩格斯强调意识和思维，即人的精神是人的大脑的属性，而人本身，是自然界的产物，是在自己所处的环境中并且和这个环境一起发展起来的，归根到底意识是自然界的产物，这是马克思主义唯物辩证法的基本观点。

其次，马克思和恩格斯论述了意识是人们物质活动的直接产物。马克思和恩格斯在《德意志意识形态》一文中，用唯物辩证法的基本观点，系统分析了人们的精神交往与社会精神生产的基础与根源，认为：“思想、观念、意识的生产最初是直接与人们的物质活动，与人们的物质交往，与现实生活的语言交织在一起的。人们的想象、思维、精神交往在这里还是人们物质行动的直接产物。表现在某一民族的政治、法律、道德、宗教、形而上学等的语言中的精神生产也是这样。”[2] 马克思和恩格斯在这段话中，用了物质活动、物质交往、物质行动三个概念，主要讲的是人们同自然界、社会之间的物质关系。这种物质关系相对于人的大脑，即内在世界而言，则是客观的外部关系或外部世界。“外部世界对人的影响表现在人的头脑中，反映在人的头脑中，成为感觉、思想、动机、意志，总之，成为‘理想的意图’，并且以这种形态变成‘理想的力量’。”[3] 由于人们的物质活动、物质交往、物质行动处于变化、发展的状态，人们的意识也会随着客观外在的不断发展而变化。“人们的观念、观点和概念，一句话，人们的意识，随着人们的生活条件、人们的社会关系、人们的社会存在的改变而改变，这难道需要经过深思才能了解吗?”[4] 总之，“人们头脑中发生这一思想过程，归根到底是由人们的物质生活条件决定的”[5]。

最后，马克思和恩格斯在批判唯心主义的过程中科学阐述了意识的起源。马克思和恩格斯在创立唯物史观的过程中，重点对宗教和唯心主义哲学进行了分析、批判。他们认为，以往“在研究国家生活现象时，很容易走入歧途，即忽视各种关系的客观本性，而用当事人的意志来解释一切。但是存在这样一些关系，这些关系决定私人和个别政论代表者的行动，而且就像呼吸一样地不以他们为转移。只要我们一开始就站在这种客观立场上，我们就不会忽此忽彼地去寻找善意或恶意，而会在初看起来似乎只有人在活动的

① 《马克思恩格斯选集》第4卷，人民出版社1995年版，第227页。
② 《马克思恩格斯选集》第1卷，人民出版社1995年版，第72页。
③ 《马克思恩格斯选集》第4卷，人民出版社1995年版，第232页。
④ 《马克思恩格斯选集》第1卷，人民出版社1995年版，第291页。
⑤ 《马克思恩格斯选集》第4卷，人民出版社1995年版，第254页。

地方看到客观关系的作用”①。恩格斯把历史上这种颠倒主观与客观关系的唯心主义倾向，上升到哲学基本问题的高度，展开了一场理论上的论战。他说：“思维对存在、精神对自然界的关系问题，全部哲学的最高问题，像一切宗教一样，其根源在于蒙昧时代的愚昧无知的观念……思维对存在的地位问题，这个在中世纪的经院哲学中也起过重大作用的问题：什么是本原的，是精神，还是自然界？——这个问题以尖锐的形式针对着教会提了出来：世界是神创造的呢，还是从来就有的？”② 这样，理论家成了两大阵营。凡是断定精神是本原的，从而归根到底承认某种创世说的人，组成唯心主义阵营；凡是认为自然界是本原的，则属于唯物主义的各种学派。

马克思指出，人们对终极关怀的追求往往表现出非人的种种“神圣形象”——宗教形象，这是人类终极关怀的异化，因为“人创造了宗教，而不是宗教创造了人。这就是说，宗教是那些还没有获得自己或是再度丧失了自己的人的自我意识和自我感觉”③。恩格斯也在《路德维希·费尔巴哈和德国古典哲学的终结》一文中指出，虽然宗教离物质生活最远，而且好像是同物质生活最不相干的。但是，“宗教是在最原始的时代从人们关于自己本身的自然和周围的外部自然的错误的、最原始的观念中产生的”④。这就是说，宗教作为一种虚构的观念或精神，仍然是外在客观条件的产物，是一种“蒙昧时代的愚昧无知的观念”。最初的宗教观念，往往“在每个民族那里依各自遇到的生活条件而独特地发展起来……这样在每一个民族中形成的神，都是民族的神，这些神的王国不越出它们所守护的民族领域……只要这些民族存在，这些神也就继续活在人们的观念中；这些民族没落了，这些神也就随着灭亡”。所以，恩格斯在对民族宗教的历史演变、兴衰存亡的根源进行了系统分析后强调：“头脑中发生这一思想过程的人们的物质生活条件，归根到底决定着这一思想过程的进行，这一事实，对这些人来说必然是没有意识到的……否则，全部意识形态就完结了。”⑤

黑格尔是著名的德国古典哲学家，也是著名的唯心主义者。在他看来，他头脑中的思想不是现实的事物和过程的或多或少抽象的反映；相反，在他看来，我们在现实世界中所认识的，正是这个世界的思想内容，也就是那种

① 《马克思恩格斯选集》第1卷，人民出版社1995年版，第216页。
② 《马克思恩格斯选集》第4卷，人民出版社1995年版，第224页。
③ 《马克思恩格斯全集》第26卷第1册，人民出版社1972年版，第452页。
④ 《马克思恩格斯选集》第4卷，人民出版社1995年版，第254页。
⑤ 《马克思恩格斯选集》第4卷，人民出版社1995年版，第254页。

使世界成为绝对观念的逐渐实现的东西，这个绝对观念是从来就存在的，是不依赖于世界并且先于世界而在某处存在的。也就是说，事物及其发展在后，绝对观念存在于前，思维先于存在而产生。所以恩格斯针对黑格尔的这一唯心主义观点，在《卡尔·马克思〈政治经济学批判〉》一文中指出，黑格尔把“真正的关系颠倒了，头脚倒置了，可是实在的内容却到处渗透到哲学中”，“在黑格尔看来，思维过程，即他称为观念而甚至把它转化为独立主体的思维过程，是现实事物的创造主，而现实事物只是思维过程的外部表现。我的看法则相反，观念的东西不外是移入人的头脑，并在人的头脑中改造过的物质的东西而已”。[①] 马克思的这段话，针对黑格尔的唯心主义观点，论及了观念的产生及其本质，即意识和观念就其形式来讲是主观的，但就其内容而言，它来自外部物质世界。所谓“移入人的头脑”，就是指通过感觉和思维对外部物质世界的反映，把物质的东西变成人脑中观念的东西，也就是达到对物质世界的观念的把握；人脑对外部物质世界的反映，不是机械的直观反射，而是人脑对客观物质进行加工改造才产生观念；人脑改造物质的过程，就是一个对感性材料进行科学抽象加工的过程，是人把握客观物质的本质和规律的过程。

总之，从上面的论述可以看出，社会物质生活生产方式、社会物质生活条件以及客观存在，对精神生活的内容、形态及发展，具有优先性、基础性、决定性作用。这种决定与被决定的关系，是马克思主义所揭示的经济基础与上层建筑、社会存在与社会意识的规律在社会生活中的具体运用。只有认识这种决定与被决定的关系，才能按照马克思主义唯物论思想，科学认识精神生活形成与发展的根源，把握精神生活的发展趋势。但是，承认精神生活的被决定性，并不是认定精神生活的依附性与被动性，而是要按照马克思主义的辩证法，确认精神生活的相对独立性与反作用，承认在一定条件下，精神生活也具有决定作用。否定这一点，就会由否定辩证法走向机械唯物论。所以，马克思主义认为，政治、法律、哲学、宗教、文学、艺术等思想内容的发展，是以经济发展为基础的。“但是，它们又都互相作用并对经济基础发生作用。并非只有经济状况才是原因，才是积极的，其余一切都不过是消极的结果。这是在归根到底总是得到实现的经济必然性的基础上的相互作用。”[②] 毛泽东强调：“我们承认总的历史发展中是物质的东西决定精神的

---

① 《马克思恩格斯选集》第2卷，人民出版社1995年版，第42页、第112页。

② 《马克思恩格斯选集》第4卷，人民出版社1995年版，第732页。

东西，是社会的存在决定社会的意识；但是同时又承认而且必须承认精神的东西的反作用，社会意识对于社会存在的反作用，上层建筑对于经济基础的反作用。”①

人类的一切活动无非是创造精神财富和物质财富的过程，精神生活和物质生活构成了人类生活的两大主题。精神生活是创造德与才（知识文化）的过程；物质生活是创造物质财富的实践过程。物质生活条件是精神生活的基础和前提，精神生活是物质生活的升华。我们既要重视物质生活，又要重视精神生活；既要反对片面追求物质生活而忽视精神生活，把物质生活看作至高无上的享乐主义，又要反对过分强调精神生活，把精神生活理解为离开物质享受的禁欲主义。恩格斯明确指出，“每个人都追求幸福”是一种“无须加以论证的颠扑不破的原则”。② “吃、喝、性行为等等，固然也是真正的人的机能，但是，如果使这些机能脱离了人的其他活动，并使它们成为最后的和唯一的终极目的，那么，在这种抽象中，它们就是动物的机能。”③ “如果幸福在于肉体的快感，那么就应当说，牛找到草料吃的时候就是幸福的”④，“幸福不在于占有畜群，也不在于占有黄金，它的居住处是在我们的灵魂之中”⑤。这就是说，人不同于一般动物，人是有理想、有思想、有情感、有丰富的精神生活的。一个人如果忽视精神生活上的满足，只把物质享受当作幸福，那么，这种幸福仅仅是动物水平的幸福。

总体而言，在人们生活的过程中，当物质生活条件匮乏时，物质生活就显得更为重要；当物质生活基本得到满足时，人们就会追求精神生活。物质生活水平越高，对精神生活的要求也越高；当精神生活不能与高水平的物质生活相协调，或单纯陷于物质生活追求而忽视精神生活时，精神生活就显得比物质生活更为重要甚至起决定作用。正如恩格斯所说的：“根据唯物史观，历史过程中的决定性因素归根到底是现实生活的生产和再生产。无论马克思或我都从来没有肯定过比这更多的东西。如果有人在这里加以歪曲，说经济因素是唯一决定性的因素，那么他就是把这个命题变成毫无内容的、抽象的、荒诞无稽的空话。经济状况是基础，但是对历史斗争的进程发生影响并且在许多情况下主要是决定着这一斗争形式的，还有上层建筑的各种因

---

① 《毛泽东选集》第 1 卷，人民出版社 1991 年版，第 300-301 页。
② 《马克思恩格斯全集》第 42 卷，人民出版社 1979 年版，第 372-373 页。
③ 《马克思恩格斯全集》第 42 卷，人民出版社 1979 年版，第 94 页。
④ 北京大学哲学系外国哲学史教研室：《古希腊罗马哲学》，商务印书馆 1961 年版，第 113 页。
⑤ 北京大学哲学系外国哲学史教研室：《古希腊罗马哲学》，商务印书馆 1961 年版，第 113 页。

素：阶级斗争的各种政治形式和这个斗争的成果——由胜利了的阶级在获胜以后确立的宪法等等，各种法的形式以及所有这些实际斗争在参加者头脑中的反映，政治的、法律的和哲学的理论，宗教的观点以及它们向教义体系的进一步发展。”[①] 恩格斯在这里所说的上层建筑的各种因素，包括观念上层建筑因素，即思想或精神因素。这些因素不仅对“历史斗争的进程发生影响”，即对实际社会生活、社会发展具有反作用，而且“在许多情况下”，即在实际社会生活、社会发展已经走在前面而迫切需要先进思想与精神文明时，具有决定作用。

二、改造世界的实践活动推进精神生活发展

“实践”一词，在中国古代哲学中，是指“践行”“笃行”，是一个道德伦理概念，与实践理性接近。在西方哲学中，“实践”最初并不专指人的活动，而是泛指一般生命体的行为方式。亚里士多德将实践理性与实践活动分割开来，强调“实践”偏重于人的道德行为，认为实践活动是包括人在内的所有生命体的活动方式。苏格拉底也将实践活动直接与“做人”行为等同。古希腊之后，实践的概念局限于实践活动，排除了实践理性或实践观念。拉丁文表达实践的词是 actus，就是活动、行动的意思。古罗马哲学家、柏拉图的忠实继承者普罗丁发展了柏拉图“理念”与“现实”对立的观点，进一步贬抑现实世界，把实践界定为“由向外的趋向造成的行为”，即“由内向外的活动”，突出实践活动的外在显示性，而将人的实践活动的内在理性赋予神灵。苏格兰神学家、经院哲学家邓斯·司各特认为实践是“一个被诱发出命令的意志行动”；英国学者奥卡姆则说实践是“我们人力量的活动，意志的活动”。这些关于实践的界定，都认为实践从属于理性、道德、意志，理性、道德、意志从属于人，而人则从属于上帝，从而由抽象概念的反向推演造成了一种因果倒置的错乱状态。德国古典哲学的创始人康德继承了苏格拉底和亚里士多德的实践观，试图摆脱实证逻辑的框架，界定“实践是一切通过自由而可能的东西”，认为实证逻辑框架中的活动属于人认识世界的范畴，其结果和指导思想都是“理论的”，其活动本身也只是“技术的”。费希特以“行动”“行为”作为自己的哲学体系的核心，把实践归于“纯粹的行为”。黑格尔赋予了“实践”概念十分宽泛的外延，既包括传统

① 《马克思恩格斯选集》第 4 卷，人民出版社 1995 年版，第 695-696 页。

哲学中的道德行为、自由行为，又包括与此相对的生产和技术活动，甚至把“有机物趋向外部世界的过程”叫作“真正的实践过程”。因而，黑格尔对实践的界定最终受到他哲学逻辑体系的制约而被抽象地提升，演化为一种精神的自我体现与生存的实存性理解。

从西方哲学家对实践的界定与理解可以看出，有的把实践理性与实践活动割裂开来，有的把实践理性与日常生活对立起来，有的则把实践活动等同于一切生命体的本能活动，把人的实践活动看作外在的和非理性的活动。这些对实践的狭隘界定与理解没有揭示实践的本质，必然造成实践理性与实践活动的对立，导致主观与客观、意识与存在、精神与物质的分离，最终陷于唯心主义。

总之，在马克思主义产生以前，唯心主义把实践归结为精神的活动，旧唯物主义或者把实践界定为人类消极适应环境的本能活动，或者把实践狭隘地理解为日常生活中的交往活动。马克思主义的创始人运用辩证唯物主义与历史唯物主义原理，在分析、批判以往片面性、唯心论实践观的过程中，阐述了实践的本质与特征，揭示了精神生活的规律。“……不是从观念出发来解释实践，而是从物质实践出发来解释各种观念形态，由此也就得出下述结论：意识的一切形式和产物不是可以通过精神的批判来消灭的，不是可以通过把它们消融在‘自我意识’中或化为‘怪影’、‘幽灵’、‘怪想’等等来消灭的，而只有通过实际地推翻这一切唯心主义谬论所由产生的现实的社会关系，才能把它们消灭。”① 因而，实践活动是改造社会和自然的有意识的活动，是以改造世界为目的、主体与客体之间通过一定的中介发生相互作用的过程。

1. 改造物质世界的对象性活动确证人的本质力量

马克思主义认为，实践是人能动改造物质世界的对象性活动。在实践活动中，一切对象都应当成为人自身的对象化，必须在对对象的能动改造中把握实践。马克思说，对象“成为确证和实现他的个性的对象，成为他的对象，这就是说，对象成为他自身”。“我的对象只能是我的本质力量的确证。”马克思还根据社会工业不断发展的历史与成就进一步阐述“工业的历史和工业的已经生成的对象性的存在，是一本打开了的关于人的本质力量的

① 《马克思恩格斯选集》第1卷，人民出版社1995年版，第92页。

书，是感性地摆在我们面前的人的心理学”[1]。人如果脱离客观条件，不进行改造物质世界的对象性活动，那么，“被抽象地理解的，自在的，被确定为与人分隔开来的自然界，对人来说也是无”[2]。无就是无价值、无意义。所以马克思说，“激情、热情是人强烈追求自己的对象的本质力量”[3]。显然，马克思这里讲的“激情”“热情”和“追求自己的对象”，就是人的精神活动或精神力量；而人的本质力量的确证就是人的需要满足或需要的对象化。需要就是人的主观动机、追求目标、内在期望，只有人才有这种本性，因而人的本质与人的需要是同一的。正是因为这种同一性的存在，马克思才强调：“任何人如果不同时为了自己的某种需要和为了这种需要的器官做事，他就什么也不能做。”“他们的需要即他们的本性。”[4] 这就是说，根据客观条件而形成的主观需要是人的本性，人的一切活动都是为了满足自己的需要，人类的历史就是人为了满足自己的需要而进行活动的历史。而人的需要的满足，只能在人改造世界的对象性活动中不断得到实现。此外，“已经得到满足的第一个需要本身、满足需要的活动和已经获得的为满足需要用的工具又引起新的需要”[5]。高尔基对这种发展的需要说得更明白：“人的需要的增长是无止境的，人活得越长，他想得到的也越多。人是从来也不会满足的，这是人的最佳品质……据此文化的不断发展过程才得以实现，在这些众所周知的环节上汇集了精力，才突然爆发起来而创造了我们看到的那些效果。”[6] 需要的满足以及新的需要的产生推动人的实践活动自为地展开，人在实践活动过程中，除了创造物质生活条件以满足生存需要，也创造了精神文化、新的目标以促进自身实现超越。因而，人能动地改造物质世界的对象性活动，是人的价值创造活动，它使世界成为一个人生存于其中的有意义的生活世界。所以，有学者认为，实践活动不仅是指向外部世界的外源性活动，还是指向人自身的内源性的开发与创造活动。外源性活动是指人开发外部自然的活动，内源性活动表现为对人自身各种潜能的开发，如心理与精神

---

① ［德］马克思：《1844年经济学哲学手稿》，中共中央马克思恩格斯列宁斯大林著作编译局译，人民出版社2000年版，第86-88页。

② ［德］马克思：《1844年经济学哲学手稿》，中共中央马克思恩格斯列宁斯大林著作编译局译，人民出版社2000年版，第116页。

③ 《马克思恩格斯全集》第42卷，人民出版社1979年版，第169页。

④ 《马克思恩格斯全集》第3卷，人民出版社1972年版，第286页、第174页。

⑤ 《马克思恩格斯选集》第1卷，人民出版社1995年版，第79页。

⑥ 《高尔基全集》第26卷，1955年俄语版，第85页。

潜能的开发。我们要重视对自然的开发，但不能无限度地开发；重视人的内源性活动，是重视人对于自身生存与生活意义的认识和理解，是重视对人精神潜能的释放。应当看到，长期以来，人们已养成了一种积习，就是把人的实践活动仅仅看成外在的开发性活动，似乎人只能通过外在扩张方式才能获得生存，从而忽视了人生存与发展的内在精神。

实践虽然是人变革物质世界的活动，具有物质的性质和形式，但实践又是人所特有的对象性活动，旨在把人的动机、目的、理想转化为某种客观存在，这是实践不同于动物的本能活动之所在。因而，在实践活动中，实践主体的精神活动和物质活动、知和行、想和做，总是不可分割地交织在一起的。人类在改造客观世界的过程中，既创造了人所需要的物质条件，也创造了体现人的需要和本质的精神生活，即人们在改造世界的实践活动中的精神活动和形成的思想成果。改造世界实践的最基本的形式，一是改造自然以满足人们物质生活需要的生产活动，它决定着其他一切活动；二是调整和改革人与人之间社会关系的活动，在阶级社会里主要表现为阶级斗争；三是以探索客观世界奥秘或寻觅有效的实践活动方式为直接目的的科学试验活动。此外，教育、管理、艺术等一切同客观世界接触的人的有目的的感性活动，都是实践。在改造自然的实践过程中，人们在生产劳动中推进生产力发展的过程，内在地包含着人的自觉程度的不断提高。物质生产发展的历史，也是人的能动性不断渗透、扩张的历史。人们面对改造自然的艰难困苦，承担着繁重复杂的生产任务，磨炼了不怕吃苦、不畏风险的乐观态度与奋斗精神，养成了勤俭节约与艰苦奋斗的精神。特别是在现代市场经济发展和竞争机制的作用下，更赋予了人们大胆面向社会、面向世界的开放精神，勇于追求发展的独立自主精神，敢于面对挑战的竞争精神。在调整和改革社会关系的实践过程中，人们结成并不断发展社会关系，培养了相互配合、相互促进的和谐思想与协作精神，形成了顾全大局、注重团结、共同努力的团队精神和集体主义精神；在长期的历史进程和积淀中铸塑了自强不息的民族精神和爱国主义精神，在与自然、社会相互交换和比较过程中确立了“以人为本”的价值观念，创造了人文学科，形成了对人的尊严、价值、命运的维护、追求和关切的人文精神；在反抗社会的阶级压迫、剥削和与社会的邪恶抗衡中，锻炼和培养了为实现正确理想，甘愿牺牲小团体利益、个人利益的牺牲精神和献身精神。在科学研究过程中，研究者在长期的实践中，不仅发明创造了多样丰富的科技成果，而且形成了包括共同信念、价值标准和行为规范的思维方式与科学精神；展示了在崇高理想、信念驱使下拼命争取、顽强探索的拼搏精神；发展了综合运用已有的知识、信息、技能和方法，不断进行发明创造、改革、革新的创新精神；形成了当今社会以发展为要务、以创新为己任的求真、向善、唯美的时代精神。

总之，实践是以改造世界为目的的对象性活动，在这种对象性活动过程中，是人的观念对对象的把握和人的行为对对象改变的统一，是人作为主体对客体进行能动改造的活动，是人的生命活动所特有的性质和特殊的运动形式。这种对象性活动既不同于动物的本能活动，更不同于纯粹自然物质形态的运动形式，它创造了人所需要的物质生活条件，同时创造了人的意识和精神生活，从而规定和创造了人的基本特征，“证明人是有意识的类存在物”，使人成为“社会存在物”。因而，实践活动是人的存在方式或生存方式。

2. 实践活动的主体性蕴含丰富的内在精神

从实践本性看，人类的实践活动是人作为主体对客体进行能动的改造的活动，是主客体之间相互作用的过程，是一种主体性活动。所谓主体性，是指人在改造、变革客观世界的过程中所表现出来的能动性、创造性、自觉性。实践活动之所以是主体性活动，是因为实践活动的价值创造是通过人与自然、人与人之间的本质交换完成的。实践活动使人面向自然并认识自然的本质，也使人的本质在认识和改造自然的过程中得以实现。在这种本质的双向交换中，人与自然的本质都得到了丰富、充实和确证。人与自然、人与人的本质交换的过程，就是人的精神生成、丰富的过程，就是生活世界的价值创造过程。“只有在社会中，人的自然的存在对他来说才是自己的人的存在，并且自然界对他来说才成为人。因此，社会就是人同自然界的完成了的本质的统一，是自然界的真正复活，是人的实现了的自然主义和自然界的实现了的人道主义。”[①] 自然对人具有的价值，不仅仅是使用价值，而且确证和表现了人的精神价值，也就是说，主体的实践活动，“不仅使自然发生形式变化，同时他还在自然物中实现自己的目的”[②]。因此，实践是人类自觉自我的一切行为，实践与思想不可分割，没有精神相伴的物质活动不能称为实践。对实践活动的主体性特性，马克思有过多种表述，概括起来主要有三个方面。

第一，实践活动主体在对客体的作用过程中所显示的能动性。主体的能

① ［德］马克思：《1844年经济学哲学手稿》，中共中央马克思恩格斯列宁斯大林著作编译局译，人民出版社2000年版，第83页。

② 《马克思恩格斯全集》第23卷，人民出版社1974年版，第202页。

动性，内涵十分丰富，认识世界、改造世界与人的精神状态，都是人的主观能动性的表现。人在认识世界与改造世界的活动中，都要显示精神状态，精神状态对人认识世界和改造世界的活动有着巨大的影响。实践活动，是主体对于主客体关系的自觉性，突出体现在目的的设定上。所谓目的，通常是指行为主体根据自身的需要，借助内在观念的中介作用，预先设想的行为目标和结果，是人的一种精神性或创造性的需要。马克思主义认为："个人的真正的精神财富完全取决于他的现实关系的财富。"① 目的反映人与客观事物的关系，人的实践活动以目的为依据，目的贯穿实践过程。"在社会历史领域内进行活动的，是具有意识的、经过思虑或凭激情行动的、追求某种目的的人；任何事情的发生都不是没有自觉的意图，没有预期的目的的。"② 所以，马克思在《1844年经济学哲学手稿》中指出，人的生产生活就是类生活或类的生命活动，"一个种的全部特性、种的类特性就在于生命活动的性质，而人的类特性恰恰就是自由的自觉的活动"③。动物和它的生命活动是直接同一的，动物不把自己同自己的生命活动区别开来。而人则使自己的生命活动本身变成自己的意志和意识的对象。有意识的生命活动把人同动物的生命活动直接区别开来。在《资本论》中，马克思把实践界定为"自由自觉的活动"。就是说，实践活动不仅仅是技术性、工具性、物质性活动，还是精神性、超越性活动，"劳动过程结束时得到的结果，在这个过程开始时就已经在劳动者的表象中存在着，即已经观念地存在着。他不仅使自然物发生形式变化，同时他还在自然物中实现自己的目的，这个目的是他所知道的，是作为规律决定着他的活动的方式和方法的，他必须使他的意志服从这个目的"④。在这里，马克思明确指出，实践不是盲目的活动，不是动物式的本能活动，而是有目的、有意识的活动。这种目的，即"已经观念地存在着"的实践结果，就是人精神活动的产物。由此可见，人的实践目标，是人的本质的内在意蕴。康德对"目的"范畴也曾经作过论述，他认为人类社会演变过程是合目的性和合规律性的统一。所谓合目的性，是指人作为"一个被造物全部自然禀赋都注定了终究是应充分而且合目的地发展出来"，"同时这一目的又是合乎理性，历史是依据一个合理又为人理解计划展开，是朝着一个为理性所载的目标前进，人类并不是由本能所引导着，或是由天

---

① 《马克思恩格斯选集》第1卷，人民出版社1995年版，第89页。
② 《马克思恩格斯选集》第4卷，人民出版社1995年版，第247页。
③ 《马克思恩格斯全集》第42卷，人民出版社1979年版，第96页。
④ 《马克思恩格斯全集》第23卷，人民出版社1975年版，第202页。

性知识所哺育、所教诲；人类倒不如说是由自己本身来创造一切”。[①] 主体主观能动性还体现在主体在实践中所呈现的精神状态，主要表现为决心、意志、创造性等。所谓精神状态，是指实践主体的思想意志或心理思维的临时定位。这种定位是随时间、环境而变化的，每个人每时每刻都处于一种精神状态中，人们常用精神状态表述当时的心境和传递给外界的感觉信息。在实践活动中，精神状态有积极主动的进取精神和消极被动的颓废精神、吃苦耐劳的拼搏精神和好逸恶劳的依赖思想、百折不挠的顽强意志和萎靡不振的畏难情绪、不畏艰险的创新精神和保守僵化的守旧态度的区别。

第二，实践活动主体在与客体的相互关系中所展现的自主性。主体的自主性，是相对于依赖性而讲的，指实践主体不受客体所困扰，不受他人干涉和支配，进行自主判断和选择，具有自主的态度和自主的行为。主体的自主性是主体目的性的逻辑延伸，目的性是自主性的标志，自主性是目的性的基础。主体的自主性集中体现为价值选择性。人们认识自然和改造自然的目的，从最低的要求来看，也就是起码的价值选择需要，是为了从自然界获得直接的生活资料，满足人类物质生活和精神生活的需要。从最高的目标来看，也就是长远乃至终极价值选择需要，是为了推进人类社会的发展，满足人的本质发展需要，即使人摆脱动物本能而成为全面发展的人，“通过人并且为了人而对人的本质的真正占有”，“人以一种全面的方式，也就是说，作为一个完整的人，占有自己的全面的本质”。[②] 也就是说，人的生存与发展需要、人的利益是人们实践活动的出发点和归宿。离开人们的利益，离开人类的生存和发展，人类认识自然和改造自然就失去了意义，自然物也就不具有什么价值。真正的实践主体，必然是具有自主性的主体。这种自主性不仅表现为能够通过主观判断，确定正确的目标，还要像马克思在《政治经济学批判》的手稿中说的：“劳动具有科学性，同时又是一般劳动，是这样的人的紧张活动，这种人不是用一定方式刻板训练出来的自然力，而是一个主体，这种主体不是以纯粹自然的、自然形成的形式出现在生产过程中，而是作为支配一切自然力的那种活动出现在生产过程中。”[③] 主体的自主性侧重于主体权利，表现为主体对活动诸因素的占有和支配。也就是说，主体拥有能够自主根据自己的利益和需要，通过一定的手段和方式，达到占有和支

① ［德］康德：《历史理性批判文集》，何兆武译，商务印书馆 1990 年版，第 15 页。

② 《马克思恩格斯全集》第 42 卷，人民出版社 1979 年版，第 120 页、第 123 页。

③ 《马克思恩格斯全集》第 46 卷，人民出版社 1979 年版，第 113 页。

配活动诸因素的权利。因而，自主性实际上是人的精神特性，是人的思想道德素质的基本内核。个体精神特性方面有主体性、主动性、上进心、判断力、独创性、自信心等，社会精神特性方面有自我控制、自律性、责任感等。在自主性发展的过程中，这些特性都融会在自主性态度和自主性行为中，构成一个人的内在品质。

在实践活动中，主体自主进行价值选择不是随意的，在以人类社会的生存和发展作为自主价值选择的同时，还要关心并受制于自然、社会客观条件，在坚持人的需要与物的尺度的统一中进行。马克思在《1844年经济学哲学手稿》中，将人类生活划分为肉体生活和精神生活两大部分，在《〈政治经济学批判〉导言》中指出人类精神包括理论精神、宗教精神、艺术精神和实践精神。这说明实践活动伴随着丰富的精神活动，这种精神活动既有指向实用功利目的的因素，也有非功利的审美享受因素。审美活动就其形态来说，属于精神生活领域，是一种精神上的自我占有和自我享受。所以马克思说："通过实践创造对象世界，改造无机界，人证明自己是有意识的类存在物……动物只是按照它所属的那个种的尺度和需要来建造，而人懂得按照任何一个种的尺度来进行生产，并且懂得处处都把内在的尺度运用于对象；因此，人也按照美的规律来构造。"[①] 这里所说的"人证明自己是有意识的类存在物"，是指现实的人的实践不仅是人自主作用于外部世界的行动，而且是人的精神活动，即实践活动不仅蕴含着人的知、情、意等丰富的精神内容，只有实践活动才能使人的知、情、意由潜在变为现实，并伴随着实践活动的发展而充实。这里所说的"把内在的尺度运用于对象"则是指人内在的知、情、意的精神活动，不是任意或随意的，人可以主动地认识实践对象，把握对象的规律，并根据不同对象的特点与规律，对对象进行符合人的需要的改造或进行生产，来满足人的需要。这种根据人的需要"运用于对象"的实践活动，正是人所具有的自主选择的特性。例如，欧洲的哥特式建筑之所以独具艺术风格，是实践者遵循自然界物质结构的力学原理，并按照人的知、情、意的观念和审美精神建造出来的。实践活动正是在坚持自然与人、必然与自由、合规律性与合目的性的矛盾统一过程中，创造了人类的物质文明与精神文明成果。所以，马克思以"人也按照美的规律来塑造"的高度，提升了人的实践自主性层次。审美活动作为人的特有生命活动，不

① 《马克思恩格斯选集》第1卷，人民出版社1995年版，第46-47页。

同于一般思维活动，它是“一种特殊的、现实的肯定方式”[1]，即一种精神化的感性生命活动，这种精神化的感性生命活动更高于动物生命活动的本能性质。所以，人类在实践中虽然要受一定客观条件的制约，但能够通过意识“直观自身的生命活动”，在精神上“享受了个人的生命表现”，并“在对产品的直观中由于认识到我的个性是物质的、可以直观地感知的因而是毫无疑问的权力而感受到个人的乐趣”。[2] 因此，“按照美的规律来建造”的要义，就是人们在实践过程中既有实现功利的追求目标，也有提高人的审美愉悦的高层次精神享受，做到自主价值选择坚持人的需要与物的尺度相统一。

人类社会自古以来就注重在实践活动中自主追求审美愉悦的精神生活。中国古代的美学认为，美是一种快适的滋味，这种滋味主要不在于人的实际行为，而在于行为、事物所蕴含的人化精神。这种精神既表现为审美主体在审美过程中的情感、直觉、意念的即时投射，即南北朝时期刘勰所说的“物以情观，故辞必巧丽”，中国近现代国学大师王国维所讲的“以我观物，故物皆着我之色彩”，也可以表现为一种客观化了的主体精神。早在春秋时期，以平和之乐使人际关系调和、天人关系统一的思想就已产生，《乐记》集礼乐思想之大成，认为音乐能以气沟通天、人，使天、人互相感应，改变自然状态，决定社会政治。战国时期形成的《吕氏春秋》以五音配五行、十二律配十二月，构成宇宙图式，强调这些内容来自自然，应该像自然那样平和、适中，主张以平和、适中的态度治身和治国。儒家以道德充实为美和以情为美、以和为美、以“合目的”的形式为美，荀子说“不全不粹之本足以为美”；道家以崇尚自然、追求人的自由为美和以“无为”“无声”“无形”“无言”“无味”为美，庄子说“朴素而天下莫能与之争美”；佛家以圆相、光明为美；等等。这些思想充分体现了中国古代审美精神生活的多样性与丰富性。三国时期的著名思想家嵇康把富有精神生活内容的音乐、舞蹈等艺术活动，与劳动、实践直接联系起来，提出了“劳者歌其事，乐者舞其功”的思想，赋予了精神生活的实践内涵。唐代大诗人白居易说：“大凡人之感于事，则必动于情，然后兴于嗟叹，’而形于诗歌矣。”（《策林·六十九》）这就是说，情感活动、精神生活不是凭空产生的，而是缘起于社会生活中的“事”联系着时代的“政”，即与现实的实践活动密不可分。因而，诗词歌曲不可脱离实际，必须源于生活。在西方，古希腊时期的德谟

① 《马克思恩格斯全集》第42卷，人民出版社1979年版，第125页。
② 《马克思恩格斯全集》第42卷，人民出版社1979年版，第37页。

克利特就已觉察到人有精神、审美需要，他说，“大的快乐来自对美的作品的瞻仰”，“永远发明某种美的东西，是一个神圣的心灵的标志”。[①] 智者学派把艺术分为“有用的艺术”和“愉快的艺术”。古罗马哲学家普洛丁按照“高级精神世界”把艺术分为“利用自然的艺术”“纯心灵的艺术”“纯智力的艺术”等不同等级。古罗马著名政治家西塞罗认为诗“是由奇异而超自然的灵感所唤起的一种纯心灵活动的产物”。到了文艺复兴时期，曾颇为风行的视美为善的附庸和神赐灵感的观念受到批判，美的概念开始具有现代意义。康德主张“把美作为一个形式的主观的合目的性”[②]；黑格尔认为艺术和审美根源于人类“心灵自由的需要”[③]；费尔巴哈把艺术的本质视为“充满喜悦的、在自身之中得到满足的、快乐的直观”，而非“不洁的、为利己主义所玷污的”[④]。由此可见，注重人类精神、审美需要，强调艺术和审美的无功利性精神境界，是古今中外人们的自主追求。尽管这种追求具有独特性、相对独立性和超然性，但它归根到底要以实践为基础，源于人们的现实生活。

第三，实践主体在改造客体的过程中所体现的自为性。主体自为性是主体自主性的逻辑延伸，自主是自为的前提，只有自主的人才可能自为；自为是自主的目的，自主是为了实现自为的目的。黑格尔曾提出“自在”“自为”的概念，认为“自在”即潜在、尚未展开的意思，而“自为”则有区别、分化、展开之意。哲学上的“自为”“自在”是反映实践主体认识水平和自觉程度高低的两个概念。当实践主体处在对事物感性认识的水平时，是自在的主体；而当实践主体达到对事物本质理性认识的水平时，就成为自为的主体。“自在”与“自为”的区别就是对事物本质、规律性的把握是否自觉。毛泽东在《实践论》中说，无产阶级在其实践的初期“还是一个所谓‘自在阶级’”，经过马克思主义理论教育，“理解了无产阶级历史任务，这时他们就变成了一个‘自为的阶级’”，[⑤] 讲的就是自在与自为的区别。

“自”并不仅仅是指个人，它是相对于主体以外的客体而言的。这里所

---

① ［古希腊］德谟克利特：《残篇》，见伍蠡甫主编《西方文论选》（上），译文出版社 1979 年版，第 4-5 页。

② ［德］康德：《判断力批判》（上卷），宗白华译，商务印书馆 1964 年版，第 66 页。

③ ［德］黑格尔：《美学》第 1 卷，朱光潜译，商务印书馆 1979 年版，第 39 页。

④ ［德］费尔巴哈：《费尔巴哈哲学著作选集》（下卷），荣震华、王太庆、刘磊译，生活 · 读书 · 新知三联书店 1962 年版，第 235 页。

⑤ 《毛泽东选集》第 1 卷，人民出版社 1991 年版，第 288-289 页。

讲的主体的自为性，是相对于实践对象的自在性而言的。一般说来，自然界运动是自在过程，具有自在性。所谓自在性，是指自然界以一种自发的、无目的的方式存在着。自然界的发展通过一种自发、无目的活动为自己开辟道路，正如恩格斯所说的："在自然界中（如果我们把人对自然界的反作用撇开不谈）全是不自觉的、盲目的动力，这些动力彼此发生作用，而一般规律就表现在这些动力的相互作用中。在所发生的任何事情中都没有任何事情是作为预期的自觉的目的发生的。""相反，在社会历史领域内进行活动的……任何事情的发生都不是没有自觉的意图，没有预期的目的的。"[①] 这就是说，实践活动、社会发展具有自觉意图、预期目的的自为性特征。所谓自为性，是指人的实践。社会发展是有意识、有目的人群的交互作用，是人的发展目标不断现实化、对象化的过程。所以，马克思说："人不仅仅是自然存在物，而且是人的自然存在物，也就是说，是为自身而存在着的存在物。"[②] 所谓"是为自身而存在着的存在物"，就是人是自为性存在物，是指人有内在精神世界，能够确立目标，选择价值，为一种追求和趋向而存在，并在不断创造与超越的活动中把自己展示给世界。因而，自我实现是人的自为性存在的确证。

列宁在论述实践时，用了一个简要公式表述实践的自为性特性："人的实践=要求（1）和外部现实性（2）。"他解释，一方面，"人在自己的实践活动中面向着客观世界，以它为转移，以它来规定自己的活动"；另一方面，"人给自己构成世界的客观图画；他的活动改变外部现实，消灭它的规定性（=变更它的这些或那些方面、质），这样，也就去掉了它的假象、外在性和虚无性的特点，使它成为自在自为存在着的（=客观真实）的现实"。[③] 这就是说，人的目的，即人所自觉追求的价值目标，只有通过人的自为实践才能实现，实践活动是物的尺度与人的尺度、合规律性与合目的性、世界对人的生成和人对世界的生成的统一。

毛泽东把实践的自为性讲得更明确，实践是"主观见之于客观的东西"，"一切事是要人做的"，"做就必须先有人根据客观事实，引出思想、道理、意见，提出计划、方针、战略、战术，方能做好"。就实践过程而言，与物质和精神的本原意义上的关系不同，精神的、观念的东西总是

---

① 《马克思恩格斯选集》第4卷，人民出版社1995年版，第247页。

② 《马克思恩格斯全集》第42卷，人民出版社1979年版，第169页。

③ 《列宁全集　1919年12月—1920年4月　著作：哲学笔记》第38卷，人民出版社1986年版，第229页、第200页、第235页。

“逻辑在先”的，这种如列宁所说的“观念的东西转化为实在的东西”，即精神的外化正是人类实践活动的自为性特征。

马斯洛从人的生活需要、教育活动的结果出发，也论述了人的自为性特征。他说：“人的目的，人本主义的目的，与人有关的目的，在根本上就是人的自我实现，是丰满人性的形成，是人种能达到的或个人能达到的最高的发展。”①

综上所述，实践活动的主体总是把自己的存在和发展当作一个自明的前提，“从主体方面去理解”事物，“从自己出发”去从事实践活动，把事物、活动及其结果看作“为我而存在的”，这是人类精神活动的特点，也是人类特有的生存与发展方式。

3. 社会实践发展水平共同体现时代的文明程度和精神状态

人类的历史不是与自然界相对立的，它既是自然界向人的生成过程，也是人通过实践而诞生自己的过程，是人占有自身本质的自我生成、自我完善过程，是人类的基本存在方式。恩格斯在《自然辩证法》中指出，有了人，我们就有了历史。“‘历史’并不是把人当作达到自己目的的工具来利用的某种特殊的人格。历史不过是追求着自己目的的人的活动而已。”② 人类自己创造自己的历史，只能通过自觉的、能动的、对人类生存和社会发展具有积极意义的实践来创造，所以“人类世界只能是实践中的存在”③。之所以是“实践中的存在”，是因为“生存是一切人类面临的前提性的问题，生存绝不是一种静观式的认识论态度，而是一切人类面临的前提性问题，生存绝不是一种静观式的实践态度，亦即人类是在活动（最基本的活动形式是生产）中解决自己的生存问题的。正是在这个意义上可以说，生存论的本体论维度乃是马克思实践观的第一维度”④。也就是说，人的实践活动蕴含着社会发展的延续和对人类可持续生存和发展的关怀。同时，人的实践的自为性，就内含历史，它既是历史的前提，又是历史的结果，在自为生存的前提和结果转换中展开着人的历史。“……历史并不是作为‘产生精神的精神’消融在‘自我意识’中，历史的每一阶段都遇到有一定的物质结果、一定数量的生产力总和，人和自然以及人与人之间在历史上形成的关系，都遇到

---

① ［美］马斯洛：《人性能达的境界》，林方译，云南人民出版社 1987 年版，第 169 页。

② 《马克思恩格斯全集》第 2 卷，人民出版社 1957 年版，第 118–119 页。

③ 《马克思恩格斯选集》第 1 卷，人民出版社 1995 年版，第 54 页。

④ 俞吾金：《对马克思实践观的当代反思——从抽象认识论到生存论本体论》，载《哲学动态》2003 年第 6 期。

有前一代传给后一代的大量生产力、资金和环境，尽管一方面这些生产力、资金和环境为新的一代所改变，但另一方面，它们也预先规定新的一代的生活条件，使它得到一定的发展和具有特殊的性质。”① 人类社会“历史的全部运动，既是它的现实的产生活动——它的经验存在的诞生活动，同时，对它的思维着的意识来说，又是它的被理解和被认识到的生成运动”②。这就是说，历史不是像那些经验论者所认为的“是一些僵死事实的搜集”，也不是像唯心主义者所认为的“是想象的主体的想象的活动”，而是现实、具体的存在，是人自为的实践与生存活动。人们自己创造自己的历史，自己“谱写”自己的历史乐章，自己掌握自己的命运。因此，历史主体既是历史“剧中人”，又是历史“剧作者”。所以，恩格斯首先肯定“为史过程中的决定性因素归根到底是现实生活的生产和再生产”“经济的前提和条件归根到底是决定性的”；同时，也把人的精神发展纳入历史过程中。他说：“历史是这样创造的：最终的结果总是从许多单个的意志的相互冲突中产生出来的，而其中每一个意志又是由于许多特殊的生活条件，才成为它所成为的那样。这样就有无数互相交错的力量，有无数个力的平行四边形，由此就产生出一个合力，即历史结果，而这个结果又可以看作一个作为整体的、不自觉地和不自主地起着作用的力量的产物。”恩格斯在《费尔巴哈论》中，也同样阐述了“历史合力”的思想：“许多按不同方向活动的愿望及其对外部世界的各种各样作用的合力，就是历史。”③ 恩格斯的这些论述充分说明，人类社会的实践活动既是物质生产的创造，也是精神生产的创造；每个时代的认识与实践水平既体现在该时代的物质财富与科学技术发展水平上，也体现在该时代人们的财富与精神生活上，共同体现一个时代的文明程度和精神状态。这就是社会发展过程与自然发展过程的本质区别。

正因为实践在历史发展过程中具有至关重要的地位，所以经典作家的论著反复强调了实践的重要性。马克思指出：“人的思维是否具有客观的真理性，这并不是一个理论的问题，而是一个实践的问题。人应该在实践中证明自己思维的真理性，即自己思维的现实性和力量，亦即思维的此岸性。”“环境的改变和人的活动或自我改变的一致，只能被看作是并合理地理解为革命的实践”，“社会生活在本质上是实践的”，“哲学家们只是用不同的方

① 《马克思恩格斯选集》第1卷，人民出版社1995年版，第59页。

② ［德］马克思：《1844年经济学哲学手稿》，中共中央马克思恩格斯列宁斯大林著作编译局译，人民出版社2000年版，第55-57页。

③ 《马克思恩格斯选集》第4卷，人民出版社1995年版，第697页、第248页。

式解释世界，问题在于改变世界”。[1] 列宁在《哲学笔记》中说：“实践高于（理论的）认识，因为实践不仅具有普遍性的优点，而且具有直接现实性的优点。”[2] 毛泽东在《实践论》中强调：“实践的观点是辩证唯物论的认识论之第一的和基本的观点。”[3]

① 《马克思恩格斯选集》第1卷，人民出版社1995年版，第81页。

② 《列宁全集 1895—1916年 笔记：哲学笔记》第55卷，人民出版社1990年版，第183页。

③ 《毛泽东选集》第1卷，人民出版社1991年版，第284页。

价值迷茫的表现、成因及教育转化*

党的第十七届六中全会通过的《关于深化文化体制改革推动社会主义文化大发展大繁荣若干重大问题的决定》指出，“社会主义核心价值体系是兴国之魂，是社会主义先进文化的精髓，决定着中国特色社会主义发展方向”，并提出了明确的教育原则与要求。随着改革开放的推进和社会主义现代化建设的发展，我国采取理论指导、法治规范、政策规定、教育引导等综合举措，始终坚持社会主义核心价值体系，从而保证了我国价值取向的主流一直朝着正确、积极的方向发展。但在对外开放、社会信息化和多样化发展过程中，价值多样化发展很快，一些人也存在一定程度的价值迷茫。研究价值迷茫，探索引导与转化对策，对推进我国科学发展，促进人的全面发展，具有重要意义。

一、价值迷茫的表现

价值迷茫在空间向度、时间向度与内容向度上，分别集中表现为利己主义、功利主义与物质至上的价值追求。

第一，利己主义价值观对集体主义价值观的冲击。在空间层面有利己主义与集体主义两种不同性质的价值观。所谓利己主义价值观，就是个人利益至上的价值观。利己主义在资本主义社会就是个人主义，它是资本主义社会的主导价值观。利己主义价值观在我国社会也有三个表现：一是以权谋私、贪财腐败。“权”即“权力”，有领导权、行政权、管理权、判决权等，这些权力为特定主体所拥有，具有对社会或他人的影响和支配力量。权力本来是公众赋予的公共资源或公共手段，理应被用来为社会和公众服务，但如果这种公共权力被用于为个人谋利，那么，权力就转化为私人强制支配资源的力量，在“非对称”状况下侵占不应有的资源。二是一些人片面强调社会主义市场经济体制所赋予个体的自主性与竞争性，忽视市场经济是高度社会化、综合化发展的经济形态，有的人甚至不顾社会主义市场经济体制与资本

* 原载于《江汉论坛》2012年第11期，作者张彦、郑永廷，收录时有修改。

主义市场经济体制的本质区别，陷于个人本位状态，对集体、社会漠不关心。三是信奉"自私是人的本质"的资产阶级价值观，以个人主义作为立身处世的准则，热衷于追求自我价值。极少数人甚至赤裸裸地损人利己、损公肥私，为了一己私利而不惜损害国家、集体或他人的利益。这种利己主义价值取向，反映的是正确的价值方向的迷失。法国政治思想家托克维尔曾经把个人主义称为"温和的利己主义"，认为当这种利己主义价值观发展到严重程度的时候，就会导致无政府主义与反社会行为。美国伦理学家梯利也说过："一个极端的利己主义者容易给社会生活造成危险。"[①] 显然，利己主义价值观与我国倡导的集体主义价值观性质是根本不同的。所谓集体主义价值观，是指人们的一切言行要合乎无产阶级和广大人民的根本利益，其基本内容是从无产阶级和广大人民的根本利益出发，坚持集体利益高于个人利益；在维护集体利益的前提下，把个人利益和集体利益结合起来；当两者之间发生矛盾时，个人利益服从集体利益，在必要时甚至牺牲个人利益。而利己主义价值观则坚持个人利益至上，因而是对我国主导价值观的迷失。

第二，功利价值取向对长远价值的忽视。价值取向在时间层面上，有功利主义与可持续发展两种取向。功利主义这一概念也可译为功用主义或乐利主义。功利主义以斯密的"自然秩序"和"理性观念"为基础，把人性归结为个人利己主义，于18世纪末19世纪初由英国哲学家、经济学家边沁和密尔提出。功利主义的出发点和前提，一是功利原理或最大幸福原理，即个人、政府的一切行为准则取决于是增进幸福还是减少幸福，人类的行为完全以快乐和痛苦为动机；二是自利选择原理，即对于什么是快乐、什么是痛苦，每个人有自己的判断标准，各个人是其自身幸福的最好判断者，追求自己的最大幸福是一切人的目的。功利主义在资本主义国家具有广泛而持久的影响，其出发点和落脚点最终是个人主义。

在改革开放进程中，随着市场经济体制的建立和国外文化的引进，功利主义价值观在一些人中逐步形成影响，其主要表现，一是注重现实功用与功效，忽视持续与全面发展。注重功用与功效，就是注重事物的使用价值、实用价值，忽视事物的科学价值、社会价值与发展价值。例如，在学习、工作上急功近利，忽视条件创造与艰苦努力过程；在人际关系上采取利用与实用准则，忽视情感与友谊；在发展上片面追求能力与才干，忽视德性与为人等。二是注重现实与眼前利益，忽视根本与长远利益。其具体表现是片面重

① ［美］弗兰克·梯利：《伦理学导论》，何意译，广西师范大学出版社2002年版，第361页。

视物质与金钱占有，忽视政治与道德价值。现实与眼前利益，就是具体的、物质的利益，按金钱的多少来衡量；而根本与长远利益，就是广大人民的利益、民族国家的利益，由政治与道德的内容来表达。三是注重感性思维与感官满足，忽视理性思考与理想信念；重技术性思维、即时性思维，轻哲学思维、逻辑思维；重浏览式与“快餐式”学习，轻思考性与探究性学习等。

不管是西方国家的功利主义价值观，还是这种价值观在我国的具体表现，其基本特征都是重眼前利益、物质利益、实用技术，轻长远利益、精神追求、理想信念。坚持这种价值取向与价值追求，很容易使人陷于迷惘困惑的自发状态，不仅影响学习、生活质量，还会因缺乏强有力的精神支柱，导致思维空间难以有序而阻碍聪明才智的发挥。同时，人应具有能动性、创造性，虽然人获取现实利益和追求实效无可厚非，但人的需要与发展不能仅仅局限于眼前，而应当立足长远，把自己与社会联系起来并融入社会中，不断推进社会发展和实现对自身的超越，寻求自觉发展。只有确立这样的思路，才能冲破狭隘的时空界限，形成服务国家、服务人民的社会责任感，树立中国特色社会主义共同理想，富有生气与活力地为社会创造更多财富。

第三，物质至上的价值追求，对精神价值的轻视。价值观在内容向度上，有以物为本、以器（即工具）为本、以神为本、以人为本的区别。所谓物质至上，就是以物质、金钱为本，轻视甚至忽视精神追求。物质至上价值观发展到严重程度就是商品拜物教。在资本主义社会，拜物教是不断发展的，即由崇拜、追求商品的商品拜物教，到崇拜金钱、聚敛财富的货币拜物教，再到扩大资本、追求货币增殖的资本拜物教。我国实行改革开放后，不仅西方国家的拜物教价值观对我国产生影响，而且一些单位与个体在市场的自发作用下，以商品与商品相互交换的关系，掩盖甚至替代了商品生产者之间、人与人之间的社会关系，使一些非经济的社会关系受商品生产的价值规律支配，物质至上价值取向便由此而产生。一是有些个体以金钱替代其他价值取向，如官场的钱权交易、市场的失信交易、文场的钱文交易等，虽然表现形式不同，但以金钱替代政治、法律、道德价值的实质是一致的。二是有的单位与个体以金钱作为评估政绩、衡量行为、判断成败的唯一价值标准，如政绩评估只讲 GDP 指标和有形的形象工程，业绩考核、职称评定、岗位升迁等都直接与金钱挂钩，金钱成为支配人行为的支点和杠杆。这些“用对钱袋的影响来衡量每一种活动的意义”① 的价值观，是使人物化的价值

① 《马克思恩格斯全集》第 26 卷，人民出版社 1972 年版，第 300 页。

观，既不符合人的本质特性，更背离了社会科学发展与人的全面发展目标。马克思主义认为，人应当“以一种全面的方式，也就是说，作为一个完整的人，占有自己的全面的本质”[①]。人的全面本质，是指人具有自然的、社会的、精神的本质。物质至上价值观强化人的自然本质，忽视人的社会、精神本质，实际上是人的物化。马克思强调：“人的本质是人的真正的社会关系，人在积极实现自己本质的过程中创造、生产人的社会联系、社会本质。”[②] 人的社会关系有物质关系与思想关系，而思想关系或观念关系是丰富多彩的。“个人的全面性不是想象的或设想的全面性，而是他的现实关系和观念关系的全面性。”[③] 可见，物质至上价值观是偏离我国坚持社会科学发展与人的全面发展目标的。

二、价值迷茫的成因

“人们的观念、观点和概念，一句话，人们的意识，随着人们的生活条件、人们的社会关系、人们的社会存在的改变而改变。”[④] 价值观作为一种思想观念，是社会利益关系的反映。改革开放的伟大实践不仅深刻改变了我国的社会面貌，而且深刻影响着人们的价值观念。

改革开放前，我国在计划经济体制下，强调“大一统”的公有制，实行平均主义、“大锅饭”政策，社会各个领域、各个单位与个体依靠集体分配资源、获取利益，因而价值观念与价值获取基本同一。这种平均主义价值观念，严重抑制了单位与个体的积极性与创造性。在打破平均主义价值观念，形成社会主义价值主导与多样价值发展的过程中，难免出现价值迷茫。

第一，实行对外开放在推进发展的同时，不可避免地带来了西方国家价值观的影响。实行对外开放，目的是发展，正如邓小平所说：“中国要谋求发展，摆脱贫穷和落后，就必须开放。”[⑤] 只有在开放条件下，“有比较才能有鉴别，有鉴别和斗争才能发展”[⑥]。对外开放改变了我国的封闭状态，使社会面临复杂多变的文化环境、信息环境、竞争环境，面临各种文化、思

① 《马克思恩格斯全集》第42卷，人民出版社1979年版，第123页。
② 《马克思恩格斯全集》第42卷，人民出版社1979年版，第24页。
③ 《马克思恩格斯全集》第46卷（下），人民出版社1972年版，第36页。
④ 《马克思恩格斯选集》第1卷，人民出版社1995年版，第291页。
⑤ 《邓小平文选》第3卷，人民出版社1993年版，第266页。
⑥ 《毛泽东著作选读》（下册），人民出版社1986年版，第785页。

潮、信息的激荡。一方面，我们可以广泛学习、借鉴国外有益的文化、科技与经验；另一方面，西方国家的个人主义、功利主义、拜金主义价值观，也不可避免地通过文化、艺术、交往进行传播，对一些人产生影响。这种影响虽然主要是外在性的，但由于个人主义、功利主义、拜金主义价值观与人的现实利益直接相关，因而往往容易被一些人接受而付诸行动。资本主义社会价值观的影响，是我国社会产生价值迷茫的重要原因。

第二，在改革发展进程中，难免出现价值取向多样与偏差。我国新时期“最鲜明的特点是改革开放”，“这场历史上从未有过的大改革大开放，极大地调动了亿万人民的积极性，使我国成功实现了从高度集中的计划经济体制到充满活力的社会主义市场经济体制、从封闭半封闭到全方位开放的伟大历史转折”。[①] 改革不仅推进我国经济社会快速、持续发展，而且促进人们的价值观念和行为方式发生深刻变化。特别是经济体制改革，不仅增强了各个单位与每个人的主体性与积极性，而且形成了社会竞争机制，赋予了社会和个体强大动力。同时也要看到，经济竞争与发展遵循的是价值规律，其结果是财富的增加与利益的获得。经济与科技竞争的加强，会促使一些人强化利益追求。正是在这个角度，马克思认为，在资本主义社会，“劳动产品一旦作为商品来生产，就带上拜物教性质，因此拜物教是同商品生产分不开的”[②]。在社会主义制度下，虽然不会产生像资本主义社会那样普遍的拜物教，但在激烈竞争条件下，一些人泛化价值规律的运用，也会受物的运动所支配，催生“物质至上”“金钱万能”的价值观念。应当肯定，商品生产与发展应当遵循价值规律，但不能把价值规律扩展到社会生活的一切领域，使社会关系物化，即便是商品生产与交换，也要遵循法治与道德规范。前面所讲的钱权交易、缺德交易、钱文交易，就是把商品生产的价值规律泛化到政治、道德、文化领域的结果。同时，在运用社会竞争机制时，也要全面制订竞争指标，合理开展评估。一些单位在竞争评估过程中，重物质、科技评估，忽视政治、思想、道德的作用，强化了一些人的功利价值取向。

第三，科技创新在不断增加新知识的过程中，产生了对人文精神的挤压。进入20世纪后，科学技术作为第一生产力，在经济发展中的作用越来越大，科技创新成果也越来越多，科技知识呈几何级数增长。人们面对科技

① 胡锦涛：《高举中国特色社会主义伟大旗帜　为夺取全面建设小康社会新胜利而奋斗——在中国共产党第十七次全国代表大会上的报告》，人民出版社2007年版，第7页。

② 《马克思恩格斯全集》第23卷，人民出版社1972年版，第89页。

知识的迅猛增长，承受着越来越大的学习与创新压力，有的人甚至接受西方国家科学技术主义的观点，形成了“科技为本”“科技万能”的价值观。这种片面崇拜科技甚至神化科技的价值观，实际上是对工具的崇拜与神化，对人内在精神的忽视。这种忽视是功利主义、物质至上价值观产生的重要根源。联合国发展计划署教育顾问德怀特·艾伦在对20世纪高等学校重智育轻德育、重科技轻人文的倾向进行分析后指出：“20世纪，高等教育自发地把如何使学生变得‘聪明’当作了主要目的。当今，知识量已经翻了好几倍。高等教育忙于应付令人头晕目眩的新知识，无暇顾及价值观和道德教育。”针对这种情况，他明确提醒并警告教育者：“教育有两个目的：一个是要使学生变得聪明；一个是要使学生做有道德的人。如果我们使学生变得聪明而未使他们具有道德，那么，我们就为社会创造了危害。”[①] 所以，在科技知识压力下所发生的人文缺失，并不是知识本身的原因，而是一些人专注于科技知识，忽视精神家园建设的结果。马尔库塞也曾批评资本主义社会重科技、轻人文的现象，认为在技术发展的发达工业社会中，人在技术的压制下已变成只按技术合理性行动而没有批判性和创造性的“单向度的人”。海德格尔则把现今人类引以为自豪的科学技术时代称为“贫乏的时代”，因为技术不再是“工具”，而是人无力控制的东西，人将命运交给了技术，“技术的白昼成了人类的黑夜”。爱因斯坦曾告诫人们：“单靠知识和技巧不能使人类走向幸福和高尚的生活。人类有充分的理由把那些崇高的道德标准和道德价值的发现者位于客观真理的发现者之上。”[②]

三、价值迷茫的转化

虽然我国社会价值取向多样与价值迷茫难以避免，但对于偏离社会主义主导价值的倾向，不能任其发展，必须进行引导与转化。

第一，发挥社会主义核心价值体系的主导和引领作用。一个国家的核心价值体系，是一个国家的灵魂与旗帜，是引导、规范社会和个体多样化价值的方向与准则，是促进社会与个体发展的思想基础与保证。任何国家为了稳定与发展，都会提出自己的核心价值体系，都会坚定不移地坚持以核心价值

---

① ［美］德怀特·艾伦：《高等教育的新基石》，任中棠等译，载《求是学刊》2005年第3期，第6-10页。

② ［美］海伦·杜卡斯、［美］巴纳希·霍夫曼：《爱因斯坦谈人生》，高志凯译，世界知识出版社1984年版，第61页。

体系主导价值取向。针对我国社会存在的一定程度的价值迷茫，坚持进行社会主义核心价值体系的教育引导，既是推进社会科学发展的保证，也是促进人的全面发展的需要。这是因为社会主义核心价值体系的内容具有明确的功能和正确的价值：马克思主义是社会主义核心价值体系的灵魂和旗帜，决定我国社会的性质和发展方向；中国特色社会主义共同理想是凝聚社会、鼓舞人民的伟大目标；以爱国主义为核心的民族精神和以改革创新为核心的时代精神，为社会发展与人的全面发展提供强大动力；社会主义荣辱观为社会稳定、发展确立基本准则与保证。这些内容相互联系、相互贯通，是一个有机整体，缺一不可，既体现了社会与个体发展的潜能与活力，又明确了发展所应遵循的方向与规范，因而对我国社会和人的发展，具有坚定正确方向、实现远大目标、提供强大动力、遵循基本准则的主导作用。

针对我国社会存在的价值迷茫，要发挥社会主义核心价值体系的引导与转化作用，一是要坚持马克思主义在意识形态领域的指导地位，坚决反对指导思想多元化，坚持用马克思主义特别是用中国特色社会主义理论体系开展教育活动，用马克思主义世界观引领价值观，从坚定马克思主义信仰的高度，反对各种消极、不良的价值观。二是要大力加强中国特色社会主义共同理想教育，引导人们认同目标、明确取向、凝聚力量、规范行为，形成对价值迷茫引导与转化的社会力量。三是要开展爱国主义与改革开放教育，用民族优秀文化传统和改革开放的伟大成就激励、振奋民族精神与时代精神，抵制资产阶级价值观的影响。四是要用社会主义荣辱观进行对照检查，规范言行，保证社会主义核心价值体系对多样价值取向的主导。为此，要将社会主义核心价值体系融入国民教育和精神文明建设全过程，贯穿媒体传播、文化产品生产、人们日常生活、政策法规制定和社会管理，使社会主义核心价值体系渗透到人们的实践与生活中，成为人们的自觉意识和追求。

第二，坚持价值取向的全面性和协调性。要将片面性价值追求转化为全面性价值取向，必须进行价值取向的全面性、协调性引导。所谓价值取向的全面性，是指按照社会科学发展和人的全面发展要求，坚持价值内容的多样性，即包括物质与精神、科技与人文、法治与道德等方面的价值内容。所谓价值取向的协调性，是指坚持价值关系的互补性与互动性，而不是价值取向上的相互抑制、对立与替代。全面性是协调性的基础，协调性是全面性的保证。

坚持价值观的全面性和协调性，归根结底是人的本质的要求和体现。按照马克思主义的观点，人的全面发展从根本上讲是对人的本质的全面占有。

物质性、社会性、精神性都是人的本质特性。人是有生命的个体，但把人与动物区别开来的“本质不是胡子、血液、抽象的肉体本性，而是人的社会特质”，“人的本质并不是单个人所固有的抽象物。在其现实性上，它是一切社会关系的总和”。[①] 人的全面发展是人的自然、社会、精神属性的协调发展和社会关系的丰富。坚持价值观的全面性和协调性，不仅要坚持开展科学发展观、和谐社会理论教育，反对和抵制资本主义社会的商品拜物教、货币拜物教、资本拜物教，而且要在工作、管理、评估、奖惩过程中，切实贯彻落实科学发展观，保证社会协调与和谐。

第三，加强和改进价值观教育。在市场经济条件下，人们普遍重视经济建设与科技学习和创新，对此应当充分肯定。但针对一些人对精神文化与人文精神的忽视，又需要引导和转化。忽视精神文化与人文精神的倾向，既不符合当代社会的发展趋势，也不适应现代人的发展要求。胡锦涛在党的十七大报告中特别指出：“当今时代，文化越来越成为民族凝聚力和创造力的重要源泉、越来越成为综合国力竞争的重要因素，丰富精神文化生活越来越成为我国人民的热切愿望。”[②] 他还根据当代社会发展的需要，强调要兴起社会主义文化建设新高潮，激发全民族文化创造活力，提高国家文化软实力。精神文化不仅是社会的思想灵魂与人的本质体现，具有价值导向、精神动力与社会规范作用，而且在当代社会还关系到国家软实力的提高、民族凝聚力的增强和人们创造力的激发。为此，我们党提出了要建设学习型政党、提高国家文化软实力的任务。提高软实力，就是增强精神力量，包括发挥政治、文化、道德等软要素的作用，激励民众士气，整合民众力量，发挥民众聪明才智。当代社会之所以如此强调精神文化的价值与人的精神动力作用，是因为社会逐步由工业化时代走向信息化与知识经济时代，人才资源是最重要的资源。“综合国力的竞争，越来越表现为经济实力、国防实力和民族凝聚力的竞争。”[③] 民族凝聚力是国家软实力，是综合国力的重要标志，是民族精神文化孕育的结果。而民族精神文化与经济、科技的整合互动所要解决的基本问题，是经济、科技决定论与精神动力论的统一，其核心是经济、科技发展的根源与动力要从人那里去寻求。所以，随着社会的发展，精神文化的价

---

① 《马克思恩格斯选集》第1卷，人民出版社1995年版，第60页。

② 胡锦涛：《高举中国特色社会主义伟大旗帜　为夺取全面建设小康社会新胜利而奋斗——在中国共产党第十七次全国代表大会上的报告》，人民出版社2007年版，第20页。

③ 江泽民：《在第三次全国教育工作会议上的讲话》，见中华人民共和国教育部《深化教育改革　全面推进素质教育：第三次全国教育工作会议文件汇编》，高等教育出版社1999年版，第15页。

值不是降低了，而是提高了，人们的精神需求不是减少了，而是增强了。为了满足社会与人的发展的精神需要，必须更新价值观教育理念，树立以人为本的教育观。针对价值迷茫，特别要加强世界观、人生观、价值观教育，充分利用电视、广播、报纸、杂志、网络等多种载体，采取丰富多样的形式，形成精神文化教育、熏陶、感化的氛围，针对价值取向上的迷惘困惑，及时解疑释惑、理顺情绪、平衡心理、化解矛盾，把人文关怀和心理疏导贯穿、渗透工作与生活的各个环节，寓价值观教育于解决实际问题。

青年社会竞争适应阻碍与超越研究*

我国社会主义市场经济体制建立以后，形成了社会竞争机制。广大青年敢于参与、积极推进竞争，成为我国社会竞争的先锋队与突击队。但据调查，多数青年感到学习、工作、就业等方面竞争压力大，有些青年还存在适应社会竞争的阻碍。因此，研究竞争压力转化，帮助青年克服阻碍，对促进青年适应社会发展、全面健康成长很有意义。

一、社会竞争与青年社会适应的内涵

社会由党政机构、企事业单位、群众团体和家庭等各层级组织以及社会成员组成。社会竞争（social competition）就是人与人、人与组织、组织与组织等之间的全方位竞争。其中，企业组织之间的竞争是比较突出、明显、激烈的竞争，集中体现为对经济资源、利益的博弈与配置。因此，经济竞争成为对社会影响最大的竞争，也是影响青年社会适应的重要客观条件，多数青年认为自己面临的突出问题是竞争压力与社会竞争的适应。适应原意是“调整、改变”。这一概念最先被用于生物学，是指“生物在生存竞争中适合环境条件而形成一定性状的现象，是自然选择的结果”[①]。后来，英国社会学家赫伯特·斯宾塞最早将这一概念运用于社会领域。《社会学词典》将“社会适应”解释为个人和群体调整自己的行为使其适应所处社会环境的过程。本文认为，主观对客观具有能动作用，社会适应首先必须体现在观念上，即主观与社会客观实际相适应；同时，个体行为要遵循社会的各种规范。因此，所谓社会适应，就是主观与客观、个人行为与社会活动之间的不断调整与平衡，其适应的主要内容是主观与客观、个人与社会的关系；适应的对象是社会客观实际，即主体所处的一切社会客观条件；适应反映的是主观与客观之间的相互作用，其中客观实际具有制约或决定作用，同时主观反映客观，具有能动作用；适应是主体与客观不断实现平衡的动态过程；适应

---

* 原载于《中国青年研究》2011 年第 4 期，作者郑永廷、胡梅花，收录时有修改。

① 辞海编辑委员会：《辞海》，上海辞书出版社 1980 年版，第 2366 页。

必须遵循社会与人的发展规律，其目的在于推进人与社会合规律性与合目的性的发展。青年对社会的适应与超越，实际上是青年个体对社会关系的认识和把握。个体与社会的关系是自人类产生以来就存在的基本关系。进入近现代社会后，西方资本主义社会坚持个体本位的个人主义价值观，使社会与人的发展出现畸变，早期资本主义社会功利主义、实用主义、享乐主义盛行，现代西方又极度张扬个人的“绝对自由”、人权与个性，致使世界和平发展和局势稳定受到威胁与破坏。西方学者甚至把个体本位的个人主义神圣化，如著名法国社会学家埃米尔·涂尔干主要研究个体与社会关系理论，他在《社会分工论》一书中认为，现代社会“集体意识变得越来越微弱，越来越模糊”；他主张建构一种“道德个人主义”，而“这种（个人主义）道德……是一种人既作为信徒又作为上帝的宗教”①。涂尔干把“人变成了人的神”，把人与个人主义宗教化了。我国在“文化大革命”过程中，受错误思想引导，以群众政治运动和假、大、空的方式，过分强调社会政治价值高于一切、大于一切，忽视甚至否定个体价值，严重伤害了广大党员和群众的主体性与创造性，从个体与社会关系的另一个极端导致了社会动乱。个体与社会的关系是一个辩证统一的关系，个体组成社会是社会存在与发展的基础；社会包括个体，为个体提供存在与发展的条件。人离不开社会，社会也离不开人，社会的个体性和个体的社会性是相辅相成、不可分割地联系在一起的。所以马克思主义认为，“人的本质是人的真正的社会关系，人在积极实现自己本质的过程中创造、生产人的社会联系、社会本质”②。“只有在集体中，个人才能获得全面发展其才能的手段，也就是说，只有在集体中才可能有个人自由。”③ 因而人与社会总是表现为一种动态的平衡关系，即人要适应社会发展，与社会保持和谐，并要推进社会发展，创造社会联系。过分注重和肯定其中一个方面，轻视和忽视其中另一方面，都会破坏这一动态平衡而导致社会矛盾与冲突。青年正处于由少年向成年迅速成长、成熟的阶段，其主体性与社会化程度都需要增强和提高。在社会竞争条件下，不少青年在认识和处理主体性与社会化关系时，又面临着竞争性与合作性、现实性与长远性、自由性与规范性等复杂关系的合理把握与选择的问题，存在某些适应阻碍，需要分析和引导。

---

① ［法］埃米尔·涂尔干：《社会分工论》，渠东译，生活·读书·新知三联书店 2005 年版，第 240 页、第 298 页。

② 《马克思恩格斯全集》第 42 卷，人民出版社 1979 年版，第 24 页。

③ 《马克思恩格斯全集》第 3 卷，人民出版社 1965 年版，第 84 页。

二、青年社会竞争适应的阻碍分析

青年是最富有时代特征的群体，因为他们思想活跃，朝气蓬勃，易于接受新生事物。在我国实行改革开放政策，建立社会主义市场经济体制的过程中，青年总是走在时代前列，发挥开拓创新作用，推动社会竞争向前发展。我国社会竞争与多样化快速发展，也使一些青年产生适应阻碍。了解青年适应社会竞争的阻碍，分析阻碍产生的原因，引导他们认识和解决社会发展所面临的新问题，是促进他们健康成长的需要。概括来说，青年适应社会竞争的阻碍，主要有三个方面。

其一，有些青年过分以自我为中心，存在淡化社会化的阻碍。有些青年过分以自我为中心，缺乏社会化追求的主要表现。一是有些青年面对社会竞争压力，在寻找应对之策的过程中，往往注重个体经济与科技实力的增强，忽视理论、文化学习，对时代发展特点、社会发展目标不大关心，对社会政治、法治、道德规范不予重视，常常自以为是，思想观念和社会行为与现实社会要求有差距。二是一些青年片面认识并夸大市场经济体制所赋予个体的自主性与竞争性，忽视市场经济是高度社会化、综合化发展的经济，有的甚至不顾市场经济体制的性质区别，存在个人本位倾向，对他人与社会漠不关心，其视野和行为与开放社会不相适应。三是少数青年信奉“自私是人的本质”的价值观，以个人主义作为立身处世准则，片面追求自我设计、自我奋斗与自我价值，存在与他人、集体不相协调甚至冲突的状况。这些思想与行为障碍，实际上是个人主义的表现。当这种个人主义发展到严重程度的时候，就会导致无政府主义与反社会行为。美国伦理学家弗兰克·梯利曾对严重个人主义发出警告，“一个极端的利己主义者容易给社会生活造成危险”①。适应社会竞争，思想观念适应是前提，行为规范适应是关键。一些青年过分自我，忽视社会化的阻碍，是观念狭隘和行为自发的结果。应当看到，社会竞争是社会主义市场经济发展的必然状态，这种状态改变了计划经济体制下人的依赖性，增强了人的主体性与主动性，这是人与社会发展的进步。但是，只看到市场经济体制所赋予的主体性与竞争性的一面，而忽视社会化与合作性的一面，以为主体性就是个人孤立的自我奋斗，这是割裂个人与社会关系的片面观念和行为，与市场经济是社会化程度很高的经济形态不

---

① ［美］弗兰克·梯利：《伦理学导论》，何意译，广西师范大学出版社2002年版，第361页。

相协调，与我国社会民主、法治建设的发展不相适应，与我国市场经济体制的社会主义性质不相符合。

其二，部分青年急于追求功利，存在忽视人文动力的阻碍。所谓功利，就是功用与利益。在我国古代，功利指眼前物质上的功效和利益，含贬义，如荀子在《荀子·议兵》一书中所言："隆势诈，尚功利。"英国功利主义哲学家杰里米·边沁在《道德与立法原则导论》一书中认为，功利就是指一种外物给当事者求福避祸的那种特性，即给当事者产生福泽、利益、快乐、善或幸福，或防止给当事者带来痛苦、恶或不幸。显然，追求功利就是追求一种现实的价值。边沁把这种功利价值上升到哲学高度，形成了功利主义哲学。这种哲学的出发点和前提，一是功利原理或最大幸福原理；二是自利选择原理，即快乐与痛苦，每个人有自己的判断标准，追求自己的最大幸福，是一切人的目的。因而，也可将资产阶级功利主义译为功用主义或乐利主义。这种价值观之所以在资本主义国家具有广泛而持久的影响，是因为它持有自利、狭隘、超阶级的目的论，出发点和落脚点是个人主义。马克思主义"并不一般地反对功利主义"，关键在于是集体功利主义，还是个人功利主义，是社会主义功利主义，还是资产阶级功利主义。毛泽东曾明确指出："世界上没有什么超功利主义，在阶级社会里，不是这一阶级的功利主义，就是那一阶级的功利主义。"[①] 在改革开放进程中，随着社会竞争的展开和国外文化的引进，西方功利主义价值观在一些青年中产生影响，其主要表现，一是在学习、工作过程中，注重科技、知识的工具价值，忽视其人文、社会价值；二是在人际交往过程中采取实用与利用方式，淡漠情感和友谊；三是在道德生活上以自我判断为准则，缺乏社会使命与责任；四是片面重视眼前的、具体的、物质的利益，热衷于直接与金钱挂钩的活动，对集体活动、自愿奉献不感兴趣等。这些片面强调功利价值的具体表现，其共同特征是重眼前利益、物质利益、实用技术，轻长远利益、精神追求、人文价值。坚持这种价值取向与价值追求，很容易使这些青年陷于迷惘困惑、动力不足、"心躁"（即急躁、浮躁、焦躁、烦躁）频发的自发状态，不仅影响学习、生活质量，还会缺乏强有力的精神支柱，导致思维空间难以有序而阻碍聪明才智的发挥。同时，人都是社会人，都具有能动性，因而人必须把自己与社会联系起来并融入社会中，充分发挥主动性与创造性，不断推进社会发展和寻求自觉发展。只有冲破狭隘的时空界限，形成服务国家和人民的社会

① 《毛泽东选集》第3卷，人民出版社1991年版，第864页。

责任感与精神动力，才能富有生气与活力地为社会创造更多财富。

其三，少数青年物质追求突出，存在理想信念缺失的阻碍。理想信念是人们的世界观、价值观、人生观在奋斗目标上的集中体现。正确的理想信念可以为青年的社会适应活动提供目标导向、动力支撑和行为规范。理想信念是个人目标与国家目标的统一、近期打算与长远规划的统一。少数青年缺失理想信念，主要是指在获取物质价值过程中轻视精神文化价值、在追求个人生活目标过程中忽视社会共同理想、在关注近期打算过程中放弃长远规划的倾向，从而造成青年成长方向的迷失。

改革开放以来特别是社会主义市场经济体制建立以来，社会竞争推动我国物质文明获得了快速发展，创造了丰富的物质财富，改善了人们的物质生活条件，也为广大青年适应社会提供了前所未有的物质条件。但少数青年把已有的物质生活看成理所应当，而没有在提高物质生活水平的同时提高精神生活水平，因而难免迷茫、困惑与郁闷，有的甚至烦恼不断、缺乏幸福感。这种“用对钱袋的影响来衡量每一种活动的意义”① 的价值观，背离我国经济社会科学发展与人的全面发展目标，是人的自然本质的物化，这样的人是难以适应社会多样化、全面性、协调性发展需要的。人应当“以一种全面的方式，也就是说，作为一个完整的人，占有自己的全面的本质”②。人的全面本质，就是人具有自然的、社会的、精神的本质。

三、青年社会竞争适应的阻碍分析

上面概略列举的一些青年社会竞争适应阻碍，原因是多方面的，有青年自身的特点，还有社会竞争的影响。认识适应阻碍的表现固然重要，但是要克服适应阻碍，还必须深入分析这些阻碍产生的原因。

第一，青年自身的特点是一些青年社会竞争适应阻碍产生的直接原因。青年期处在从少年向成年的过渡阶段，处在从不成熟到成熟的成长过程中。青年有开放自主、敢于创新、勇于竞争、渴望成才的优势，但由于社会经历有限和社会经验缺乏，有些人往往既缺乏对自我的深刻认识，也缺乏对社会的全面了解；青年乐于交往，积极参与社会活动，愿意为社会作出贡献，但由于其正处在社会化程度提高阶段，有些人在面向社会竞争、参与社会活动

① 《马克思恩格斯全集》第 26 卷，人民出版社 1972 年版，第 300 页。
② 《马克思恩格斯全集》第 42 卷，人民出版社 1979 年版，第 123 页。

的过程中，难免出现这样或那样的问题。应当肯定，社会主义市场经济体制的建立，改变了计划经济体制下青年的依赖性，增强了青年的主体性与竞争性，青年人珍惜自我，注重尊严，也是青年成长的标志。但青年毕竟处在学习、成长、成熟的过程中，主体性需要增强，社会化程度也需要提高。而且增强主体性不能由个体孤立地进行，而必须按照社会发展的要求，在参加社会实践的过程中，才能提高素质，逐渐独立自主。如果人只注重主体性、竞争性，强调个体性，忽视社会化、合作性，就可能走向个人本位、个人中心，甚至出现心理闭锁或自我封闭的现象，排斥有益的教育而贻误发展机遇，成为社会的阻碍。

第二，社会竞争的影响是一些青年社会竞争适应阻碍产生的主要原因。社会竞争迅速在我国各个领域的展开，既赋予了社会以竞争机制，激发了社会活力，又增强了广大群众和青年的独立性、自主性、创造性，有力推动了我国经济和社会快速发展，深刻地改变了我国面貌。市场经济体制肯定了社会团体与个体追求个人物质利益的正当性、合理性，使我国广大群众与青年由过去不敢讲物质利益而导致的物质生活匮乏，向能够自主创造、谋求物质生活资源转变，充分调动了广大群众和青年参与竞争的积极性与创造性。加上社会竞争推进经济、科技发展呈现强势状态，于是，有些官员和群众便把按价值规律发展的经济竞争，推及政治、道德与思想领域，否定上层建筑领域，包括观念上层建筑领域规律的作用，进行钱权交易、缺德交易等价值替代活动。虽然广大青年十分痛恨这些丑恶现象，但仍有少数青年由于对社会的复杂性辨别能力还不强，容易受这种负面因素的影响，形成重物质、轻精神的价值取向。同时，社会竞争有一种普遍的方式，就是竞争者之间通过直接比较，进行优劣或高低的较量。人的内部竞争，一般是同类性质活动和同类事物的比较，这样，有形的、可量化和指标化的因素，诸如物质、科技、金钱、业务等具体因素便能在被直接比较的过程中凸显价值，而无形的、难以被量化和指标化的因素，诸如精神、道德、政治、品格等内在因素，虽然可以转化为有形因素，但难以被量化和指标化而进行直接比较，因而容易在竞争中被忽视。所以，在一些领域与单位出现了单纯追求 GDP 指标，注重形象工程、数字工程，以及评估指标化并与金钱挂钩的现象。这些单纯追求眼前物质利益和注重工具理性的倾向，是影响青年价值取向直接而常见的客观条件，是冲击青年理想信念形成的客观原因。

第三，西方价值观的影响是一些青年社会竞争适应阻碍产生的重要原因。应当看到，社会竞争是在开放条件下展开的，也只有在开放环境中才能发展。我国实行对外开放，不仅促进了与各国的人员往来，而且推进了文化、教育等各个领域的交流与合作，加上互联网络的扩展，我国必定形成多元文化交汇、交流、交锋的格局。在多元文化激荡的背后，是多种价值观念的交织。广大青年在这种开放环境、多元文化背景下，一方面可以开阔眼界，广泛学习、借鉴国外有益的文化、科技与经验；另一方面，西方资产阶级个人主义、功利主义、享乐主义价值观，也不可避免地通过文化、艺术、交往、网络等途径进行传播，对一些青年产生影响。这种影响虽然主要是外在的、观念的，但由于个人主义、功利主义、享乐主义价值观与个人的现实利益相关，加上一些青年的世界观、人生观与价值观尚未完全成形，因而这些价值观往往容易得到他们的认同。但只要这些青年加强马克思主义理论学习，注重实践锻炼，西方资产阶级价值观的影响是可以避免和改变的。

四、青年社会竞争适应的阻碍克服与超越

通过以上分析可以看出，一些青年社会适应阻碍主要发生在价值层面的一些关系认识与把握上，诸如对主体性与社会化、竞争压力与精神动力、现实利益与长远发展、个人价值与社会价值等关系的处理，如果缺乏辩证的思维或顾此失彼，就会遭遇阻碍。为了克服阻碍，适应社会，超越自身，青年必须在三个方面加强学习与锻炼。

第一，坚持增强主体性与提高社会化程度的统一，是适应社会发展的前提。在新的历史条件下，主体性与社会化的关系，引申出竞争性与合作性、自由性与规范性的关系，正确认识和处理这些关系，是适应社会发展的前提。所谓主体性，是指人在实践过程中表现出来的能力、自主、能动、自由、有目的活动的地位和特性，它既是人作为主体所具有的性质，又是人作为主体的根据和条件。所谓人的社会化，是指人接受社会文化的过程，即指自然人（或生物人）成长为社会人的过程。人的主体性与人的社会化是不可分割地联系在一起的，因为人是社会性的存在，是属于特定文化并认同这种文化的个体。因而每个人必须经过社会化，才能使外在于自己的社会文化，包括社会目标、行为规范内化为自己的思想和行为准则，这是人生存与发展的基础，也是人增强主体性的基本途径。青年增强主体性和提高社会化程度，就是要在学习马克思主义理论，传递社会文化，形成理想信念，适应社会规范，掌握知识技能，参加社会实践，培养社会角色等方面，适应和符合社会要求，其最终结果，就是要将自己培养成符合社会要求的社会成员，

在社会生活中承担起特定的责任、权利和义务。因而，青年增强主体性和提高社会化程度，是青年适应社会发展的一个标志。为此，青年既要强化自主性、竞争性教育，以增强主体性，提高自身素质和竞争力；又要开展社会化、合作性教育，提高政治社会化、法治社会化、道德社会化水平，保证自主性、竞争性活动的正当、有序进行。这是新形势下青年成长不可缺少和分割的两个方面，割裂、对立这两个方面，不是走向个人主义和自我封闭，就是走向素质低下和竞争力缺乏，都会成为适应社会的阻碍。

第二，坚持自身全面发展和促进社会科学发展的统一，是适应社会发展的关键。人的全面发展主要是指人的智力和体力的充分发展，人的社会关系的丰富与发展，人的社会职能的交替使用，以及人的志趣、思想道德素质及个性的多方面发展。在学校，就是要培养青年成为德、智、体、美全面发展的社会主义建设者和接班人。青年之所以要坚持全面发展的目标，是为了适应社会发展的需要。

我国在改革开放过程中不断探索和总结，确立了“坚持以人为本，树立全面、协调、可持续的发展观，促进经济社会和人的全面发展”的科学发展观。所谓以人为本，就是以实现人的全面发展为目标，从人民群众的根本利益出发谋发展、促发展，不断满足人民群众日益增长的物质文化需要。所谓全面发展，就是要着眼于物质文明、政治文明、精神文明、社会文明和生态文明等各个方面的发展。所谓协调发展，就是各方面发展要相互衔接、相互促进、良性互动。所谓可持续发展，就是既要考虑当前发展的需要，又要考虑未来发展的需要。

人的全面发展和经济社会的科学发展，是互相联系、渗透的关系，人的全面发展是经济社会科学发展的基础与动力，经济社会科学发展是人全面发展的舞台和条件。离开人的全面发展，经济社会科学发展是句空话；离开经济社会科学发展，人的全面发展不可能实现。“推进人的全面发展，同推进经济、文化的发展和改善人民物质文化生活，是互为前提和基础的。人越全面发展，社会的物质文化财富就会创造得越多，人民的生活就越能得到改善，而物质文化条件越充分，又越能推进人的全面发展。”① 这就告诉青年，坚持自身全面发展，是为了适应和推进经济社会科学发展；要为我国经济社会科学发展作贡献，必须坚持全面发展。如果只注重自身某一方面的发展，不仅会产生社会适应阻碍，而且不能体现作为人的全面本质，或者工具化，

① 《江泽民文选》第3卷，人民出版社2006年版，第295页。

或者物化。

第三，坚持转化竞争压力与获得精神动力的统一，是适应社会和超越自身的要诀。在当今社会，每个青年都面临着社会的竞争压力并采取措施以应对，但每个青年面对竞争压力的态度与感受是不同的。多数青年面对竞争目标坚定、动力充沛、敢作敢为，而有的则陷于事务、缺乏勇气、无所作为，还有的信奉神灵、逃避现实、自我安慰，这些不同的态度，实际上是面向社会竞争的价值与方式的不同选择。应当承认，竞争压力是来自社会的外在压力，是客观存在。要与这种客观压力相适应，必须在主观上正确认识和对待这种客观压力，即认识竞争压力产生的原因和转化压力的条件。盲目对待竞争压力，害怕或回避竞争压力，都不可能与社会竞争相适应。有的青年对待竞争以获取现实利益为目的，有的青年以单纯掌握科技知识与技能的方式投入竞争，还有的青年借用他人的力量与条件以应对竞争，这些在一般情况下是需要的，但在复杂、多变竞争情况下，在遇到风险、挫折、失败之后，仅仅陷于这些具体资源的获取，就会信心不足，难以坚持下去。因此，竞争者不可就事论事地对待竞争，也不可孤立地进行竞争，而必须把自己所从事的事业和所开展的活动与我国社会发展联系起来，与他人的活动相协调，也就是把自己融入社会，形成既符合我国社会发展方向，又体现自身长远目标的理想信念。有了正确的理想信念，就能超越狭隘的范围与境界，由自发竞争与发展状态转变为自觉竞争与发展状态；就能提供源源不断的精神源泉，将外在压力转化为内在动力；就能给予坚定的目标指引，有效应对竞争过程中的风险与曲折。这就是当今时代强调建立学习型组织、加强集体学习、形成共同目标与合力的意义所在，以及强调提高核心竞争力、文化软实力的价值所在。

虚实场域交融与人的发展多重矛盾*

近年来，场域概念的出现和广泛使用并非学者们故弄玄虚，它具有逻辑发展的内在合理性。本文试图运用布迪厄的场域理论来分析探讨当下人们在现实社会和虚拟社会两种不同社会场域中所面临的多重矛盾，以求实现人们在现实场域和虚拟场域中的和谐发展。

一、"场域"与"场域交融"释义

"场域"的概念现在运用得很多，但对其含义缺少仔细的甄别，这里有必要对此进行简要的考察。从语义学上来解释，"场"表示一个有机的空间，蕴含这个空间的界限，突出空间的整体性和有序性；而"域"则表示空间的界限，蕴含界限所围成的空间，侧重于空间的有限性。因此，"场"与"域"两者既相互交叠，又各有侧重。最早将"场"与"域"结合起来使用的是法国社会学大师皮埃尔·布迪厄，他于1975年在《科学场域的特殊性》一文中提出"场域"的概念并加以经验性的释义。直到1991年，布迪厄才对场域作了较为透彻的阐释，并形成了场域理论。何谓场域（field）？布迪厄是这样定义的：位置间客观关系的一个网络或一个形构，这些位置是经过客观限定的。[①] 在布迪厄看来，社会空间是由人的行动场域组成的，社会结构并不是抽象的；社会结构只能是由行动者在不同场域中进行象征性实践的社会空间，它永远是同从事象征性实践行动者的"生存心态"、同行动者在权利斗争和较量中所进行的各种不同类型的社会实践紧密相联。[②] 正如布迪厄所说："我们可以把场域设想为一个空间，在这个空间里，场域的效果得以发挥，并且，由于这种效果的存在，对任何与这个空间有所关联的对

---

* 原载于《社会科学家》2008年第4期，作者曾令辉、郑永廷，收录时有修改。

① Loïc Wacquant. "Towards a Reflexive Sociology: A Workshop with Pierre Bourdieu". *Sociological Theory*, 1989 (7).

② 高宣扬：《布迪厄的社会理论》，同济大学出版社2004年版，第136页。

象，都不能仅凭所研究对象的内在特质予以解释。”② 这是因为“关系系统独立于这些关系确定的人群”③。因此，布迪厄的场域概念首先表达的是一个相对独立的网络社会空间。“主要是在某一个社会网络空间中，由特定的行动者相互关系网络所表现的各种力量和因素的综合体。场域基本上是一个靠社会关系网络表现出来的社会性力量维持的，同时也是靠这种社会性力量的不同性质而相互区别的。”④ 布迪厄认为，场域是“诸种客观力量被调整定型的一个体系（其方式很像磁场），是被某种赋予了特定引力的关系构型，这种引力被强加在所有进入该场域的客体和行动者身上”⑤。他同时还认为，“‘现实的就是关系的’在社会世界中存在的都是各种各样的关系——不是行动者之间的互动或个人之间交互人性的纽带，而是各种马克思所谓的‘独立于个人意识和个人意志’而存在的客观关系”⑥。其次，场域是一个独立的社会空间。布迪厄指出：“决定着一个场域的，除了其他的因素，是每一个场域中的游戏规则和专门利益。这些游戏规则和专门利益是不可化约成别的场域的游戏规则和专门利益的，而且，这些游戏规则和专门利益亦是不可能被那些未进入该场域的人们所感知到的。每种类型的利益，对于其他的利益和其他的投资来说，都是无关紧要的。为了使一个场域运作起来，必须同时具有游戏规则和随时准备投入游戏的人们；而这些人必须具有特定的‘生存心态’，在他们的‘生存心态’中隐含某种了解和认可该类型游戏和游戏赌注内在规则的态度。”⑦ 最后，场域是一个充满力量、竞争、冲突的空间，是一个为各种资本、权利提供相互竞争、比较、转换的一个必要的场所。布迪厄指出：“作为一种场域的一般社会空间，一方面是一种力量的场域，而这些力量是参与场域的行动者所必须具备的；另一方面，它又是一种斗争的场域；就是在这种斗争场域中，所有的行动者相互遭遇，而且，他们依据在力的场域结构中所占据的不同的地位而使用不同的斗争手

② ［法］皮埃尔·布迪厄：《实践与反思——反思社会学导引》，李猛、李康译，中央编译出版社 2004 年版，第 138 页。

③ ［法］皮埃尔·布迪厄：《实践与反思——反思社会学导引》，李猛、李康译，中央编译出版社 2004 年版，第 45 页。

④ 高宣扬：《布迪厄的社会理论》，同济大学出版社 2004 年版，第 139 页。

⑤ ［法］皮埃尔·布迪厄：《实践与反思——反思社会学导引》，李猛、李康译，中央编译出版社 2004 年版，第 138 页。

⑥ ［法］皮埃尔·布迪厄：《实践与反思——反思社会学导引》，李猛、李康译，中央编译出版社 2004 年版，第 133 页。

⑦ Pierre Bourdieu. *Homo Academicus*. Paris: Les Éditions de Minuit, 1984, p. 114.

段，并具有不同斗争的目的。与此同时，这些行动者为保持或改造场域的结构而分别贡献他们的力量。”[①] 概而言之，布迪厄的场域所指涉的“场域”不是一般意义上的空间概念，不能简单地将其理解为被一定边界物包围的领地，其也不等同于一般的领域，而是一个有力量的、有生气的、有潜力的存在，是一个在特定的社会空间中各个行动者之间相互竞争、冲突的活动的相互关系的网络。场域的存在，取决于在其中活动着的行动者，是行动者在行动过程中所形成的各种关系网络。每一个行动者的活动力量依据其在场域中拥有的资本和权利及其所占有的社会地位，通过场域中的特定相互关系网络，同其他行动者进行形式多样的相互竞争、斗争和转换的行动。

场域交融，是相对于行动者一人的发展来说的，人的发展场域是交融的，并且是以人的发展多样性而存在的。在一定程度上说，正因为人的发展空间的多样性，才有不同性质和类型的场域存在，而多种类型的场域之间相互交融存在，为人的发展提供了多样化、网络化的场所。不仅场域是可以相互交融的空间，而且场域交融结果会演变形成具有不同质的新场域。行动者在场域中因拥有不同的资本数量的结构而在场域中占据不同的位置和地位。这种差异性为行动者提供了斗争和冲突的动力，不同的行动者都试图从个人的专门利益出发维护和颠覆场域，这种场域中行动者的矛盾推动了场域的演变，形成各种可交融的网络化的新场域。正如布迪厄所说：“社会场域可以描述成为一种由各种社会地位所构成的多纬度的空间；而每一个实际的社会地位又是依据相互调整的多纬度系统而界定下来。上述相互协调的多纬度所包含的价值，是与不同的适当变项的价值相对应的。因此，在第一层面上，行动者的不同地位是依据他们所掌握的资本总量；而第二层面上，则是依据他们所掌握的资本组成成分，也就是说，依据他们的整个资本总量中不同资本的相对比例。”[②] 因此，在网络化社会背景下，人的发展所面临的社会场域必然不断分化和交融，也必然要求人的发展适应不同社会场域的“游戏规则”和“专门的利益”。社会场域分化和交融必然会导致人的发展面临多重矛盾。

---

① Pierre Bourdieu. *Raisons pratiques: Sur la théorie de l'action*. Paris: Le Seuil, 1994, p. 55.

② 高宣扬：《布迪厄的社会理论》，同济大学出版社 2004 年版，第 137 页。

二、网络化背景下人的发展的现实场域与虚拟场域交融

互联网络的出现和虚拟场域的形成，使人的发展的社会场域处在现实场域与虚拟场域的交融中。随着互联网络的普及和虚拟场域建构的日益完善，当下的人们无法避免在这两种场域中发展。一个拒绝虚拟社会生活的人，只是传统意义上的社会人，这最终会导致人的片面生存与发展；而一个沉迷于虚拟社会生活的人，长期脱离现实社会，这最终会导致人的异化与畸形。当下人的生活场域理应是不在线上，就是在线下；不在线下，就是在去线上的路上。

虚拟社会出现之前，现实社会是人生存发展的唯一社会场域。随着社会网络化，人类社会分化为现实社会和虚拟社会。虚拟社会是“以现代计算机网络为基础和框架，人们在虚拟环境中以虚拟方式在其中展开活动而形成的社会关系体系”①。虚拟社会是一个以虚拟性为基本特性，时间和空间被高度压缩的全球性的社会。在虚拟社会中，人们不仅可以像在现实社会中一样从事生产活动，也可以像在现实社会中一样从事非生产性活动，甚至还可以从事现实社会难以实现或不可能实现的虚拟性活动。这就消解了作为人生存发展唯一场域的现实社会，把人类社会分化成现实社会和虚拟社会两个既相互联系又相对独立的交融场域。

虚拟社会形成初期，人通过“界面”进入虚拟场域，“界面”也就成为分隔虚实两个场域的屏障。虚拟场域与现实场域起初是两个通约性较少的平行运行的场域，二者是分化的，具有相对独立性。正如迈克尔·海姆在他的《从界面到网络空间——虚拟实在的形而上学》中认为，物理空间与虚拟空间之间的界限是分明的。这就使著名漫画家彼得·斯坦纳创作的一幅标题是《在互联网上没人知道你是条狗》的漫画被认为是互联网一种平权、自由、个人接触的空间的象征。这主要基于两点：其一，两种场域具有截然不同的性质。现实场域是可以直接感知的实存的物理空间，具有物质性、物理性，是物质、时间、空间的统一体。虚拟场域是由计算机专家以软件方式建构的虚拟实在的人工空间，不依赖于自然，是虚拟的、非自然的环境。说它不依赖于自然、非自然的环境，是因为虚拟场域是独立于自然而人化的存在。说它是虚拟的，是因为它相对于现实是一种既虚又实的存在。说它是虚，是因

---

① 张昱：《论虚拟条件下主体的生存方式》，载《吉林大学社会科学学报》2001 年第 3 期。

为虚拟场域的所有存在物是通过数字化方式实现的存在，它是非物质的存在，没有质料，只有形式，也不具有广延性。说它实，是因为尽管虚拟场域中的人和所有对象性存在以非物理、非物质的方式存在，但它是一种可以被人感知的存在，不仅可以通过感知认识它，还可以通过实践的方式体验它，形成虚拟经验、虚拟理性。其二，人在两种场域的存在方式不同。现实场域中的人生存总是和时间、空间保持一致性，人通过时间和空间确定自己的生存活动和自己的方位，因而人是明确的。虚拟场域中的人由于时间和空间的高度压缩，具有不确定性，是模糊的。人存在的方位具有不确定性，人可以在任何一个固定或移动的网络终端进入“界面”，成为虚拟场域的人。

随着现代科学技术发展，虚拟社会场域结构、功能日趋完善和成熟，现实场域和虚拟场域从相对分化转向相互交融的阶段。现代网络虚拟技术的发展使各式各样的网络终端进入人们的日常生活，如可移动的电子设备［手机、笔记本电脑、非接触式 IC 卡（RFID）等］。这些终端不仅向虚拟空间输送信息，也从虚拟空间向物理空间输送信息，它们将人在现实场域和虚拟场域的行为界限模糊化，现在人们完全可以知道“在虚拟社会中你是人还是条狗”。虚拟社会从初期以“虚拟性”为主导的社会逐步转向以“虚拟性与现实性相结合”为主导的社会。虚拟实在被建构成更接近于真实的实在，“人机界面的分野逐渐消失”①。也正如尼古拉·尼葛洛庞蒂指出的：“比特不能吃，在这个意义上比特无法解除饥饿，电脑没有道德观念，因此也解决不了像生存和死亡的权利这类错综复杂的问题。但是不管怎样，数字化生存的确给了我们乐观的理由。我们无法否定数字化时代的存在，也无法阻止数字化时代的前进。”② 随着虚拟社会场域的形成与发展，人的发展场域处在现实社会场域和虚拟社会场域的交融中。作为一个完整的社会人，既要谋求在现实社会场域中发展，也要追求在虚拟社会场域中发展，即人的虚实发展。所谓人的虚实发展是指在网络社会背景下作为完整的人以一种自觉、自由、全面的发展方式占有自己的全面本质。其包含两个层面的含义：一是人为了适应现实社会和虚拟社会生存需要在各自场域中的发展；二是作为完整的人，在现实场域与虚拟场域交融中的和谐发展。任何只局限于现实社会或虚拟社会的发展，都不能促进人的全面发展。如果人仅限于虚拟发展，忽视

---

① 翟本瑞：《连线文化》，高雄复文图书出版社 2002 年，第 82 页。

② ［美］尼古拉·尼葛洛庞帝：《数字化生存》，胡冰、范海燕译，海南出版社 1997 年版，第 269 页。

现实发展或者不以现实发展为基础和前提而发展，就会导致自身的异化发展或片面发展，甚至走向虚化发展。

三、虚实场域交融与人的发展的多重矛盾

随着人的虚拟社会生活日常化，人们抛离以往既存现实社会生活秩序的轨道，生活于现实场域与虚拟场域这两个交融的生活场域中，前者是人的现实社会关系的总和，后者是人的虚拟社会关系的总和。成为完整统一的人，其前提就是要实现虚实场域中人格的一致性。虚实两种场域的交融导致人的发展的二元性或多元性，必然带来了人的发展的多重矛盾。

首先，人的发展面临在现实场域与虚拟场域中不同的意识观念形态和行为模式上的冲突与矛盾。无论是作为类的人，还是作为个体的人，现实场域是人发展的第一空间，人的第一基本发展需要是从现实场域中得到满足的，人们已经适应或习惯于在现实场域中的发展环境和方式。现实场域中一切都是现实、具体、可感知的存在，无论是人的存在还是客体的存在都可以通过时间、空间维度得到确认和明确。反映在意识观念形态上，都是对现实场域客观实在的反映，并已经形成了对现实场域比较稳定的世界观、价值观、实践观和方法论。行为方式上，人们习惯于从可感知的现实和人的感性出发，理性和思想虽然是对现实抽象的认识，超越现实，但最终的落脚点还是在现实场域中，导引人的发展，那些远离现实的理性和思想不可能存在。虚拟场域作为人的发展新的第二空间，尽管虚拟场域的存在物可以通过感觉感知与现实场域一样真实存在，但是事实上它不是真实的存在。虚拟性是虚拟场域的基本特性，其存在形式、方式完全不同于现实场域，它既非物质，也非意识，既是抽象的，又是现实具体的，既是虚的，又是实的，这些基本特性反映在人的意识观念形态中是一种虚拟实在。另外，由于人们对虚拟场域的认识落后于虚拟场域的发展，特别对其内在规律性的认识往往滞后于其发展，对虚拟场域没有形成比较稳定、一致的看法和观点，比如如何认识和理解虚拟场域的虚拟实在性等问题。人们用现实场域的观点、方法认识虚拟场域显然是行不通的。在行为上，虚拟行为是在身体缺场的情况下依靠符号交往来进行的，与现实场域身体在场的现实行为形成明显反差。由于对虚拟场域的新的看法和观点不成熟，人的心理上、思想上产生多种不实在性和矛盾性，从而导致了人在虚实场域的意识观念形态和行为模式上的冲突。

其次，人的发展面临虚拟场域人机关系和现实场域人际关系的冲突与矛

盾。在现实场域中，人们由于生存的需要，建立起了人与人、个人与群体及群体与群体之间较强的直接或间接的依赖关系和归属关系，人际关系具有天然的亲和性与持久性，个人的社会生活能力的发展是在与他人交往过程中经过学习和实践完成的。虚拟场域的发展与扩张在一定程度上导致人与人以及人与社会的关系正在向以数字化为中介的人机交往关系转化，人机交往活动改变了现实场域人与人之间直接交往的秩序和规则，人之间通过人与机的对话实现人际间接的关系。随着“网络社区”“网络医院”“网络学校”“电子商务”“电子银行”“电子政府”等走进日常生活，人们的生活行为方式发生了改变，人们独处家中就可与社会发生广泛的联系，人们的交往不再受制于特定的空间和时间，也不必顾虑世俗的烦琐和人际利益冲突，甚至可以不分时间和地点在更大的范围内寻求思想和情感交流。那些在现实场域中彼此独立分离，甚至素未谋面的社会人员，可以在网络上尽情、自由地组合成各种个性化的虚拟群体。这使人们感到无比的自由、安全、舒适，避免了现实世界的危机和压力，这种“人机交往”还回避了人们直接争论的尴尬和面对面的冲突，但是这种社会交往方式的变化必然会导致人过分依赖“人机关系”。正如一位学者所说，当信息传播通过手指一按就可进行时，人的嘴便沉默了，写作也停止了，心灵也随之凋谢。

最后，人的发展面临虚拟社会场域虚拟化“过度”与现实社会场域社会化“不足”或者虚拟社会场域虚拟化“不足”的冲突和矛盾。人要适应虚实两种场域的发展，其前提涉及虚拟场域中虚拟化和现实场域中社会化的问题。从技术维度来看，人的虚拟化就是数字化、符号化的过程，完成的场域是虚拟空间，以网络技术、信息技术和虚拟技术为技术依托。从社会学维度来看，人的虚拟化的过程就是人在虚拟场域中人性生成和提升的过程，即人在虚拟场域中从自发性转向自觉性、为我性转向我为性、受动性转向能动性的矛盾过程。其内涵包括虚拟场域的独立性、自主性、能动选择性、自为创造性生成和确定。人的虚拟化实质就是虚拟实践过程，人在虚拟化和社会化过程中存在两个方面的冲突和矛盾。一方面，人的虚拟化“过度”与社会化“不足”的冲突和矛盾，其表征为人过度沉浸在虚拟场域，疏离现实场域。一是其过度依赖于虚拟场域，被虚拟场域存在物所异化、所奴役，人性被消解。其表征为“网络成瘾”（internet addiction，简称 IA）、“网络成瘾症”（internet addiction disorder，简称 IAD）或“病态网络使用”（pathological internet use，简称 PIU），指在无成瘾物质作用下人的上网行为冲动失控，表现为由过度使用互联网而导致个体明显的社会、心理功能损害。中国青少年网络协会发布的《中国青少年网瘾数据报告（2005）》显示，目前我国网瘾青少年约占青少年网民总数的13.2%。二是在虚拟场域中，人走向片面化，甚至是主观化的极端，以我为中心。表征为人对虚拟场域中的规则和关系实施破坏性的行为，如充当网络黑客，制造网络病毒、网络垃圾信息，传播网络色情等行为。另一方面表现为人虚拟化“不足”，即人对虚拟场域较少涉及或因主观因素、客观条件限制而远离虚拟场域。截至2007年6月底，全世界网民人数为11.5亿，占世界总人口的11.6%，中国网民人数为1.62亿，占中国总人口的12.3%。其中，中国城镇互联网普及率为21.6%，农村仅为5.1%。[①] 由此可见，还有相当人群是游离在虚拟场域之外的，更谈不上虚拟场域的发展。

总之，虚实场域的交融带来人的发展的多重矛盾，必然会导致人的生存和活动方式改变。如何有效地处理人的虚实发展的多重矛盾，实现人的虚实和谐发展将是一个理论研究的重大问题。

① 中国互联网络信息中心：《第20次中国互联网络发展状况调查统计报告》，见中国互联网络信息中心（http://www.cnnic.net.cn/NMediaFile/2022/0830/MAIN1661849329404PZVE2C5OXY.pdf）。

马克思主义自由观视域下人的虚拟自由*

互联网络的快速发展和普及，使得网上虚拟生活给人带来发展性的体验，令人眼花缭乱、目不暇接。这一现象引起了学界的普遍关注和广泛探讨，但如果仅从这一现象去研究和探讨人在虚拟社会中的自由状况恐怕是难有定论的，也难以揭示人在虚拟社会中关于自由的本质性的东西。本文将运用马克思主义自由观对人在虚拟社会的自由现象进行本质性探讨。

一、马克思主义关于自由的阐释

马克思认为，自由与人自身的发展，与社会发展状况有着最直接和最为密切的关系，是人的实践和认识活动的状态，是在历史活动中形成和发展的。自由问题不在于单纯的本质和能力，也不在于外部世界的现成秩序及内在必然性，而在于人的内在尺度和外部世界的尺度之间的辩证统一。马克思是人类自由的最大的崇尚者、探究者和追索者，他的一生就是为自由而战的一生。他虽然没有留下专门研究自由问题的著作，但是在《1844年经济学哲学手稿》《德意志意识形态》《共产党宣言》《1857—1858年经济学手稿》等经典著作中，都对自由问题作过深刻的阐述。《1844年经济学哲学手稿》提出了人“自由的有意识的活动”[①] 是人类特性。《德意志意识形态》提出了“在共同体中各个人都是作为个人参加的。它是各个人的这样一种联合(自然是以当时发达的生产力为前提的)，这种联合把个人的自由和运动的条件置于他们的控制之下”[②]。同时又说：“在真正的共同体的条件下，各个人在自己的联合中并通过这种联合获得自己的自由。”[③]《共产党宣言》阐明了共产主义社会与人的自由的关系，指出“每个人的自由发展是一切人的自由发展的条件”[④]。马克思主义自由观是一个内容十分丰富的体系。

---

* 原载于《思想教育研究》2008年第6期，作者曾令辉、郑永廷，收录时有修改。

① 《马克思恩格斯选集》第1卷，人民出版社1995年版，第46页。

② 《马克思恩格斯选集》第1卷，人民出版社1995年版，第121页。

③ 《马克思恩格斯选集》第1卷，人民出版社1995年版，第119页。

④ 《马克思恩格斯选集》第1卷，人民出版社1995年版，第294页。

人的自由，作为马克思主义对未来社会人的发展的本质规定，指每一个现实的人摆脱和超越各种内在和外在的限制和束缚，实现人在关系、能力、素质和个性等诸方面获得普遍提高与协调发展的过程和境界。[①] 用马克思的话来说，就是“人以一种全面的方式，也就是说，作为一个总体的人，占有自己的全面的本质”[②]。用恩格斯的话来说，就是“自由不在于幻想中摆脱自然规律而独立，而在于认识这些规律”[③]。用列宁的话来说，就是“会做一切工作的人”[④]。因此，马克思主义认为，人的自由的实质就是对必然的认识和把握，即对客观对象的认识和把握，并遵循客观自然和社会发展规律，摆脱束缚人发展的各种外在与内在的局限和限制。摆脱外在限制和局限就是摆脱束缚人的社会关系的局限和限制。要摆脱人的内在束缚，就要摆脱人的实践能力和素质进一步发展和提高的局限和限制。马克思指出：“每一个单个人的解放程度是与历史完全转变为世界历史的程度一致的。至于个人的真正的精神财富完全取决于他的现实关系的财富……只有这样，单个人才能摆脱种种民族局限和地域局限而同整个世界的生产（也同精神生产）发生实际联系，才能获得利用全球的这种生产（人们的创造）的能力。”[⑤]

因此，人的自由主要包括人的活动自主、人的社会关系自由和个性自由三个方面的内容。人的行为活动自主是指以他人的同样自由为条件，根据自己的意志和对客观对象的认识、把握，并遵循客观规律进行的实践活动。因此，活动自主并不是放荡不羁、毫无限制的。正如恩格斯所说：“自由就在于根据对自然界的必然性的认识来支配我们自己和外部自然。”[⑥] 人的关系和谐是指人的社会关系的全面性和协调性。正如马克思所指出：“个人的全面性不是想象的或设想的全面性，而是他的现实关系和观念关系的全面性。”[⑦] 人的社会关系是否自由直接影响和决定着人的本质，决定着人的自由全面发展的程度。人的个性和自由并不意味着随心所欲，也不意味着任意

---

① 陈志尚：《人的自由全面发展论》，中国人民大学出版社 2004 年版，第 89 页。

② ［德］马克思：《1844 年经济学哲学手稿》，中共中央马克思恩格斯列宁斯大林著作编译局译，人民出版社 2000 年版，第 80 页。

③ 《马克思恩格斯选集》第 3 卷，人民出版社 1995 年版，第 45 页。

④ 《列宁全集　1920 年 5 月—1920 年 11 月　著作：关于帝国主义的笔记》第 39 卷，人民出版社 1986 年版，第 29 页。

⑤ 《马克思恩格斯全集》第 46 卷（下），人民出版社 1979 年版，第 89 页。

⑥ 《马克思恩格斯选集》第 3 卷，人民出版社 1995 年版，第 456 页。

⑦ 《马克思恩格斯全集》第 46 卷（下），人民出版社 1979 年版，第 36 页。

妄为。正如马克思所说："自由就是从事一切对别人没有害处的活动的权利。"① "'个性自由'是建立在个人全面发展和他们共同的社会生产能力成为他们的社会财富这一基础上的。"② 可见，运用马克思主义关于自由的基本观点分析人在虚拟社会中的自由问题，有利于我们从本质上把握人的虚拟自由。

二、人的虚拟自由

马克思主义是从不同的维度来论述人的自由的。从主体与客体的关系看，自由就是人利用主观能动和客观规律改造世界的自由，即认识和实践活动的自由；从作为主体的人与人之间的关系看，自由就是人们按照自己在社会关系中的地位和权利，在不妨碍他人的地位和权利下，能够按照自己的意志和愿望自主行动，从而实现自己利益的自由，即社会关系自由；从主体与自身的关系看，自由就是人按照主体本身的固有的内在本质属性的要求去支配自身的存在和发展的自由，是主体的自我自由，即个性自由。虚拟社会是人创造的社会，作为虚拟社会主体的人与人之间的关系是一种"弱社会联系和关系"，在具有多样性和丰富性的同时，也具有易变性和随意性等特点。所谓人的虚拟自由是指作为虚拟社会主体的人在虚拟实践活动过程对虚拟社会和人的虚拟活动规律的认识、把握和运用。虚拟自由主要包括人的虚拟认识、实践、交往等活动的自由、虚拟社会关系的自由和虚拟个性的自由等方面内容。具体体现如下。

从人的虚拟活动场域来看，人的虚拟自由表现为对虚拟社会本质和人的虚拟活动规律的认识和把握，并在此基础上按照虚拟社会和人的活动规律而开展的一种自觉的虚拟实践和交往活动，包括人的虚拟认识、实践、交往等活动的自由，即人的自由自觉的虚拟活动。自由自觉的虚拟活动是人的虚拟实践本质。马克思在《1844年经济学哲学手稿》中明确指出："一个种的整体特性、种的类特性就在于生命活动的性质，而自由有意识的活动恰恰就是人的类特性。"③ 因此，人作为实践活动的存在物，不仅是现实的人的实践

① 《马克思恩格斯全集》第1卷，人民出版社1956年版，第43页。

② 《马克思恩格斯全集》第46卷（上），人民出版社1979年版，第104页。

③ ［德］马克思：《1844年经济学哲学手稿》，中共中央马克思恩格斯列宁斯大林著作编译局译，人民出版社2000年版，第57页。

活动存在物，也是虚拟的人的实践活动存在物。人的虚拟实践本质是现实实践本质的延伸与超越。从根本上说，是对现实人的目的性、意识性和创造性活动的提升与优化，是对现实人的自由自觉活动的超越。人的虚拟实践本质不是虚拟空间的产物，而是现实人在虚拟空间的自我构造的产物，是作为虚拟社会主体的创造物。人的虚拟自由本质意义是人之为人的一种目的性、意识性和创造性的虚拟实践活动。人的虚拟实践活动不是脱离人的现实实践活动，而是对现实实践活动的延伸和超越，进一步优化人的自由自觉的活动。它表现为对虚拟社会必然的认识，认识必然性的程度越高，其虚拟行为受到的束缚越小，而其虚拟自由的程度就越高，其自主自为的能力越强。正如恩格斯所指出："自由不在于幻想中摆脱自然规律而独立，而在于认识这些规律，从而能够有计划地使自然规律为一定的目的服务。这无论对外部自然规律，或对支配人本身的肉体存在和精神存在的规律来说，都是一样。这两类规律，我们最多只能在观念中而不能在现实中把它们相互分开。……人对一定问题的判断越是自由，这个判断的内容具有的必然性就越大。"① 因此，人的虚拟自由并非大多数人对虚拟自由所理解的那样，由于虚拟社会环境的广域的开放性，身份的难以确定性，人们在虚拟社会中发展可以放纵情欲，似乎认为虚拟社会是一个为所欲为的场所，认为这种无拘束地放纵便是人的最大的自由。从表面看，放纵情欲似乎很自由，其实不然，人在虚拟社会中这种放纵的情感体验不但不是感到自由的原因，反而是不自由或丧失自由的根源，因为这种情感体验属于非智力因素，是人的感性的认识，是人在虚拟社会中受良莠不齐的信息刺激，其感知系统所产生的一种表层的心理体验。它未必真正符合必然性，也未必符合我们的本性和主体的需要。所以，如果人的行为受这种情感体验支配，就易于受外物支配，从而使人的行为活动失去自主性，反而会在对象性活动过程中被对象所异化。因此，对于那些社会化和虚拟化均不足或过度的人群来说，由于对虚拟社会的本质和人的虚拟活动规律的认识和把握不足，其在虚拟社会场域中的认识、实践和交往活动往往是不自觉和不自由的。集中表现为三点：一是拒绝虚拟生活，对虚拟社会畏惧，甚至恐惧，更谈不上虚拟活动的自由；二是对虚拟社会本质和人的虚拟活动规律认识不深、把握不全面，在虚拟生活中不知所求，不知所为，人的虚拟活动只是形式上的自由，实质是不自由的；三是过度沉迷于虚拟活动，完全被活动对象性所异化、所奴役。

---

① ［德］黑格尔：《历史哲学》，王造时译，上海书店出版社 2001 年版，第 455-456 页。

从人的虚拟社会关系场域来看，人的虚拟自由是指人在虚拟社会生存和发展过程中能够按照自己在虚拟社会关系中所处的地位和权利，在不妨害他人自由的条件下自主地行动，在实现自身利益需要的同时，也使个人虚拟社会关系处在自由和谐发展的状态，即人的虚拟社会关系的和谐。人的虚拟自由是人在虚拟社会中各种虚拟社会关系的自由，包括人在虚拟社会中经济、政治、文化等方面的虚拟社会关系中的自由，以及人在虚拟社会中虚拟社会的地位和社会权利上的自由。正如马克思和恩格斯所说："自由就是从事一切对别人没有害处的活动的权利。"① 人的虚拟社会关系的和谐自由，与人在虚拟社会的发展状况、虚拟社会发展有着最为直接和最为密切的关系。这种人的虚拟社会关系的和谐自由包括相对于他律的自律性，即自己制约、支配自己，达到"慎独"；相对于强制性的自由性，即自主、自为地按照自己的意志选择和判断，从事虚拟实践和交往活动；相对于自发性的自觉性，即意识自身发展的客观状况以及虚拟社会的规律性；相对于依赖性的独立性，即自己支配自己发展的条件和活动；相对于重复性的独创性等。人的虚拟社会关系和谐自由之所以能够形成和实现，在于它以人的虚拟能力全面发展为基础和条件；反过来，人的虚拟社会关系的和谐自由，能进一步提升人的虚拟发展的质量，达到人的自由。

从人的虚拟个性特征与趋势来看，人的虚拟自由是指人在虚拟社会中人的虚拟个性自由。人的虚拟个性自由体现的是人作为虚拟社会主体与自身的关系，指的是在虚拟社会中，按照虚拟社会的主体本身所固有的内在本质要求去支配自身的自由，是主体自我实现的自由。这种自由是主体自觉地认识、肯定自身所固有的要求的自主活动，从而自觉能动地实现自身虚拟个性自由的需要和能力，包括了满足和实现人对虚拟自由的各方面的需要，如物质需要和精神需要；也包括了人在实现虚拟自由时所需要的各种能力的拓展，如人的虚拟认知能力和实践能力等。因此，人作为虚拟社会的主体，虚拟社会仍然是人的社会，是由现实的人在虚拟空间相互联系和关系的共同体。一方面，人的虚拟个性自由与虚拟社会有着内在的对应关系，虚拟社会的各种组织、各项因素都是为人的虚拟个性自由服务的，虚拟社会的多样性、开放性和复杂性为人的虚拟个性自由提供了丰富性和选择性。在这个意义上，虚拟社会的本质同人的虚拟个性自由的本质是一致的。另一方面，人的虚拟个性自由与人的虚拟化也是一致的。人的虚拟个性自由发展是以人的

① 《马克思恩格斯全集》第1卷，人民出版社1956年版，第438页。

虚拟化为前提和基础的，只有人的虚拟化合规律性和合价值性时，才能在真正意义上实现和保障人的虚拟个性自由。因此，人的虚拟发展的最高形态是在虚拟社会中人的形成和发展自由个性。

三、虚拟实践：虚拟自由生成的基础

虚拟自由是在虚拟实践和生活中形成的。马克思认为只有通过劳动实现主体的物化或者对象化，才能实现实在的自由。正如他所指出的："诚然，劳动尺度本身在这里是由外面提供的，是由必须达到的目的和为达到这个目的而必须由劳动来克服的那些障碍所提供的，但是克服这种障碍本身，就是自由的实现，而且进一步说，外在目的的失掉了单纯外在必然的外观，被看作个人自己自我提出的目的，因而被看作自我实现，主体物化，也就是实在的自由——而这种自由见之于活动恰恰就是劳动。"[①] 黑格尔也认为自由的本意就是自主自立，是自为的存在，人的自由并非生来就是自由，自由需要后天的培养和锻炼。他指出："'自由'要靠知识和意志无穷的训练，才可以找出和获得。"[②] 由此，黑格尔认为，并不是所有人都是自由的，只有那些具有理性和达到自我意识的人才有自由。例如，奴隶没有达到自我意识，因此，是不自由的；小孩处在发育中，理性尚不自由，只具有一种可能性的自由。只有成为自为地具有理性的人，才能有独立和自由。所以，虽然在虚拟社会不像在现实社会那样，人的自由受到许多他物的限制和束缚，但是人在虚拟社会的自由也并非无拘无束，只有不断在虚拟社会中从事虚拟实践和交往活动，提高其认识能力，成为具有自为和理性的人，才能拥有虚拟自由。

人的虚拟实践为人的自由提供更开放、更自主的一种可能的自由场域，但人的虚拟自由并不意味着就可以为所欲为、任性，人的虚拟自由应该是一种被认识了的必然。目前绝大多数人由于还不能科学地认识和理解虚拟社会中人的自由，再加上人们在虚拟社会从事的虚拟认识、实践和交往活动不受现实社会中人的身份、性别、地位、年龄以及时空的限制，因而人们往往认为虚拟社会中人的自由是一种为所欲为、想干什么就干什么、言行不受任何限制的自由。其实恰恰相反，任性者并没有自主，其行为被感情所支配，不

① 《马克思恩格斯全集》第46卷（下），人民出版社1979年版，第112页。

② 陈小鸿：《论人的自由全面发展》，人民出版社2004年版，第141页。

是经过理性思考而是仅随自己的主体意志行事。正如黑格尔所认为那样，“对自由最普遍的看法是任性的看法，……自由就是指可以为所欲为，我们只能把这种看法认为完全缺乏思想教养，它对于什么是绝对自由的意志、法、伦理等等，毫无所知。……通常的人当他可以为所欲为时，就信以为自己是自由的，但他的不自由恰好就在任性中”①。他还认为，真正的自由是被认识了的必然，即包含着必然性内容的理性意志。他说，“自由本质上是具体的，它永远自己决定自己，因此同时又是必然的。一说到必然性，一般人总认为只是从外面决定的意思……但是只是一种外在的必然性，而非真正内在的必然性，因为内在的必然性就是自由”②。当然，在虚拟社会中，必然的东西还不是自由，但是自由是以必然为前提的，人只有认识了必然，才能以此指导自己的虚拟实践，从而在虚拟中获得自由。

人作为虚拟实践活动的存在物，是虚拟社会发展的产物，也就是说，人是虚拟实践的主体。人的虚拟自由基础在于虚拟实践活动。虚拟实践是指虚拟社会主体在虚拟领域中对虚拟社会客体的加工、整合、优化、创造等活动过程，即主体对虚拟领域中碎片式的信息进行合规律性和合目的性的加工、整合，然后经过优化，创造出新信息的过程。在虚拟实践中，人作为主体存在，其不是被束缚者，而是一个能动的主体，因而是自由的。一方面，实践行为由人的理性来引导，是一个理性的行为，而不是人的感性行为，表现为理性认识和超越；另一方面，在虚拟对象性活动中，人的本质力量外化到认识和实践对象身上，体现出人的本质力量，因而不仅使人自由，还使人的思维能力、认识能力和实践能力得到了不断发展，人的虚拟发展不断由自发走向自觉，由自在走向自为。虚拟实践作为人的虚拟自由之源，人的真正虚拟自由是从虚拟实践中获得的。因此，人的虚拟自由必须建立在虚拟实践的基础上。

四、人的虚拟自由的限度

人在虚拟社会中生存和发展，不能摆脱虚拟社会必然性的制约，也不能超出虚拟社会必然性所限定的范围去寻求自由，这就是人的虚拟自由限度。所谓虚拟自由的限度包含两层含义：其一，作为总体的人的自由来说，人的

① ［德］黑格尔：《法哲学原理》，范扬、张企泰译，商务印书馆1961年版，第25-27页。
② ［德］黑格尔：《小逻辑》，贺麟译，商务印书馆1980年版，第105页。

虚拟自由的有限性是指相对人的自由整体来说，无论是自由内容的获得，还是实现自由的途径，人的虚拟自由只能成为人的自由的一部分，不能替代人的全部自由，在这个意义上人的虚拟自由是有限的；其二，从个人的虚拟自由的适然状态来看，人的虚拟自由是有限度的自由，“全面自由”是人的虚拟自由的应然状态，是人的虚拟自由的价值追求。

如果说人的虚拟自由不是为所欲为和任性的话，那它必然包含虚拟社会中各种工具性和制度性对个人自由的限制，这种限制性不仅不能被看作对自由的否定，而且应该被看作解放自由的必要条件。正如黑格尔所说：“社会和国家当然产生了限制，但是这种限制只是限制了纯兽性的情感和原始的本能；……我们当把这样的限制看作解放的必要条件。社会和国家正是‘自由’所实现的情况。”① 因此，那些认为人的虚拟自由是不受任何限制的人，其实根本不了解虚拟社会中自由的主体性。人的真正虚拟自由同现实社会一样也离不开限制，绝对没有限制的自由是不存在。问题只是在于这种限制究竟是什么，是合理的限制还是非合理的限制，是自我限制还是为他物所限制。黑格尔把自由的限制理解为规定、限度、尺度。他说：“有限的是限度、比例、尺度，一是内在的自由的规定，有了限度并在限度之中也就有了自由，同时自由也就得到了存在。”② 他还认为衡量限制是否合理的标准是“普遍意志”，而不是“主观意志”。黑格尔指出：“‘自由’在它的‘理想的’概念上并不以主观意志和任意放纵为原则，而是以普遍意志的承认为原则，而且说‘自由’所由实现的过程，就是它的各因素的自由发展。主观意志只是一种形式的决定，里面完全不包含主观意志所欲望的东西。只有理性的意志才是那个普遍的原则，能够独立地决定它自己，舒展它自己，并且发展它的相续的各因素为有机的分子。”所以说，人的虚拟自由限制应该是自由本身所要求的一种“内在”限制，而非任意加上去的限制，对自由的限制与约束实际上是自由的自我限制与自我约束。当然，人的虚拟自由的有限性和受约束性并不等于在虚拟社会中对自由的任何限制都是合理的。相反，虚拟生活中往往存在着许多不合理的技术工具性和制度性的限制。人们可以在理性的指导下反对这种不合理的限制，人作为虚拟社会的主体，可以规避这种不合理的限制，实现人的最大限度的虚拟自由。

---

① ［德］黑格尔：《哲学史讲演录》第2卷，贺麟、王太庆译，商务印书馆1960年版，第42页。
② ［德］黑格尔：《哲学史讲演录》第2卷，贺麟、王太庆译，商务印书馆1960年版，第215页。

论网络群体与人的发展*

如今，网络已经渗透到现代人生活的方方面面，改变了现代人的生活方式、思维方式，更重要的是改变了人们的交往方式，促成了现代人交往的革命性变化——网络交往。网民在自主、持续和相对稳定的网络交往基础上形成了不同种类的网络群体，寄居于不同网络群体的网民会在不同的方面获得发展。随着网络技术的发展和网民人数的增多，网络群体会逐渐成为现代人发展的重要条件之一。加入不同的网络群体，既扩大和丰富了个人的社会关系网络，又在一定程度上满足和发展了网民的需要，促进了个性的全面发展。但是，由于网络交往的虚拟性，网络群体对群体成员的发展也会产生一定的负面影响。以现实社会为基础，处理好网络群体与现实群体的关系，增强人在网络面前的主体性是网络时代的人实现全面发展的关键。

一、网络群体是网络时代的人发展的重要条件之一

人生活于关系世界，是人区别于动物的根本特征。古人说："人，力不若牛，走不若马，而牛马所用，何也?"曰："人能群，彼不能群也。"(《荀子·王制篇》）这里的"群"实际上是指人们在生产和日常生活过程中结成的社会关系，即人能够意识到必须和周围的人来往，意识到人总是生活在一定的社会关系中，只有通过一定的社会关系人才能生存和发展。马克思指出："动物不对什么东西发生'关系'，而且根本没有'关系'，对于动物来说，它对他物的关系不是作为关系存在的。"[①] 可见，群体是人生存发展的重要条件。

由于网络技术的飞速发展和个人电脑的逐渐普及，人类社会正在向网络社会迈进。与农业社会和工业社会相比，网络赋予网络时代的人超强的集群能力。"我们现在主要把网络作为获取信息的手段，似乎网络的价值仅仅与信息有关。实际上，获取人们所需要的信息也许只是网络价值的一小部分，

---

* 原载于《思想理论教育导刊》2005 年第 12 期，作者郑永廷、昝玉林，收录时有修改。

① 《马克思恩格斯选集》第 1 卷，人民出版社 1995 年版，第 81 页。

网络更重要的价值在于其对社会组织、社会结构的联系、聚合和调节的作用。"[①] 网络以自身所固有的虚拟性、交互性、广泛性和超时空性使得网民可以通过网络发生丰富多样的社会关系，并在此基础上形成不同种类的网络群体。群体仍将是信息和网络时代人的社会存在的普遍形式之一。

二、网络群体对网络时代人的发展的价值

在现代社会，信息、知识已经构成人的发展最重要的因素之一，同样是衡量人的发展最重要的指标之一。信息的共享意味着最重要的人的发展资源的共享。网络群体成员之间的本质联系就是信息联系。通过融入广泛的网络群体，个体的发展不再局限于其所属的狭隘地域性和民族性的背景、资源，而是从整个人类、整个世界中吸收自我发展的养料，从而实现人的本质、需要、个性的发展，以及人的发展阶段的提升。

1. 发展了现代人的社会本质

人总是在一定的社会关系中生存和发展着。"互联网促进人与人之间关系发展方面的能力是它最有价值的特点之一。"[②] 互联网促进人与人之间关系发展的价值特征，实际上是指互联网在创建群体方面的功能。计算机网络"使单子聚集起来，起到社会节点的作用，为那些变动不居的单子培育起多重的可以随意选择的亲和关系"[③]。这里的单子实际上就是指网络空间不计其数的网民，无数网民通过网络中介的相对稳定、持续的交往，形成特定的网络群体，网络群体从根本上说就是网民通过信息网络创造的具有新特点的社会组织和社会结构，是与以往不同的社会联系和社会关系。网络群体的形成又发展和体现了人的社会本质，因为"人的本质不是单个人所固有的抽象物，在其现实性上，它是一切社会关系的总和"[④]。总的来说，社会关系包括物质关系和思想关系。网络空间的群体按其联系的纽带的不同可以分为经济群体、道德群体、政治群体和文化群体等，不同的群体是在不同的社会关系的基础上形成的，个人参与的群体越多，其社会关系就越丰富。"社会

① 郭湛：《主体性哲学——人的存在及其意义》，云南人民出版社 2002 年版，第 273 页。

② ［美］Patricia Wallace：《互联网心理学》，谢影、苟建新译，中国轻工业出版社 2001 年版，第 173 页。

③ ［美］迈克尔·海姆：《从界面到网络空间——虚拟实在的形而上学》，金吾伦、刘钢译，上海科技教育出版社 2000 年版，第 102 页。

④ 《马克思恩格斯选集》第 1 卷，人民出版社 1995 年版，第 56 页。

关系实际上决定着一个人能够发展到什么程度。”① 通过参加广泛多样的网络群体活动，人们之间在心理、情感、信息等方面得到交流，个人在获得丰富的社会关系的同时也丰富和发展了自身的社会本质。

2. 丰富了现代人的精神需要

物质需要和精神需要是人的两种基本需要，人的发展离不开需要的发展，需要的发展构成了人的发展的重要侧面甚至核心，需要的丰富和发展是人全面发展的重要内容和体现。马斯洛认为，人的基本需要包括生理需要、安全需要、友爱需要、尊重需要和自我实现的需要。网络群体在满足和发展群体成员的后三种需要，即精神需要或者发展性需要上具有特别重要的作用，这也是网民对线上群体生活乐此不疲的关键所在。在网络空间加入不同的网络群体，是为了满足自己的不同需要。丰富多样的网络群体就丰富了群体成员的需要，甚至提升了非群体成员的需要。“需要的发展，从本质上提高着人、升华着人。”② 局限于物质生活的人的精神需要是不发达的，这样的人是发展不全面的人，是只具有工具理性的人。在网络空间，利用网络的便捷性，网络群体的成员可以开展广泛的精神文化交流与互动，满足自身的精神需要，还可利用网络传播的广泛性和开放性，提升非群体成员的需要层次，以促进网民的发展。

3. 促进了现代人的个性发展

群体的本质是关系，也就是说，重要的不是群体的形式、规模或者其他，而是群体内部的个体，在个体与个体、个体与群体的关系中所体验到的切身感受。群体的建立不是个体的取消，而是通过健康的群体使个体得到加强。网络群体建立的重要基础之一是个人的兴趣、爱好，而个人的兴趣、爱好正是人的个性的重要体现。通过参加网络群体的活动，在与其他成员的互动中，使自己的个性得到发展。人的个性的发展是人的全面发展的重要内容，从某种意义上说，人的全面发展实际上就是人的个性的充分发展、人的潜能的充分开发。马克思说：“人的不同兴趣和才能为自己选择到适宜的活动范围，如果没有限制，在任何地方都做不出重要的事情。”③ 人若在每个方面都涉足，不将重点发展与全面发展有机结合起来，就只能是平庸的人，而非全面发展的人，在任何地方都无法做重要的事情。网络群体刚好为群体

---

① 《马克思恩格斯全集》第 3 卷，人民出版社 1960 年版，第 295 页。

② 黄楠森：《人学原理》，广西人民出版社 2000 年版，第 5 页。

③ 《马克思恩格斯全集》第 23 卷，人民出版社 1972 年版，第 404 页。

成员个性的发展提供了丰富多样的群体环境。不管个人的兴趣、爱好多么狭窄，通过网络的广泛性，人都能很容易地在网络空间找到志同道合者。苏联著名教育家苏霍姆林斯基也曾说过："每个人都有自己的精神需求和兴趣，没有这样一个无所不包的集体是能够完全满足所有这些需求和兴趣的。"[①]为了发展自己的兴趣爱好，必须加入不同的群体，参与多个集体的生活。网络空间丰富多样的个性化群体刚好为网民个性的发展提供了可供选择的群体环境。

4. 提升了现代人的发展阶段

按照马克思和恩格斯的设想，在理想的社会状态下，真实的、真正的人群共同体应当是控制了自己的生存条件的自由人的联合体。"在这个共同体中各个人都是作为个人参加的。它是各个人的这样一种联合（自然是以当时发达的生产为前提的），这种联合把个人的自由发展和运动的条件置于他们的控制之下"[②]，实现了"每个人的自由发展是一切人的自由发展的条件"[③]。从目前网络发展看，绝大多数网络群体都是在群体成员自觉自愿的基础上形成的，群体中的各个成员都是具有独立人格的个体，即群体成员中的每个人能够保持和发展自己的自由个性即个人主体性。所以，从某种意义上说，网络群体中存在真正意义上的人群共同体的特征，在一定范围内提升了现代人的发展阶段。不过，应该强调的是，不要幻想仅仅通过网络生活就可以实现共产主义的理想社会状态，共产主义社会的实现从根本上必须而且只能依赖于生产力的高度发展。

三、网络群体对群体成员发展的消极影响

网络群体对人的发展的影响并不都是积极的，它的局限性及种种消极现象常常会对群体成员的发展产生负面影响甚至危害。群体成员在网络群体中的生活是一种数字化的生活，数字化的生活方式在某些方面促进群体成员发展的同时又对群体成员的全面发展造成极其不利的影响。从本质上说，群体成员以网络为中介形成的社会关系是虚拟的社会关系，这主要缘于网络的虚拟性。虚拟社会关系的致命弱点之一就是不能满足现实的人与人相见和信任

---

① ［苏］苏霍姆林斯基·帕夫：《雷什中学》，赵玮等译，教育科学出版社 1983 年版，第 2 页。

② 《马克思恩格斯选集》第 1 卷，人民出版社 1995 年版，第 121 页。

③ 《马克思恩格斯选集》第 1 卷，人民出版社 1995 年版，第 294 页。

的需要，需要满足的受挫就会引发群体成员发展的障碍。

共同在场或者面对面直接交往是人的一种需要。人们之所以主动出来会面，主要是因为面对面的交流可以提供比群体成员间的电子交流丰富得多的信息，诸如别人如何思考和感受，以及他们热衷于什么信息。最关键的是，共同在场能够充分运用作为心灵窗户的眼睛来表明某种程度的信任和亲近。① 与他人实体相见的需要在大多数网络群体成员的互动中都是不能实现的，身体的缺场使群体成员无法信任其他群体成员。但是，“对他人的信任是一种持久而经常性的心理需要。从对他人的信赖与诚实中所获得的，是一种（伴随着在所熟悉的社会与物质环境下的经验）情感的再认”②。网络群体成员在长期的虚拟交往中，对他人信任的需要无法获得满足。“一个人若不能肯定自己是否有好几个自我，或者不能肯定他人是否真的存在，或者不能肯定他或她所感知的东西是否确实存在，可能就完全不能像别人那样生活在同样的社会环境中。”③ 这里的“别人”实际上指的是健全的人，正常的信任需要得不到满足，致使与信任对立的心理状态出现。而“信任的对立状态便是……存在性焦虑或忧虑”④。人类的交流是由身体的各部分协调完成的：面部表情、声音、身体、手势……而在互联网上，人只是作为一个符号存在，身体不在场。交往双方或多方几乎没有关于对方的个性和情绪的任何线索，只能凭自己的主观猜测，信任的基础完全丧失。⑤ 这往往会引起存在性焦虑或者忧虑，而长期的存在性焦虑或者忧虑会导致心理不健康甚至心理疾病的出现，从而对群体成员的健康发展造成障碍。当前主要有三种具体的表现形式。

1. 沉溺网络，引发新的异化

由于网络交往的低成本性，群体成员觉得在网络上很容易找到志同道合者，更容易得到他人的关怀、心灵的慰藉和自我实现的心理满足，从而没有对网络的虚拟性本质保持清醒的认识。长此以往，群体成员更倾向于与网络群体的互动，容易沉溺于网络群体的虚拟生活中，而不愿意接触现实，甚至

① ［美］约翰·哈格尔三世、［美］阿瑟·阿姆斯特朗：《网络利益——透过虚拟社会扩大市场》，王国瑞译，新华出版社 1998 年版，第 29 页。

② ［英］安东尼·吉登斯：《现代性的后果》，田禾译，译林出版社 2000 年版，第 86 页。

③ ［英］安东尼·吉登斯：《现代性的后果》，田禾译，译林出版社 2000 年版，第 81 页。

④ ［英］安东尼·吉登斯：《现代性的后果》，田禾译，译林出版社 2000 年版，第 87 页。

⑤ ［英］安东尼·吉登斯：《社会学》，赵旭东、齐心等译，北京大学出版社 2003 年版，第 127 页。

有意逃避现实，从而极易造成心理上的虚无和畸形。心理趋向封闭，社交能力下降，对个体的个性发展和道德人格的成长是不利的。另外，网络沟通的虚拟性干扰了群体成员尤其是青少年对自身社会角色的正确认知，使青少年网民深陷其中，不能自拔，从而造成新的异化。在网络时代，更要深刻领会马克思关于人的本质究其现实性是一切社会关系的总和的经典论述。如果沉溺于网络，不但不会促进人的本质的发展，反而会阻碍人的本质的发展。“信息设备的高频使用……可能导致人的异化。电子环境是人造的符号世界，是‘虚拟现实’，会使人缺乏真实的生活体验和自然体验。现在，互联网络使一些青少年长时间沉溺于电子世界中，现实生活和网络世界割断了联系，已成为特定的社会问题。”①

2. 感情淡漠，暴力倾向突出

网络群体成员通过网络进行的互动，实质上是用屏幕把群体成员彼此分离开来，是人作为符号的互动，“是社会关系从彼此互动的地域性关联中，从通过对不确定的时间的无限穿越而被重构的关联中‘脱离出来’”②，而离开面对面的交往，人们之间很难实现情感交流。情感的缺失是虚拟社会关系与现实社会关系的本质区别之一。即便是现在有了成熟的网络视频和音频技术，但是网民一般为了维持现实熟人关系才用视频和音频，而在“陌生”的群体成员之间是很少用这些技术的。所以，网络群体成员之间的交往主要是通过文本语言进行的，而人们在面对面的交往中，常常五官并用，多种感觉有机地整合在一起。即使使用了可以传递其他形式的感觉信息的技术手段，那些不同形式的感觉信息也是分离的。其实，人类的声音是非常富有感情和意义的，而文本传递中明显的和细微的语音、语调和节奏等都难以表达出来。缺乏肢体语言的网络群体成员之间的网络交往，致使虚拟社会关系中人类特有的情感缺失。诚然，群体成员之间在网络群体中的互动可以在一定程度上为群体成员提供感情宣泄的渠道，但那只是暂时的、虚拟的，人们回到现实生活就会产生新的社会孤独心理。这是因为网络交往是个人直接与无生命的机器交流互动，面对电脑而不是直接面对外界丰富多彩的工作场所和生活环境，也不是与活灵活现的他人面对面地直接接触。这种单调的同客观对象的交流方式，很容易使个人产生同外界环境、他人、社会生活的疏离，很容易把网络中的符号他人当作现实中的实体他人，或者是把现实中的实体

---

① 王恬：《信息高速公路与未来社会五大趋势》，载《社会学研究》1997年第3期。

② ［英］安东尼·吉登斯：《现代性的后果》，田禾译，译林出版社2000年版，第18页。

他人当作网络中的符号他人。实质上，这是把人与信息同化。那些还未完全形成自我认同感的青少年，尤其是那些经常沉溺于网络暴力游戏的群体中的青少年，就很容易产生暴力倾向，即在现实生活中把他人当作网络中的符号来对待，对暴力行为习以为常。

3. 多重人格，诱发认同危机

由于身体不在场的隔离功能，网络空间能够形成一些在现实社会生活中不易形成的人际关系。与此同时，网络的连接功能又能够使不能发生关系的人发生关系，丰富了网络群体的多样性。由于网络既隔离又连接的功能给人们提供了一个可以隐姓埋名的社交场所，因此在网络空间中，人们可以自由选择和扮演自己的角色和身份。这表明经由网络沟通的人际关系十分类似于戴着面具的交流与互动，人们可以将自己在真实世界中的部分甚至全部关于性别、年龄、学历、职业、地位等的情况暂时隐藏起来，创造一个或几个代号，重新塑造与真实世界的身份相同或不同的身份认同。其中，每个角色和身份认同都只体现出局部的人格，以此为基础跨越地域和时间的限制而与其他网络空间的代号进行交流和互动。因此可以说，以网络为纽带形成的网络群体关系，就其本质而言，是一个隐藏在面具背后、以局部人格互动为特征的自我塑造过程，说到底是身体的缺场所造成的。而实际上，“身体的实际嵌入，是维持连贯的自我认同感的基本途径”①。另外，群体成员通过网络与志同道合者交往所形成的自我认同毕竟是在虚拟环境中形成的，没有经过现实社会交往过程的锤炼和检验，往往只是群体成员的一厢情愿的改变。群体成员一旦把在网络交往中形成的新的自我认同转移到现实生活中，由于交往环境和对象与网络上相比有着根本的不同，他们的社会互动往往处处受阻，得不到现实生活中其他人的理解，甚至招来嘲讽，从而出现自我认同危机。

四、网络群体与网络时代人的全面发展、互动共进的基本要求

虽然网络群体在促进人的全面发展方面具有重要的价值，但是从虚拟空间的现状来看，网络群体也给当代人的发展带来哀歌。这一方面是由于网络的虚拟性和隐蔽性导致了大量消极群体在网络空间滋生蔓延，从而对群体成

① ［英］安东尼·吉登斯：《现代性与自我认同——现代晚期的自我与社会》，赵旭东、方文译，王铭铭校，生活·读书·新知三联书店 1998 年版，第 111 页。

员和非群体成员的发展带来了不利影响。另一方面是由于部分网民沉迷于线上网络群体生活，而忽视线下现实群体的生活，把人与信息同化，造成了自身发展的片面性乃至新的异化。所以，网络群体与现实群体的互动和群体成员主体性的增强是网络群体与网络时代人的全面发展、互动共进的基本要求。

1. 网络群体与现实群体的互动

网络群体是以现实群体为依托的，而不是无根的浮萍。互联网作为人际交往的工具使现实的人际交往转移到网络空间，形成现实的网络人际关系。通过现实人际关系的网络化而形成的网络群体，其群体成员的在线身份和离线身份基本上是一致的，改变的只是群体成员互动的载体和方式以及活动的空间。其主体仍然是现实的人，而且其交流的信息等也是源于现实群体和客观的物质世界。网络人际关系无法取代现实的人际关系，网络人需要在现实中获得生理、心理、情感的满足，从而保持现实的人际关系。网络人的思想、意识、观念是其生活历史的反映，人的社会生活具有统一性，现实的人际关系理念会在网络人的意识中积淀下来，影响网络行为。

网络群体是现实群体的补充而非替代，网络群体应该是“现实群体面对面交流的延伸，而不是替代，面对面的有用性不仅仅是克服地理距离的问题”①。通过线上的网络群体生活，群体成员克服的只是地理距离和部分心理距离，而无法逾越人与人之间的社会距离。人与人之间社会距离的克服只能通过面对面的交流。随着传播科技的进步，物理距离变得无关紧要，社会距离倒成了问题。“电子生活将第一位的身体在场换成了遥在，在角色在场之间引进了距离”②，这里的距离主要是指社会距离。在现实生活中，由于受时间和空间的限制，人们参与群体的数量和活动都是有限的。借助网络的广泛性、交互性、即时性，人们可以扩大自己生活的范围，弥补现实社会关系的不足，但是不能本末倒置，用地理距离去消解社会距离，否则会造成群体成员之间更大的社会距离。

网络群体是现实群体的变形，主要是指由于网络的虚拟性和隐蔽性，许多网络群体背离了现实群体的宗旨。“替身的自我没有我们真身那种弱点和脆弱。替身的自我永远也不能完全代表我们。我们越是把虚拟人身（cyberbody）

---

① ［美］约翰·希利·布朗、［美］保罗·杜奎德：《信息的社会层面》，商务印书馆2003年版，第226页。

② ［美］迈克尔·海姆：《从界面到网络空间——虚拟实在的形而上学》，金吾伦、刘钢译，上海科技教育出版社2000年版，第105页。

错当成自身，机器就越是把我们扭曲，以适应我们所用的代替物。”① 在网络的虚拟性、隐蔽性的掩护下，群体成员会用替身代替真身，导致自我认同危机。尤其是青少年网民，他们正处于身心迅速发展时期，处于社会化的关键阶段，又是网民的主要构成部分，他们积极加入网络群体、发展自己本质的同时，也容易陷入网络群体中而丧失自我。

网络群体与现实群体的互动关系表明，在网络日益普及的条件下，网民尤其是青少年网民必须既保持传统的交往，注重自己线下的群体生活，又积极利用网络进行网络交往，参与自己的网络群体生活，这样才能实现发展的全面性。这是因为现实生活中人与人的直接交往是人的社会本质的要求，并且这种要求是人的全面发展不可或缺的。但是，从当前媒体报道和社会宣传来看，有相当大一部分青少年网民没有正确处理好网络群体与现实群体的关系，沉溺网络，形成网瘾，造成了发展的新的片面性和发展的障碍。

2. 增强人的主体性，正确认识和处理网络群体与人的全面发展的关系

人的主体性是指人作为主体在与客体的关系中所表现出来的自主性、能动性和创造性。群体成员对网络群体生活的依赖，说到底是由个人主体性不强或者丧失所造成的，实质上是信息时代背景下一种新的异化——信息异化。这是因为网络群体成员之间联系的纽带或者中介就是信息，群体成员之间的关系是信息关系或者虚拟的社会关系。信息异化的不断克服和扬弃也必须靠提升人的主体性来实现。信息、信息技术是人的创造物，是依赖于人而存在和发展的，它实际上是人的一种工具。人作为主体，首先要适应信息，学习和掌握信息技术，这是人在现代社会条件下生存和发展的前提。适应信息社会，就是要从理论上认识信息的特征、实质和功能，认识信息社会与农业社会、工业社会的区别，认识信息与信息社会向人的主体性所提出的新要求，增强适应信息社会的能力。具体到网络群体来说，群体成员要认识到参与多个网络群体生活可以完善和发展自身，同时也要认识到个人的时间和精力有限，信息关系本身也是有局限的，要发挥自身的主体性，对网络群体生活进行有选择的参与，坚持数量与质量的统一，从而才能实现虚拟社会关系对现实社会关系选择、优化的初衷，促进人的本质在网络背景下的发展。

在网络群体生活中，增强人的主体性要从理论和实践两个层面下功夫。要想自主参与网络群体生活，每个人都要学习和掌握信息技术。只有学习和

① ［美］迈克尔·海姆：《从界面到网络空间——虚拟实在的形而上学》，金吾伦、刘钢译，上海科技教育出版社 2000 年版，第 103-104 页。

掌握信息技术，才能熟悉信息社会，并在获取、选择和利用信息的过程中逐步认识网络群体生活的重要性，否则就会成为网络社会条件下的网盲，阻碍自身的全面发展。同时，要认识虚拟社会关系对人的本质发展的影响，人们只有对虚拟社会关系有清醒的认识，才能从根本上克服对网络群体生活的过度依赖，防止成为网络的奴隶。

大学生网络虚拟交往中的主体性困境*

对于大学生网络虚拟交往中的主体性困境问题，国内学者研究的不多。本文从哲学角度深入探讨了大学生在网络虚拟交往中所产生的主体性困境，提出了摆脱困境的根本——主体的自觉。

一、问题的提出

人的主体性是人作为活动主体的质的规定性，是在与客体相互作用中得到发展的人的自觉、自主、能动和创造的特性。人的主体性是一个历史性的概念，其发展也是一个历史过程。马克思在《1857—1858年经济学手稿》中阐述的关于人和社会发展的三大形态理论即“人的依赖关系”形态、“以物的依赖性为基础的人的独立性”形态、“建立在个人全面发展和他们共同的社会生产能力成为他们的社会财富这一基础上的自由个性”形态。[①] 人类社会的生产能力和与之相适应的社会关系的状况，制约着人的主体性的现实状况，因此，依据马克思的划分，人的主体性发展可以相应地分成三个阶段：古代社会是建立在人的依赖关系基础上以人的依赖为特征的社会形态，人的主体性可以说是一种群体的主体性，而个体未成为真正意义上的主体，主体性陷入“我不是主体”的困境。现代社会是建立在物的依赖关系基础上的以人的独立性为特征的社会形态。人的主体性依赖于不同的“物”，从金钱、商品、劳动到技术，“物”对人的规定、制约乃至支配使此种状态下的主体性带有极为矛盾的性质，有时甚至具有异化的特征，陷入异化的困境。而未来社会则是以人的自由个性为特征的社会，是人的主体性真正自由、充分发挥的社会。

现代社会人的主体性对“物”的依赖，在今天突出表现为对网络的依赖，而且这种依赖也正改变着人们的生活，“原来只为军事、科研、教育服务的因特网，开始广泛渗入到社会各个领域，引起整个社会生产、生活方式

* 原载于《现代远距离教育》2006年第2期，作者谢玉进、郑永廷，收录时有修改。

① 《马克思恩格斯全集》第46卷（上），人民出版社1979年版，第104页。

的深刻变化，开始形成了人的第二生存空间——‘网络社会’”[①]。美国麻省理工学院教授尼古拉·尼葛洛庞帝提出“数字化生存理论”，他在著作《数字化生存》中提出了数字化空间的概念，并告知人们“比特时代”的到来。毋庸置疑，现代社会的人们几乎不可避免地要生存于网络社会中，面对的不是由原子构成的物理世界，而是由无色无味无形的“比特”组成的信息世界，人类的生存越来越成为一种“数字化生存”。人对网络的依赖，网络对人的规定、制约乃至支配，使人的主体性出现矛盾的性质，陷入困境。网络社会是通过交往形成的，交往是网络生活的重要内容，甚至可以说，随着网络化的推进，网络交往已成为大多数人上网的重要目的，“我可以证明，我和其他数千万网虫都知道我要寻找的东西并不仅仅是信息，而是立即就能进入另外一大批人正在形成的交往关系，这种发现让我们自己也感到吃惊”[②]。在此意义上，网络带来的人的主体性困境，可以被归结为网络交往的主体性困境，尤其是虚拟交往的主体性困境。因为网络交往中的现实交往（如电子邮件、电子商务、朋友间的即时通信等）只是传统交往在技术上的进步，而虚拟交往则是全新的交往：虚拟的身份、虚拟的空间、虚拟的交往行为、虚拟的情感等。虚拟交往突破了传统交往中交往主体身体自然状况的限制和主体社会地位的影响，大大增强了交往主体的主体性。然而，这种建立在对网络的依赖的基础上的主体性的增强恰恰使主体性更易陷于困境，“在人类的主体意识空前觉醒的时代，人们越是追求自己的主体性，就越是发现自己对物的依赖，人的社会关系和能力越来越物化，越来越成为非人的即物的社会关系和能力。因而人的主体意识越强，就越是陷入主体性的困惑之中”[③]。在网络虚拟交往中，大学生群体不容忽视。据中国互联网络信息中心的数据：截至2005年6月30日，我国大学生网民数达到1370万人。[④]从大学生经常使用的网络服务来看，与网络交往相关的“网上聊天”“网络游戏（主要是互动性网络游戏）”“电子邮箱”“网络论坛”“网上校友录”等占据了相当大的比例。

人的主体性对网络的依赖是网络信息时代人的主体性发展的一个基础，

---

① 鲁洁：《网络社会·人·教育》，载《江苏高教》2000年第1期。

② ［美］莱恩格尔德：《全球网络：电脑与国际交流》，转引自［美］马克·波斯特《第二媒介时代》，范静哗译，南京大学出版社2000年版，第45页。

③ 郭湛：《主体性哲学——人的存在及其意义》，云南人民出版社2002年版。

④ 中国互联网络信息中心：《第十六次中国互联网络发展状况调查统计报告》，见中国互联网络信息中心（http://www.cnnic.net.cn/NMediaFile/old_ attach/P020120612484931570013.pdf）。

表现在网络虚拟交往中，人的主体性在空前增强的同时，也增强了网络对人的规定、制约甚至支配，更凸显了人对网络的依赖，从而使主体性出现矛盾性，陷入困境。大学生作为一个庞大的网络虚拟交往群体，他们同样面临主体性的困境，而且因为他们身心的特殊性、所处人生阶段的特殊性、使命的特殊性，他们的主体性困境更严重，甚至陷入困境无法自拔。当前社会普遍关注的大学生网络成瘾问题、网络道德问题、网络心理问题、网络行为失范问题、网络犯罪问题等就是佐证。笔者认为，网络问题广生的根源在于人的主体性困境，要走出困境，根本上也应从主体自身着手。基于此，本文探讨虚拟交往中大学生的主体性困境问题。

二、大学生虚拟交往中的主体性困境

（一）陷入困境的归因

大学生在虚拟交往中陷入主体性的困境在一定程度上可以说是一种必然。这种必然的支撑是大学生虚拟交往的双重特殊性：虚拟交往的特殊性和大学生自身的特殊性。

1. 虚拟交往主体的符号化和语言即身份

虚拟交往中交往主体的符号化突破了传统交往的制约，克服了传统交往中交往主体身体状况的限制和社会地位的限制，大大增强了交往的自由度和自主性。在“我不知道你是否是条狗”（“I do not know whether you are a dog”）的虚拟空间中，交往主体可以随意地创设一个能满足交往需要的主体：乞丐可以成为白领、老妪可以成为美少女、男性可以成为女性。可以说，虚拟交往中，人的主体性发挥有了空前的自由度。但自由如果离开了规约，就无所谓自由，而“规约”恰恰在虚拟交往中是十分模糊的。虚拟交往中，身体和身份的缺场是必然的，“在交往过程中，如果身体和身份缺场，那么与交往主体联系的社会关系就处于相当模糊状态，社会关系对交往行为的制约性也就不存在了”①。没有规约的主体性自由在虚拟交往中走向“唯我”的极端，主体性可以进入“我要怎么样就怎么样”的“自我”状态。这在理论上使得自我满足在虚拟交往中变得轻而易举，从而大大增强了虚拟交往的吸引力。同时，在虚拟交往中的身体和身份缺场的情况下，人作为一种语

① 中国互联网络信息中心：《第十六次中国互联网络发展状况调查统计报告》，见中国互联网络信息中心（http://www.cnnic.net.cn/NMediaFile/old_attach/P020120612484931570013.pdf）。

言性的存在是靠语言想象来确立身份的。语言即身份使得符号化的主体真正获得交往的满足具有了现实的可能，如乞丐模仿白领的语言在交往中确立白领的身份，并渐渐获得其他主体的认可，从而在虚拟空间中获得一种做白领的满足感。总之，主体的符号化冲破了传统交往的藩篱，使交往异常自由，而语言即身份使虚拟交往的自由可以实现，二者共同赋予了虚拟交往无穷的魅力。

2. 大学生主体性由“自我”走进“自失”走向“自觉”

郭湛在《主体性哲学——人的存在及其意义》中，将个人主体性的演化依据人生阶段进行了划分。笔者依据大学生所处的人生阶段，认为大学生的主体性处于从“初级期”进入“转折期”走向“高级期”的状态。具体而言，他们的主体性由“自我主体性”走进“自失的主体性”走向“自觉的主体性”。[①]“自我的主体性”是大学生以前在家庭和学校的“小社会”的环境中形成的，他们接受来自家庭和学校的特殊保护和扶持，享受着“温室”的温暖和安逸。随着自我意识的增长，“自我”观念在一定程度上膨胀，形成了自负、任性的自我主体性。进入大学，个人主体性开始走出“小社会”，接触“大社会”，先前“小社会”中允许其自娇和任性的特殊关照减弱甚至消失了。于是，个人“自我”的膨胀受到客体与他人的挑战，自我的任性、自负在现实中四处碰壁，从而产生严重的失落感，进而主体性走向“自失”的状态。所谓“自失”即自我丧失，指的是“人们自失于对象之中”，“忘记了他的个体，忘记了他的意志”。[②]相对于“自我的主体性”而言，自失的主体性处于被压制、扭曲或摧残的状态。从“自我”走进“自失”是一种痛苦的体验，有的大学生很难面对现实，难以让自己走向“自觉”，于是他们选择回归“自我”。然而，这种回归在现实生活中是很难实现的，于是他们皈依了赋予自由并能实现“自我”的虚拟空间。

（二）遭遇困境的表现

主体性由“自我”走进“自失”，对大学生的心理冲击是强烈的，再加上现实的压力，催生了他们情感交流，甚至是情感发泄的强烈需要。这种需要在给他们带来“自失”痛苦的现实中是难以得到满足的。于是他们自然地选择走向虚拟空间，在那里他们可以重归主体性的“自我”状态。虚拟

---

① 郭湛：《主体性哲学——人的存在及其意义》，云南人民出版社2002年版。

② ［德］叔本华：《作为意志和表象的世界》，石冲白译，商务印书馆1982年版。

的“自我的主体性”与现实的“自失的主体性”，虚拟的高度自由与现实的相对约束，鲜明的对比很容易让青年大学生青睐虚拟而拒绝现实。在这种情景下，他们的主体性常常陷入三种困境。

1. 主体性为“中介”所俘虏

网络虚拟交往是多元主体的交往，是主体间或主体际交往。主体与主体交往的实现要通过一定“中介”，形成“主体—中介—主体”的交往模式。这种交往模式既打破了传统的“主体—客体”“主体—中介—客体”的交往模式，也有别于现实交往的“主体—中介—主体”的交往。虚拟交往中主体对“中介”的依赖性更强，一定程度上离开中介就无法交往，而且正是“中介”赋予了虚拟主体高度的自由和自主。大学生在虚拟交往中，同样依靠“中介”来满足交往的需要。主体性为“中介”所俘虏，表现在两个方面。其一，虚拟交往的高度自由和自主，给大学生主体性的发挥提供了宽广的平台。他们在虚拟交往中的自我满足和自我实现比传统交往来得轻松许多。如前所述，大学生经历“自失”的主体性状态，沉重的现实压力，催生了他们强烈的情感交流和情感发泄的需要。但在现实交往中，大学生出于自尊、“不甘示弱”的心理，及父母、朋友、老师等主要交往对象的理解误差、关照的不到位的影响，常常容易产生交流障碍，进而很容易形成自我封闭的心理。于是，他们选择在虚拟交往中获取满足，在虚拟空间中寻找心灵的“港湾”、情感的依托。而“皈依”虚拟空间一旦成为习惯或“成瘾”，大学生对虚拟交往“中介”的依赖就会不断强化，离开“中介”便不愿交往甚至不会交往，即失去现实交往的能力。于是，他们的主体性一步一步地为“中介”所俘虏。其二，时间是既定的、有限的，大学生一旦虚拟交往成瘾，必然增加在虚拟交往中时间的投入量，这必然使得大学生的现实交往减少，最终，部分成瘾的大学生远离现实生活并不是危言耸听。虚拟交往“中介”在现实中占有了主体的时间，进而占有了主体本身，使主体成为俘虏。在此，现实交往主体性的虚弱和虚拟交往主体性的膨胀构成了困境的核心内容，这种困境走向极端便是主体的异化，成为网络虚拟交往“中介”的奴隶。

2. 个人与他者交往理性的缺失

虚拟交往中大学生主体与他者交往理性的缺失表现在两方面：第一，无视他人的主体性。网络虚拟交往的主体是多元的，在“主体—主体”的对话中，主体地位的平等、主体间相互尊重是构建良性交流关系的重要条件。但大学生群体具有其特殊性即主体性处于“自我”走进“自失”走向“自觉”的阶段，其中“自我的主体性”的影响力是最强的，在规约模糊的虚拟交往中更容易张扬自我。事实上的“主体—主体”关系，在他们行为中却仍当作“主体—客体”来处理，具体体现为个人主体性意识的张扬和个人交往性意识的缺失，“前者表达的是对‘我是主体’立场的自觉坚守与秉持，是个人价值的一种主体体现，后者表达的是对交往他者的尊重与呵护，是交往平等范式在个人主体上的内化与认同”。而大学生在虚拟交往中对他者主体性的无视则是因为“过分强调个人主体性意识，漠视交往意识，从而走向个人主义的‘唯我意识’”①。在虚拟交往中，“唯我意识”必然遭到他者“我不是客体”的诘问，使主体性陷于困境。第二，虚拟交往不仅要通过“中介”来实现，而且需要一定交往秩序的保障。但虚拟交往中规约的模糊性导致交往秩序性需要不能给交往主体足够的制约，甚至出现个人交往主体性需要对交往秩序性需要的任意践踏。“没有规矩不成方圆”，个人与他者在交往中的无序势必使得主体性的张扬远离理性的轨道。

3. 个人与自我关系的扭曲

个人主体性按内向度与外向度可以分为个人内向主体性与个人外向主体性，个人内向主体性主要涉及个人与自我的关系。而个人主体向内看，主要涉及的是个人主体的内在素质问题，如生理素质、心理素质、科学文化素质、思想道德素质、信息素质等，但虚拟交往中的自我常常与现实的自我存在差距。对大学生而言，与虚拟中的“自我”相对的是现实中的“自失”，但在虚拟交往中，沉醉于自我满足的他们却看不到现实“自失”的原因所在，看不到提升自身内在素质的急切要求，从而使主体性陷于虚拟的满足中，无法真正把握现实的自我，迷失现实自我努力的方向。另外，虚拟交往导致自我认同危机，表现为自我虚拟人格与现实人格的分离、自我与社会关系的分离、自我与人的本质的分离。主体自我与环境、主格我与宾格我的不和谐，使得个人与自我关系陷入混乱的状态，主体性陷入“迷失自我”的困境。

三、摆脱困境的根本——大学生主体的自觉

如前所述，虚拟交往的特殊性和大学生自身的特殊性共同构成了大学生主体性困境的原因。关于如何摆脱困境，笔者认为根本在于大学生主体的自

---

① 龙柏林：《个人交往主体性的三维呈现》，载《天津社会科学》2005 年第 5 期。

觉。自觉相对于自发而言，是一种积极的理性的状态，是人们正确认识并掌握一定客观规律后有计划、有目的的活动。大学生主体的自觉是一个过程，要通过教育来培养和增强。

1. 认识自我的自觉

大学生主体性经历从“自我”走进“自失”走向“自觉”的阶段，是由他们所处的人生阶段决定的，是跟他们的成长环境、生理心理发育等紧密相连的自然的状态。而主体能够积极地认识这种状态，主动去寻找自我丧失、主体性被压制或扭曲的原因是主体性走向“自觉”的关键。在此，大学生主体的自觉表现在对自己理性的认识，即认识到“自失”的真正原因，正视挑战，从“我”出发，勇敢地面对现实、改变现状。因此，要引导大学生正确认识自我，主动向内求，诉诸自身的努力，提高自己的内在素质、增强本领以更好地适应环境、迎接挑战，依靠自己积极的思想和行动使主体性尽快度过“自失”，走进“自觉”。

2. 现实交往的自觉

交往作为一种行为，它的推动力在于交往的需要。人的“需要即他们的本性”①，当大学生因交往需要在现实生活中无法得到满足而转向虚拟交往甚至沉迷其中时，他们的选择是无可厚非的。因此，要使大学生摆脱虚拟交往的主体性困境，理性地处理现实交往与虚拟交往的关系，避免成为虚拟交往“中介”的奴隶、走向异化的极端，就必须增强现实交往的吸引力。为此，教育者应及时调研掌握大学生的交往需要，疏通现实交往的阻碍，优化现实交往的环境，丰富现实交往的形式，引导大学生自觉地投入到现实交往中，形成并强化现实交往的自觉。

3. 交往理性的自觉

首先，交往有理性与非理性之分，非理性的交往容易走向交往的破裂甚至犯罪的路途。从个人主体性的角度来看，交往理性主要表现在个人与他者、个人与自我的关系处理上。首先，引导大学生充分认识到交往模式的转变，并尊重他人的主体地位。显然，不管是在现实交往中还是在虚拟交往中，如果每个人都坚持自己的绝对的主体地位，把他人当作手段，自己也不免会沦为他人的手段。对“主体—主体”的模式不仅形成深刻的观念，而且要落实在交往实践中，并通过反复的实践形成习惯。其次，交往理性要求必须遵守一定的交往秩序的规范。交往秩序的规范是网络虚拟交往有序进行

① 《马克思恩格斯全集》第3卷，人民出版社1960年版，第514页。

的保证，是个人在处理其与他者关系时的基本范导，因此要强化对大学生基本交往规范的教育，明确在交往中的“有所为”与“有所不为”。最后，对待与自我的关系方面，交往理性的自觉与认识自我的自觉是同一的。

大学生主体的三个方面的自觉是相辅相成的，自我认识的自觉是前提，只有在认识自我的基础上才能进行现实交往，才谈得上交往理性；现实交往是自我认识形成的条件，是交往理性得以形成并发生作用的载体；而交往理性则贯穿自我认识和现实交往。

试论人的信息异化及其扬弃*

一、信息时代与人的发展

20世纪，一场深刻的信息技术革命，以电脑为主导，以通信卫星、地下光缆为辅翼，以信息高速公路联网为特征，全方位、多层次地渗透到社会的各个角落，引领一个崭新时代的到来，俗称“信息时代”。

信息革命使席卷全球、渗透于各个领域的“信息”成为当今世界最重要的资源，专门的信息产业崛地而起，几乎所有行业都运用着信息技术。信息技术进一步延伸了人的器官功能，拓宽了人的活动领域，创造了新的活动方式与沟通方式，缔造了新的社会关系与人伦关系，渗透和改变着人们的价值准则与思维方式。

信息时代以前的工业化时期，人的发展更多地趋向于标准化、统一化。机器自动化、流水工业线、产品规格化，既要求人活动的规范统一，又促进着人活动的规范统一。在自由资本主义时期，马克思曾从资本主义制度层面深刻分析了工人在机器生产中的异化，即人成为和机器一样的工具甚至附庸，犹如卓别林在电影《摩登时代》中演绎的工人那样，人成为机器运转的一个部件。所以在工业化时期，为适应机器自动化、产品规格化的要求，个体人往往追求标准化准则，趋向价值单向度和模式化发展。

而信息时代显然使人的发展走向了个性化、多样化、自由化的阶段。信息储量剧增，信息迅速变化，网络、电信、影视、书刊等行业的蓬勃发展，形成了五彩斑斓、自由简便的信息社会。人们在信息浪潮中，可以自主选择信息，自由传播信息，自行加工信息，自由创造信息。信息在无数个体的自主选择、运用、创造过程中，在量与质两个方面无限扩展与提升，新概念、新知识、新理论层出不穷。人们在信息参与过程中，伴随着信息的多样与多变，不断开阔视野，活跃思想，追新求异，发展特色，张扬个性，其独立性、自主性、创造性可以得到充分发展。

---

* 原载于《教学与研究》2005年第6期，作者郑永廷、银红玉，收录时有修改。

然而，在自由追逐、获取信息的过程中，一些人由于缺乏独立性与自主性，在信息海洋里漂泊不定，甚至被信息冲击得不知所向。信息丰富但伴随着鱼目混珠；信息交流便捷但伴随着沟通低级庸俗；信息交往多向但伴随着感情冷淡；娱乐方式缤纷但伴随着诱惑成瘾；等等。一些人越来越不知道如何驾驭信息，越来越不知道如何在信息社会中发展自己，越来越不清楚自己在这个信息世界的位置，陷入了被信息牵着鼻子走的尴尬境地。

信息技术这柄双刃剑，既给人们带来了武器与财富，也给人们带来了麻烦与困苦。它使人的生存与发展进入一个新阶段。在这个阶段，认识信息的本质，学会获取、利用信息，克服信息异化，已成为当代社会人的存在与发展的重要方式。

二、人的信息异化

1. 人的信息异化

异化的一般意义是，主体创造了客体，但对象却不受主体支配，成了支配主体甚至敌视主体的力量。人的异化指人自身所创造的对象反过来变为支配、统治和控制人自身的异己的对象。按照历史唯物主义的观点，人的发展大致要经历三个历史阶段：人对人的依赖阶段、人对物的依赖阶段、人的全面而自由的发展阶段。在人类社会的发展进程中，曾先后出现了很多具体的依赖形态：人对自然的过分依附；人对统治者的高度依赖；人对神灵的顶礼膜拜；资本主义商品经济条件下，人们在自己的创造物——商品、金钱面前沦为奴隶；等等。伴随着对自身创造物的过度依赖，人想象出神灵，却被宗教异化，即人成为神灵（上帝）的奴仆；人维护了统治者，却被统治者愚弄，即人成为统治者的奴隶；人创造了机器，却成为机器的附庸，即人被工具、金钱异化。所以，马克思针对资本主义社会的异化现象指出："随着人类愈益控制自然，个人却似乎愈益成为别人的奴隶或自身的卑劣行为的奴隶。""我们的一切发现和进步，似乎结果是使物质力量具有理智生命，而人的生命则化为愚钝的物质力量。"①

人们发展了科学技术，创造了信息，缔造了整个信息时代。而在这个新兴时代里，一些人对信息以及信息技术的依赖远远超过了预期，全然不觉自身已慢慢陷入这张自己编织的信息网中，更没有意识到在主宰信息的过程

---

① 《马克思恩格斯全集》第12卷，人民出版社1962年版，第4页。

中，最终被主宰的恰恰是他们自己。伴随而来的越来越严峻的道德滑坡、情感冷漠、信仰危机和人格丧失，标示着一些人对信息技术的盲从与过分依赖而使人迷失了自我。

实际上，信息技术依赖是一种在信息社会条件下对物，即对工具依赖的新形式，是从对“实际”的物的依赖走向了对“虚拟”的物（即信息）的依赖，而这种依赖还没有被一些人特别是一些青年学生所察觉。正是强大的信息技术与突出的信息价值，像工业社会强大的机器与商品价值一样，不仅广泛且深刻地改变了社会结构与生活方式，而且使一些人沦为追逐信息的工具，成为信息主宰的客体。对此，我们称为人的信息异化。

2. 信息异化的现实表现

在现实社会中，人的信息异化表现形态多样，呈现出纷繁复杂的样态。

其一，对信息技术依赖，使获取信息成为一种“快餐文化”。多年之前，绝大部分人没有手机、电话，通过鸿雁传书或者其他烦琐的方法来沟通，似乎并没有人觉得不好。而到了今天，离开手机半个月，就会觉得与世隔绝，工作、生活无法回到正常的秩序。现在的学生只要写大小论文，必先上网搜索资料，否则就无从下笔。很多学生已经到了非要敲键盘不能写文章的地步，用笔写的字看来看去就是觉得不像字，不对着电脑就不能静心思考，形成了一种所谓的“电脑思维”。在爆炸的信息世界里，信息的获取太简单了，上网输入一个关键词，就可将古今中外所有相关的内容全部搜索出来，或是拨打一些专门热线电话，也可以迅速解答相关问题，再也没有人愿意通过自己的努力，有计划、有步骤地检阅信息。获取信息太过简单，又不经主观消化，于是人不知珍惜地一边获取，一边“丢弃”，就像吃快餐速食面，不经咀嚼，营养有限。

其二，对信息的盲目崇拜，形成“信息癖”甚至“信息强迫症”。信息技术给了人们前所未有的便利快捷，一些人便对这种高新技术顶礼膜拜，以为一切的胜利都是信息的胜利。在考核、升级等考试中，如“强化班”“点题班”“内部资料押题”之类的各色各样传播考试信息的方式已成为潮流。有些人对这些信息的信赖程度超过了对学习的信赖程度，得不到一些传播的信息或小道信息就心里没底，甚至惶恐不安。三天没上网，胸中憋闷难耐、空虚不已，一到网上就忘乎所以、废寝忘食。“网迷”“网虫”是“网络强迫症”的形象称号。有些人多为网上黄、毒、赌信息所惑、所困，陷入其中，不能自拔。还有些人追新求异，寻求信息刺激，在网络中失去自制力。

其三，对信息的莫名恐慌，诱发“信息恐慌症”“信息疲劳症”。在信息爆炸的世界里，很多人生怕自己处于信息竞争的弱势，总感觉有寻找不完的信息。一些青年学生担心自己信息量太少，害怕该听的没听到，该看的书没看到，于是拼命下载资料，到处买书买报，缺乏学习思考，满足于囫囵吞枣，陷于不求甚解，产生疏离经典的倾向。

其四，对信息难作分辨与取舍，产生迷惘与困惑。一些人，特别是一些青年学生，由于世界观尚未完全形成，价值判断标准尚不明确，信息识别、选择能力缺乏，在面对各种不同性质的信息的冲击和信息迅速改变的状况时，好像处在许多交叉路口一样，显得不知所向和不知所措，在情绪上表现出迷惘与困惑。

3. 信息异化的实质

为什么当人们在信息面前呈现出简单依赖、盲目崇拜、莫名恐慌、迷惘困惑等状况时，我们说这实质上是人在信息面前的一种异化呢？

其一，人的信息异化实际上是人与信息关系的颠倒。人与信息的关系，是主体与客体的关系。信息本是人的创造物，为人所用，应是人之客体。人应当以主体身份，选择、利用信息，让信息为人的生存与发展服务。如果人对信息不知所选、不知所用、不知所措，混同信息甚至被信息所困、所惑、所控，实质上就是丧失人的主体地位而走向了对象化、工具化。人不能驾驭信息，没法把握自身的主体地位，必然产生信息异化。卢梭在《论人类不平等的起源》中指出，A 奴役 B，不是通过暴力手段，而是通过使 B 处于一种不能缺少 A 的位置来实现的。人们在习惯于信息时代的生活方式，并把信息看成与自身一体时，实际上已不知不觉地依赖于信息而生活。正是因为人处在一种不能缺少信息的位置，于是，有些人由于对人与信息的本质关系缺乏认识与把握，也就反主为客，在信息中丧失主体性，“非暴力”地实现了信息对人的奴役与支配。

其二，人的信息异化实际上是人在信息中的同化。人与信息的关系，是人与物的关系。人运用信息技术可以将丰富多彩的感性世界简单化、数字化、符号化，包括对个性特点各异的人，在传媒、网络的信息领域，也可简化为数字、号码的存在，微妙的人性表达可以幻化为信息的输入、输出。如果人满足于信息领域的数字化、符号化、虚拟化，而忽视甚至舍弃人的人文、德性与情感，就是人与信息的同化，就是人成了同信息一样的数字、符号工具，就是人作为人的本性的丧失，也就是人的异化。在现实生活中，一些人回避现实矛盾，满足于虚拟信息交往，疏远、淡化亲情、友情、爱情，忽视道德观念与人文精神，就是一种信息异化的倾向。这种倾向很容易导致人的情感冷漠、精神抑郁。

其三，人的信息异化实际上是人的价值目标的丧失与错位。人与信息的关系，是目的与手段的关系。信息是人的工具，信息技术是人的手段，信息本身没有价值目标，只有人能为信息确立价值目标。人为信息所确立的价值目标，对自身与他人、社会的生存和发展是有利还是有害，是衡量人获取、利用信息行为是道德还是缺德的标志，是判断人的价值目标是正确还是错误的尺度。人作为目的和信息作为手段的关系，就是人文价值与科技价值的关系。信息是科学技术的产物，不可能离开人文价值的导引与支配。人不能以合理、正确的价值目标驾驭、利用信息，缺乏人文精神，唯"信息"是图，就会渐渐诱导自身人格、人性的变异，使自身工具化而产生信息异化。人如果陷于有害信息的控制与危害难以自拔，或者乱用信息、失去信息手段，信息就会反过来成为控制人、危害人的工具，人就呈现异化状态。

三、对信息的扬弃

从上面的分析可以看出，信息异化的根源不在信息而在人，它由人未能科学、正确认识和处理人与信息的相互关系导致，是信息社会条件下人的信息活动自发、片面、畸形的状态。这种状态在刚刚来临的信息社会中，是难以避免的，它是人在面向新的领域、新的环境进行探索与发展的曲折与辩证。但是，在一个激烈竞争的社会，在一个信息价值彰显的社会，如果人长期处于信息活动的自发、片面、畸形状态，就会对人的生存、发展不可避免地造成阻碍与危害。因此，认识人的信息异化的实质与危害，克服信息活动的自发、片面、畸形状态，扬弃信息，是信息社会促进人的全面发展的客观要求与重要途径。

其一，增强人的主体性，正确认识和处理人与信息的关系。信息、信息技术是人的创造物，是依赖于人存在与发展的，它实际上是人的一种工具。人作为主体，首先要适应信息社会，学习和掌握信息技术，这是人在现代社会条件下生存与发展的前提。适应信息社会，就是要从理论上认识信息的特征、实质与功能，认识信息社会与农业社会、工业社会的区别，认识信息与信息社会向人的主体性所提出的新要求，增强适应信息社会的能力。同时，每个人都要学习和掌握信息技术，只有学习和掌握信息技术，才能熟悉信息社会，并在获取、选择、利用信息的过程中逐步认识自己与信息的关系。从理论上认识信息与信息社会，在能力上提高信息技术水平，是增强人的主体性的主要途径。在信息社会中，一方面，要重视发挥信息与信息技术的作用，这是我们实现现代化的重要方式，也是我们每个人生存与发展的重要条件。但是另一方面，我们也要克服对信息、信息技术的过分依赖与迷信。否则，只会导致对自身力量的忽视与主体性消解，并陷于信息环境而随波逐流。无论信息技术发展到什么水平，人工智能取得多大的突破，控制它们的始终是人，只有人才是科学技术的主人，只有人才是信息与信息技术的最终目的。

其二，确立正确的价值目标，学会选择与运用信息。在当代社会，信息犹如波涛翻滚的海洋，人好似信息海洋中的一叶小舟。人获取、选择、利用什么信息，就犹如人在海洋中要驶向哪里的道理一样。如果没有一个明确的价值目标与价值准则，面对大量、多变的信息，要么不知所向，即不知道该选择什么或不该选择什么，产生迷惘与困惑；要么无目的、无准则地选择和使用，造成时间与精力的浪费；要么陷于信息诱惑而难以自拔，贻误发展机遇。因此，确立坚定正确的价值目标与价值准则，是克服信息异化的关键。只有确立坚定正确的价值目标与价值准则，才能进行信息识别与信息判断，分辨出信息的真伪、良莠与优劣；才能明确应该获取、选择、利用什么信息，应该舍弃、回避、排斥什么信息；才能将来自各个方面的“信息碎片”进行有效的加工、整合、转化与创新，为社会提供和生产有价值的新知识、新信息。

其三，提高信息技术水平，培养信息使用能力。信息技术的发展、更新不仅速度迅速，而且向社会各个领域广泛渗透，不断改变着社会的结构与人们学习、工作、思维的方式。因此，我们必须不断学习新的信息技术知识，掌握新的信息技术手段，提高信息使用能力。只有不断提高信息技术水平与信息使用能力，我们才能主动适应并驾驭信息社会的发展。否则，我们就会在信息技术迅速更新、信息快速变化中陷于被动，甚至可能出现新的异化现象。因此，提高信息技术水平，培养信息使用能力，是扬弃信息异化的重要条件。信息技术水平不高，信息使用能力不强，必定在信息社会显得被动，甚至会被来自国内外的各种信息所困扰、左右。

总之，扬弃人的信息，就是要正确认识、处理人与信息的关系，保持和增强人的主体性；就是要坚持价值性与科学性的统一，将价值理性整合到技术理性中去；就是要提高信息技术水平，增强掌握信息的社会能力。

虚拟社会人的发展：马克思主义人学研究新视域*

2009年年底，广西师范学院曾令辉教授新著《虚拟社会人的发展研究》由人民出版社出版，该书坚持以马克思主义人学理论为指导，自觉地运用了历史考察与逻辑分析相结合、工具理性与价值理性相结合、虚拟与现实相结合、多维系统等研究方法，系统地考察了互联网络工具性发展、空间性发展以及社会性发展，并在此基础上对虚拟社会人的发展的实质、发展矛盾以及发展向度、规范、条件等问题进行了哲学透视。我们不难发现，对虚拟社会人的发展问题的研究，无疑是运用马克思主义人学基本理论研究和回答虚拟社会人的生存和发展的时代性问题，同时通过虚拟社会人的发展研究，对马克思主义人学理论的发展及其当代应用价值也产生了积极影响，是当前研究虚拟社会与人的发展的一部力作。

一、虚拟社会人的发展研究丰富了马克思主义人学研究的内容

在当代社会背景下，人的发展问题，既是一个需要以马克思主义唯物史观为指导进行理论研究的基础的问题，也是一个需要以互联网络为背景进行现实研究的问题，还是一个人的现代化研究中的热点和难点问题。人既是人学研究的逻辑起点，也是人学研究的归属。活动于虚拟社会中的“人”是现实社会中“现实的人”的抽象，是对现实的人的现实生活和发展状况的延伸、优化。从领域发展层面看，当代人学研究的对象扩展到了虚拟社会，与现实人的发展有许多不同的内容与特点。但人的虚拟生活及虚拟发展就其本质而言，是现实的人的实践活动和社会关系在虚拟领域的延伸与拓展。因此，对人在虚拟社会的发展抽象不是人的肉体、感性存在的抽象，而是对现实的人与社会、自然、自身的实践交往活动以及各种各样社会关系的抽象。人的虚拟生活和虚拟发展不会创造一个与现实的人相对立的虚拟存在的人，

* 原载于《中国特色社会主义研究》2010年第2期，收录时有修改。

而是通过人在虚拟社会的发展，进一步优化、推进现实人的发展。因此，基于虚拟社会人的发展，虚拟社会中的“人”实际上是具体的，可以认识和把握的。《虚拟社会人的发展研究》对“虚拟的人”进行了界定，认为“虚拟的人”是指在一定的物质条件和虚拟社会联系中，从事虚拟实践活动的具体的、历史的、有生命感性的、现实的虚拟存在。具体说来，虚拟的人至少包括四个方面的具体规定。一是虚拟的人是具有生命感性的现实的存在。虚拟的人无论通过何种技术与手段，在虚拟社会中如何数字化、符号化和抽象化，在本质上仍然是现实社会中的人，是“社会化”与“虚拟化”的统一。二是虚拟的人具有特定的物质条件和环境。虚拟的人的状况如何既取决于他们在现实社会中的物质生产、生活条件，也取决于他们在虚拟社会中进行虚拟实践活动的条件和环境。物质条件和环境是虚拟的人的本质得以产生和形成的物质基础。三是实践活动是虚拟的人的基本存在方式和活动方式，是虚拟的人得以存在和发展的基础，实践活动既包括了现实社会的实践活动，也包括虚拟社会中的虚拟实践活动。四是虚拟的人具有特定的联系和关系，这个特定的联系和关系既包括了现实社会中的联系和关系，也包括虚拟社会的社会联系和关系，是虚拟的人的主体性和社会性得以确立的社会基础。

二、对虚拟社会人的发展研究丰富了马克思主义人的本质理论

对于活动于虚拟世界的人来说，人的虚拟生活已经成为现代人的日常生活重要内容。但在对人们现实生活和虚拟生活的比较中，往往可以发现，有些在现实生活中不善于交际又沉默寡言的人，在虚拟生活中却网友较多、交流广泛；有些小孩在现实生活中表现幼稚，而在虚拟生活中却显得成熟；有些人在现实生活中文质彬彬、谦和有礼，在虚拟生活中却陷于低级庸俗。这些反差说明，现实生活场域与虚拟生活场域造成了同一主体人性的不同表现，这使我们面临这样的问题：为什么人性在虚拟社会和现实社会中会表现出反差？如果说人性是在现实社会中被赋予它的全部内涵，那为什么在虚拟社会中所表现的却是不同于现实的另外一面？人的本质在虚拟社会中是如何得到体现和展现的？有没有人的虚拟实践本质和虚拟社会本质？如果有，虚拟社会人的本质又是如何生成和发展的？对于这些问题，不在于立即得出答案，而在于提出问题，需要我们进行思考和研究。

马克思主义经典作家告诉我们，无论是人的实践本质，还是人的社会本质，都不是一成不变的，而是随着人的社会实践和人的社会关系的发展和丰富不断发展的。随着人的现实社会实践和社会关系向虚拟领域的拓展和延伸，形成新的虚拟实践和虚拟社会关系，必定会促进人的本质发展和丰富。人在虚拟社会的本质通过人在虚拟社会中的虚拟实践活动以及建立在虚拟实践活动基础上所形成的比较稳定的虚拟社会关系得到展现，人在认识和创造虚拟世界的过程中，塑造了人的虚拟本质。

人在虚拟社会的本质并不是一蹴而就的，而是一个不断生成、发展的过程，是随着人的虚拟实践和虚拟社会关系发展而发展的过程。起初，人们使用互联网络时，只是把它当成现代人际信息交流的工具，并没有意识到互联网络是一个人化的生活场域，其结果是有些人常常被工具性的互联网络所左右，甚至容易陷入主客体关系倒置。在互联网络的功能进一步发展后，人们开始意识到互联网络不仅是工具性存在，而且是一种空间性存在；人与虚拟空间的关系是一种自我与环境的关系，在观念上形成了一个与虚拟世界相区别的“虚拟自我”。又有一些人在虚拟环境中难以超脱，没有把自己同虚拟环境区分开来，常常被虚拟空间包围，表现出主体性的缺失。随着人们在虚拟空间交往的扩大，并在其中形成比较稳定的关系，互联网络的空间性存在转化为人化的社会性存在，人们才开始在虚拟空间中确定其主体性和社会性，人在虚拟社会的本质才得以展现、发展和丰富。

曾令辉教授在其《虚拟社会人的发展研究》一书中对人的本质在虚拟社会的展开和发展，进行了比较深入的论述，提出了作为具体的现实的人在虚拟社会实践活动中，不仅生成了人的虚拟实践本质，即一种虚拟自由、自觉、自主、自为的活动，还生成了人在虚拟社会的社会本质，即虚拟社会关系的总和。人在虚拟社会的本质是人的本质存在的一种新形式和新的展现方式，不仅展现和丰富了人的本质力量，而且是人的现实实践本质和人的现实社会本质在虚拟社会中的延伸和发展。他从人的现实性和虚拟性、人的虚拟实践本质、人的虚拟社会本质以及虚拟个性本质四个维度对人的虚拟本质进行了探讨。人的虚拟生活及虚拟发展所演绎的人本质的新表现，总不能脱离人的现实实践和现实社会关系，只不过是人的本质在虚拟社会场域的展开、延伸和丰富。因此，即使是对人的虚拟生活及其发展这种抽象问题的研究，我们也必须坚持历史唯物主义的基本立场，坚持马克思主义理论的指导。那种脱离人的现实实践和社会关系去虚构人的本质，并以此作为虚拟社会及人的虚拟发展理论的出发点和基本前提的抽象的人性论是站不住脚的。

三、虚拟社会人的发展研究为人的全面发展研究提供了新的视域与平台

人的全面发展主要是指每一个具体的有生命的人摆脱和超越各种内在和外在的限制与束缚，在社会关系、素质、能力与个性等方面所获得的普遍提高与协调一致，实现自己占有自己本质的过程。随着互联网建构的虚拟社会日益发展和完善，人不仅生活于现实社会中，而且生活在虚拟社会里；不仅需要在现实社会谋求自身的发展，也要在虚拟社会寻求自身的发展，还要谋求人在虚实两种交融的社会场域中全面发展。因此，人的虚拟发展为实现人的全面发展提供了新的空间场域。人们通过虚拟认识、虚拟实践、虚拟交往等活动，进一步摆脱和超越各种外在的制约和内在的束缚，充分释放自己的潜能。就人和自然的关系而言，可以通过虚拟世界对自然界的虚拟、演绎与再现，进一步深化对自然规律的认识和把握，从而不断提高驾驭自然的能力，减少自然界对人的实践活动的限制和束缚，在改造和利用自然界的实践活动中获得人的解放和自由。就人和社会的关系而言，由于虚拟社会具有开放性、广域性等扁平化的社会结构，人们通过虚拟社会建立起普遍性交往，不断突破现实社会中的时空界限，获得人的社会关系丰富与自由，从而进行广泛学习和贡献自己的智慧。就人与自身的关系而言，虚拟社会为人的自身发展提供丰富的数字信息资源，进而从束缚自己才能发展的自身条件中得到解放。此外，虚拟社会生活拓宽和改变了人的思维方式、生活方式和发展方式，这无疑会推动人的全面发展，并为人的现实发展提供认识论和方法论的指引。因此，人的虚拟社会生活及虚拟发展不仅引起了对人在现实社会生存和发展方式的实际改观，而且改变了人的发展的传统观念与习惯，为研究人在虚拟社会中的发展提供了新视域与平台。

《虚拟社会人的发展研究》一书还对虚拟社会人的发展的内涵、范畴、结构、内在机制、矛盾、规范、向度以及实现条件进行了比较系统的分析与论证，阐明了人的现实发展和虚拟发展的关系，提出并研究了人在虚拟社会发展的基本矛盾及其矛盾样态。在此基础上，分析了虚拟社会人的发展的限度、向度与规范，提出了实现虚拟社会人的发展的基本路径。这些探索无疑是对人的全面发展理论的丰富。

《虚拟社会人的发展研究》建构了一个关于虚拟社会人的发展的基本框架，提出了不少富有见解与新意的观点。但是也应该看到，随着现代科学技

术的飞速发展，虚拟社会人的发展是广泛而丰富的，作者难以涉及人的发展的各个方面和各个场域。因此，希望《虚拟社会人的发展研究》的出版，能引导更多同行加入虚拟社会与人的发展研究领域。这也是摆在思想政治教育工作者面前的共同研究任务。